JN410295

제26집

한 쉼표 머물다 가는

(사)창작수필문인회

한 쉼표 머물다 가는

1판 1쇄 인쇄/ 2023년 12월 5일
1판 1쇄 발행/ 2023년 12월 7일

지은이 / 허 열 웅
펴낸이 / 우 희 정
펴낸곳 / 도서출판 소소리

등록 / 제300-2007-21호
주소03073 서울 종로구 성균관로5길 39-16
전화 / 765-5663, 010-4265-5663
e-mail: sosori39@hanmail.net
www. sosori.net

값 16,000 원

*잘못된 책은 바꿔드립니다.

ISBN 979-11-5891-195-9 03810

한 쉼표 머물다 가는

발간사

한 쉼표 머물다 가는

그대
따뜻한 말 한 마디 건네주지 못하고
화살처럼 날아가는 날
누군가
펼쳐놓은 책 한 페이지 읽고 가세요

엷은 미소 한 순간 흘려주지 못하고
앞만 보고 왕복표 없이 살아가는 길
한 봉지
사들고 가세요, 할머니 떨이 과일

자투리 사랑 한 스푼 건네지 못하고
절뚝이며 뉘엿뉘엿 황혼 길 걷는 길
푼돈 좀
떨구고 가세요 가난한 자선냄비에

그대
길 밖 허공으로 나를 지우러 가는 길
한 쉼표쯤 머물다 가세요
우리는
썰물에 밀려가는 비정규직 삶이기에

제26호『한 쉼표 머물다가는』동인지에 원고를 보내주신 회원님들께 감사를 드리며 2024년에는 더욱 건강하시고 좋은 글 많이 쓰시기 바랍니다.

2023년 12월 7일

사단법인 창작수필문인회 회장 허열웅

1. 당신의 새벽

2. 태양은 가득히

3. 그럼 됐다

4. 또 다시 청춘

5. 어머니의 노래

1.

당신의 새벽

고마운 오작동

양금애

밤새 잘 자고 일어났는데 또 무슨 일일까? 남편은 심기가 불편한지 양미간을 펴지 않는다. 지금은 아침 6시 30분. 엊저녁 분명 서로 잘 잔 것 같은데 왜 그럴까. 거동이 불편하니 신경도 예민해져 예측할 수 없는 변수에 늘 조마조마한 마음으로 사는데 오늘 아침은 도통 짐작조차 할 수 없다.

영문도 모르며 비위를 맞춰주다 결국 이유가 뭐냐고 따지듯 물었다. 답인즉슨 어제저녁 맛있게 닭백숙을 먹고 자다 속이 불편했단다. 밤새 몸이 괴로워서 나를 불렀는데 내가 못 들은 척했다는 것이다. 앉아도 보고 물을 마셔 봐도 점점 견딜 수가 없어 불편한 몸으로 죽지 않으려고 간신히 부엌으로 가서 찬장 문을 열어 하나하나 병을 확인하여 매실액을 마신 후에야 진정이 됐단다. 자신이 죽든지 살든지 모른 체했다는 게 화가 난 이유였다.

밤새 그런 일이 있었던가. 한 이틀 밀린 잠을 자느라 못 들었다 해도 믿을 것 같지 않았다. 깊은 잠자는 동안 전쟁을 치렀나 싶어 눈치를 살피며 정말 몰랐다고 말꼬리를 슬며시 내리고 또 내렸다.

나의 반응에 맥이 풀려서일까. 지난밤의 두려움이 다시 올라오는지

눈꼬리가 밉게도 치올라 갔다. 오늘 아침밥은 아무리 반찬을 차려 본들 무슨 효과가 있겠는가? 먹지 않을 것은 사실이고 이 일을 어찌할꼬. 아침밥은 고사하고 종일 받아야 할 짜증을 생각하니 걱정이 앞섰다.

바로 그때였다. '웽~~~' 하는 사이렌 소리와 함께 화재가 발생했다는 안내방송이 다급하다. 어떻게 해야 하지? 혼비백산하여 어느 것을 먼저 해야 할지 이리 뛰고 저리 뛴다. 귀중품을 챙겨야 하나? 남편을 보니 속옷 차림이다. 서둘러 남편 옷부터 챙겨와 입히려고 하니 샤워를 막 하고 나온 몸이라 물기 탓인지 입혀지지 않는다. 머릿속은 중요한 물건을 챙기는 게 순서인 것 같아 남편을 두고 장롱으로 갔다.

손이 떨려 무엇 하나 잡을 수가 없다. 포기하고 남편에게 다시 돌아왔다. 남편은 옷을 만지작거리고만 있다. 바깥 사정은 어떨까 싶어 현관문을 열고 나갔다.

엘리베이터는 이미 차단되어 있었다. 정말 큰일이 났구나! 남편을 업고라도 피신할 수 있나 싶어 허둥지둥 옥상으로 올라갔다. 옥상 문도 단단히 잠겨있다. 다시 뛰어 내려왔다. 어이없게 남편은 아까 그 모습 그대로였다. 옷을 왜 안 입고 있느냐고 빨리 입으라고 해도 멈춘 상태 그대로 있다. 도대체 왜 이러는 거냐며 재촉하자 아주 차분하게 말한다. 늦기 전에 당신 혼자 계단으로 빨리 내려가라고….

"당신은?"

자기까지 챙기다가는 둘 다 죽는단다.

"아픈 사람 두고 어떻게 혼자 간대요. 살면 사는 거고 죽으면 같이 죽는 거지."

평생 해 본 적도 없는 말이 내 입에서 툭 튀어나왔다. 혼자 살겠다고 어찌 도망가냐고…. 언감생심 평소에는 생각지도 않은 말이다.

그때 방송이 또 나왔다. 오작동이라며 죄송하단다. 온몸에 힘이 쫙 빠졌다. 그 자리에 무너지듯 주저앉았다. 남편과 나는 한동안 말이 없었다.

한참을 그러고 있다가 힘이 풀려버린 다리를 끌 듯 추스르며 주방으로 가서 간신히 아침을 지었다. 늦은 식사를 하며 사이렌을 경솔하게 울린 경비원들 욕을 질펀하게 해댔지만 사실 마음 깊숙이에서 뜨거운 무엇이 울컥 올라왔다. 순간 펑펑 쏟아져 나오는 눈물을 감당할 수 없었다. 조금 전만 하더라도 본인 외엔 나는 안중에 없는 인간이라고 미워했던 사람이 아닌가. 그런 사람이 나 혼자라도 살게 하려고 입던 옷도 슬그머니 내려놓던 모습이 다시 오버랩 되었다. 그라고 두렵지 않았을까?

혹시 살다가 오작동이 아닌 정말 현실상황과 맞닥트릴 수도 있는 일 아닌가. 그때 나는 오늘처럼 허둥거리지 않고 잘 헤쳐나갈 수 있으려나. 한편으로는 오작동이 고마워졌다. 고집 센 나를 알고 옷을 안 입은 남편, 당신이라도 살아야 한다고 나가라고 소리친 남편, 죽어도 같이 죽자고 내 입에서 불꽃같은 고백을 하게 한 오작동 사이렌이다.

우린 서로를 너무 잘 안다. 사이렌이 없었으면 죽을 때까지 고백은 없다. 남편도 내 마음과 같을까. 시비를 걸던 모습은 간데없고 눈초리가 부드러워졌고 밥도 한 그릇 맛있게 비웠다. 사이렌도 기계라 언제든 오작동을 각오해야 한다. 하물며 사람은 오작동은 고사하고 지금 스위치가 켜져 있는 것만도 감사해야 할 일이 아닌가?

60여 년 넘게 부려온 고집 센 부부의 마음을 오작동 덕분에 통하게 했으니 오히려 잘못 울린 사이렌이 눈물겹게 고마워졌다.

행동으로 보여준 남편의 고집도, 화재경보 오작동도 오늘 아침은 내 다리에 힘을 보태준다.

(제25회 창작수필문학상 수상작품)

당신의 새벽

남복희

새벽 창가에서 바라본 작은 불빛은 미지의 신호다. 어제보다 많은 불빛에 안도한다. 많은 집들 중에 희미하게, 환하게 신호를 보내는 새벽은 약속한 친구처럼 반갑다.

멀리 교회당 붉은 십자가도 보이고 멋진 하늘은 숨어있다. 오늘은 식혜 한 모금 마시고 머리를 깨운다. 편한 쿠션에 기대어 모닝 폰을 만나고 있다. 창밖이 어둡다. 오늘 내가 그리는 풍경이 무얼까. 나를 지탱하는 것이 그리움인지, 창틀에 놓인 작은 화분 속 여리디연한 키 작은 어린 식물인지, 해안선이 연상되는 유리병 속의 붉은 팥과 검은 콩이 모래밭 사이에 드문드문 박혀있는 해변인지 모르겠다.

어느 날부터 집안의 물건들에게 정이 간다. 두 손 모은 분홍천사 조형물을 보며 정성을 모으는 모습이 보이고 오래된 갈색 바구니에 연분홍 꽃과 넓은 잎사귀는 가족처럼 느껴진다. 책상 옆 벽면이 붙여 논 차소림 작가의 겨울 풍경 사진, 연둣빛 블라우스 입은 긴 머리 젊은 여성이 하얀 가방에서 빨간 표지 책을 꺼내고 있는 사진은 펜팔 친구처럼 웃고 있다.

2007년 베니스 비엔날레, 스위스 바젤, 독일의 카셀 도큐멘타 전시에 이미지 회원들과 미술 여행을 갔다. 세계적인 전시 풍경에서 새로운 작품들을 보고 신기하고 즐거웠다. 예전에 꿈꿨던 미술 전공 학생처럼 느껴졌다. 숲속에 있는 독일의 홈브로히 미술관은 은자가 살고 있는 명상 센터를 닮았다. 독일 뮌스터 거리에 있는 설치 미술 작품 중 붉은 사과가 가로등 모양으로 높은 곳에 설치되어 신기했다.

일본 전통자수를 둥그런 나무 수틀과 함께 선보이고 푸른 파도 그림 위에 시를 수놓은 스웨덴 자수는 인상적이었다. 변화가 많은 유럽 날씨로 티셔츠를 몇 개 사서 껴입었던 일도 생각난다. 전시 팸플릿 중 10년 넘게 보관하여 책상에 두고 보는 카드가 있다. 6개의 단색화를 모아놓는 것 같아 생동감을 느낀다. 그 색은 파랑, 노랑, 자주, 청색, 분홍, 주홍이다. 나는 드로잉 보다 패턴과 색채에 관심이 많다. 시간 여유가 있거나 뭔가 시들할 때 서점에 가서 책 고르기, 백화점에 가서 커피 잔이나 접시 등 구경하고 마음에 들면 한두 개 사온다.

남대문 떨이 시장도 돌며 특이한 색채의 옷을 구입하고 여행 갈 때 입고 가면 옷의 나이는 제일 젊다고 했다. 문구류를 좋아해서 파란 볼펜을 타스로 사서 선물하기도 한다. 봄빛이 좋아 진달래 빛 노트를 한 묶음을 산 적이 있다. 새벽 창가에서 새벽하늘 보고 새벽 동네 친구인 창가 불빛 수도 헤아리고 모닝 노트 쓰는 걸 좋아한다. 조금 밝아지면 커피 한 잔 가지고 책상으로 간다. 오래전 꿈들이 늦게라도 이루어지는 걸 보고 꿈은 오래도록 품고 아끼는 것이 중요함을 느낀다.

꿈은 발견이다. 햇살 무늬로 오고 호박색 그리움으로, 푸른빛으로 온다. 눈 오는 날 맑은 공기로 오고 검은빛과 흰빛이 어울리는 입 다문 동상 등으로 이루고 싶은 작품을 보여준다.

그리움의 원형을 찾고 있는 나에게 내일 새벽은 무슨 빛으로 나타날까. 잡힐 듯 보여주는 다채로움이 기다려지는 초가을이다. 새벽은 나를 응원한다.

(제25회 창작수필문학상 수상작품)

점과 점선

이원환

'겸손한 자신감으로'라는 화두는 삼십여 년 마음에 담고 지내온 나의 생활 철학이요 지침이다. 그러나 자주 엇박자를 내고 반성하는 생활을 이어 오고 있다. 넓고 맑은 마음으로 사회에서는 너그럽게 소통하되, 내적으로는 호기심을 잃지 않고 상상력을 발휘하며 살자는 다짐이었다.

어느 시인은 '시가 내게로 왔다'고 했는데, 점과 점선이 어느 날 내게로 다가왔다. 점은 간결한 시작이자 끝을 나타내는 단호한 존재감을 품고 있고, 점선은 상상력과 관용의 단초를 나에게 알려준 까닭이다. 오랫동안 설계 일을 했던 경험으로, 예측하고 상상하는 일이 체질화되어 있어서 늘 점선에 주목하며 지냈다. 제각각 떨어져 있는 점들이 연대하면, 일상 속에서 상상력과 관용의 의미를 만들어 낼 수 있기 때문이었다.

떨어져 있는 점들이 연속되면 점선이 된다. 설계도에서 점선으로 표기하는 것은 외부에서 보이지 않는 가려진 사물의 형상이라는 공인된 표현법이다. 이를테면 문이 닫혀있는 옷장 내부에 서랍이나 칸막이가 어떠한 간격으로 몇 개나 있고, 옷걸이는 어떻게 걸려 있는지를 모두 점선으로 표시하게 된다. 그러므로 점선은 허상이 아닌 숨은 실체에 대한 상상력을 유발한다. 점은 단순하지만 만물의 시작처럼 한 점 한 점 정겹게 이어지면 선이 되고, 선이 모이면 무한하게 다양한 형상을 이루게 된다.

세상 만물은 모두가 점이다. 사람도 비행기에서 내려다보면 한낱 점처럼 보이고, 아무리 큰 물체도 멀리 떨어져서 보면 모두가 원 모양의 점으로 바뀐다. 태양계 탐사선이 토성 부근에서 촬영한 지구의 모습도 광대한 공간에서 한낱 '창백한 푸른 점(Pale blue dot)' 하나에 불과하니 놀랍지 아니한가! 태양은 눈부시게 밝은 점이고 수많은 별도 반짝이는 푸른 점이다. 만물이 살아가는 거대한 지구가 암흑 속에 떠다니는 외로운 푸른 점 하나에 불과하다니, 저 작은 점 안에 내가 살고 있고 인류의 역사가 흐르고 있다니 놀라울 뿐이다. 나는 먼지나 티끌보다도 미소한 한 점처럼 존재가 보잘것없는 데도 생각과 상상력의 크기는 가히 우주와 같다고 으스대고 살았으니 어림도 없다는 생각이 든다.

아무리 작은 점도 크게 확대해보면 수많은 점으로 이루어져 있다. 글씨나 사진, 텔레비전의 영상도 화소라는 엄청나게 많은 점의 조합이다. 어느 날 새카만 먼지처럼 작은 점 같은 채송화 씨앗에 관심을 가졌다. 하도 작아서. 손으로 잡기조차 힘들었다. 어떻게 생겼을까 궁금증이 생겨서 몇 알을 전자현미경으로 확대해보고는 소스라치게 놀랐다. 영락없는 5~6개월 태아의 웅크린 형태였고, 껍질은 내부의 생명을 보호하듯 거북선의 등처럼 검붉은색 찬란한 철갑 위에 날카로운 돌기들이 창처럼 돋아있는 모습이었다. 채송화 씨앗 관찰을 계기로 미소한 세계의 신비로움에 대한 탐구욕과 상상의 마음 문이 열렸다. '지식보다 상상력이 더 중요하다'는 말을 늘 마음에 담고 점과 점선을 더 많이 살펴보게 되었다. 표범, 무당벌레, 송어, 점박이 옷, 우표, 도로의 차선, 점묘법으로 그림을 그리는 조라주 쇠라의 작품들, 20세기 한국미술사에 추상이라는 새로운 장을 연 김환기 회고전 '한 점 하늘'에서, 예술과 삶과 세상을 하늘로 표현하고, 하늘은 다시 하나의 점으로 수렴되고 있음에 크게 공감하였다.

점이 홀로 있으면 시공간 속에 정지되어 있지만, 점들이 떨어져 이어지면 점선이 되고 붙어서 이어지면 실선이 되는데, 난 떨어져 이어지는 점선을 좋아한다. 점선의 여백을 좋아한다. 실선은 완전히 붙어 있어서 숨 쉴 틈이 없지만, 점선은 떨어져 있어도 결코 떨어져 있지 않고 서로 연대하기 때문이다. 때로는 우표처럼 점을 따라 찢어내면 각각이 독립체가 되도록 도와준다. 점과 점을 이어가면 그림이 되고 점선은 상상력을 불러일으킨다. 일곱 개의 별들이 모여서 북두칠성이 되는가 하면, 사자자리, 물고기자리, 독수리자리, 거문고자리가 되고, 하늘에서 소를 치는 견우성과 베를 짜는 직녀성이 칠월칠석날 단 하루 애틋한 오작교 만남의 설화를 만들어 내기도 한다.

인간(人間)이란 사람과 사람의 사이(間)라는 의미이다. 점선처럼 적당한 거리를 유지하며 타인과 더불어 잘 어우러져야 좋은 사이이다. 점선은 여백의 미가 있어서 바람도 잘 통하고 상대방의 접근을 너그러이 허용한다. 사람 관계가 늘 실선처럼 손을 맞잡고 있어야 하는 것은 아니다. 때로 손을 놓고 각자의 삶을 갈 수 있어야 서로 독립적이고 성숙한 존재가 된다.

되돌아보면, 오랜 기간 조직 생활의 틀 속에서 실선과 같이 변함없는 원칙을 지키고 또 강조하며 살아왔다. 하늘의 뜻을 안다는 지천명(知天命)의 점을 거쳐, 듣는 대로 이해한다는 이순(耳順)의 점도 한참이나 지나왔다. 이제 마음 가는 대로 행동해도 법도를 넘어서거나 어긋남이 없어야 하는 종심(從心)의 점에 이르렀는데도, 아직도 내 틀에 맞지 않으면 버럭 하는 일들이 적지 않다.

'상상력과 관용'의 덕목은 늘 부족함을 느낀다. 점과 점선에서 깨우친 지혜로, 세대를 초월하여 응답할 수 있는 품 넓은 톨레랑스의 중년이 될 수 있기를 소망해 본다. 점선과 실선을 넘나들며 지나온 나의 인생 여로에서, 마지막에 나는 무엇을 가져가고 무엇을 남길 수 있을까? 세대와 세대를 이어 가는 한 점으로서 부끄럽지 않은 삶이 되기를 바랄 뿐이다.

(창작수필 작품상 수상작품)

긴 세월 동반자

박정미

"봄처럼 화사하네요. 와우! 핑크핑크 예뻐요. 어머, 꽃이 손 흔들어 주는 모습 같아요. 오늘도 행복하라고~. 오늘은 철쭉 따라 모두가 활짝 핀 꽃이 되었습니다!" 가족 대화방과 문우들의 단톡방에 곱게 핀 연분홍 철쭉 사진을 올렸더니 대화방에도 꽃이 피었다. 나이가 들면 꽃이 왜 예뻐 보일까? 길을 가다가 "어머 꽃이 너무 예쁘다!" 하면 옆에 있던 친구는 "나이가 들었다는 증거야 했다!" 그때는 중년의 나이였는데도 친구는 그렇게 말했다. 꽃이 예뻐 보이는 나이는 자유가 주어지는 시기라고 한다. 예쁜 것을 바라볼 여유가 생겨서란다. 황혼의 감성에는 늘 보던 꽃도 새롭고 경이롭다. 말로 다 표현 할 수 없는 진한 감동으로 타임머신을 타고 젊은 날의 그때로 데려다 주기도 한다.

이 철쭉과 인연이 된 지는 올해가 20년이 다 되었다. 그해 내 생일날에 울산에 사는 손아래 시누이가 참석하게 되었는데, 축하 선물이라며 만개한 연분홍 철쭉꽃 화분을 배달 시켰다. 축하 분위기는 크고 우람한 연분홍 철쭉 화분으로 단번에 환하게 피어났다. 뜻밖의 선물에 나는 어안이 벙벙했다. 손아래 시누이는 꽃을 좋아하는 나에게 만개한 철쭉 화분을 선물하고 싶었단다. 화분에는 "올케언니 생신을 축하드립니다."란 분홍 리본도 달려 있었다. 집안으로 들어온 철쭉의 향기가 은은하게, 청아하게 사람들의 마음을 사로잡자 모두들 한마디씩 찬사를 보냈다. 꽃 한송이 받는 기쁨도 행복인데 이렇게 한 아름 꽃 화분을 받았으니 나에겐 잊을 수 없는 큰 감동이 되었다.

만개한 꽃들이 한잎 두잎 힘없이 떨어질 땐 무척 아쉬웠다. 예쁜 꽃송이들이 지고 나니 관리를 어떻게 해야 하나? 겨울엔 동면을 하기 위해 실내에서 지내야 할 텐데? 행복한 고민에 잠기기도 했다. 철쭉 화분은 봄여름 늦가을까지는 마당의 넓은 장소에서 자연 바람과 햇볕, 비가 오면 비를 맞으며 자연에서 잘 지냈다. 겨울이 오면 집안으로 들여 1층 출입문 옆에 거처를 마련했다. 물받이를 받쳐놓고 한 달에 한 번씩 풍족하게 물을 주며 어서 봄이 오기를 기다리고 있었다.

추운겨울이 있어 봄이 따뜻하다고 했는데, 우리 부부가 키운 연분홍 철쭉은 해가 갈수록 꽃송이가 줄어들고 점점 기울어 가고만 있었다. 7년전에는 꽃 한 송이 못 맺고 시름시름 하더니 봄이 지나고 여름이 다가오는 시기에 푸른 잎이 파릇파릇 돋았다. 드라마의 인생 역전 같은 희망이 보였다. 그 후론 좀 더 정성을 들였더니 꽃도 몇 송이씩 튼실하게 맺고 잎도 힘이 있어 보여 걱정을 덜었다.

올해는 동면 하는 장소를 2층으로 가는 계단 중간쯤에 넓은 공간으로 옮겨주었더니 냉해를 안 입었는지 동면 시기에도 잎에 윤이 나고 생기가 돋았다. 나는 그 앞을 지날 때마다 예사롭지 않다는 기대가 생겼다. 기대는 적중했다. 2월 초순부터 뾰족뾰족한 꽃봉오리가 수없이 맺히더니 한 달쯤 지나 탐스럽고 튼실한 꽃들이 함박웃음으로 봄 소식을 전했다. 이웃에 사는 분들도 철쭉 앞을 지날 때마다 멈춰 서서 "어쩜 이렇게 예쁘냐?"고 찬사를 보낸다. 만날 때마다 꽃 인사로 화답을 하며 겨우내 움츠렸던 마음을 연다. 자식 칭찬을 듣는 듯 바라보는 내 마음도 흐뭇하다.

요즘은 봄꽃 소식에 취해 일상을 보낸다. 언론매체에서는 앞 다투어 연일 꽃 소식을 전하느라 바쁘다. 어떤 시인은 흐드러진 벚꽃이 봄의 웃음소리 같다고 했다. 봄의 찬란한 꽃들은 상처받은 아픈 마음도 치유해 주는 자연의 명약이라고도 했다.

작년 여름에 남편은 누가 버린 시들어 죽어가는 브룬펠시아 자스민 화분을 안고 왔다. 나는 다 죽은걸 왜 가지고 왔냐고 타박했다. 옥상 바닥에 화분을 엎어놓고 뿌리로 가득 찬 불쌍한 생명을 잘 손질해서 죽든 살든 지켜보자며 심어 놓았다. 가지치기로 깔끔하게 정리해서 이파리도 없는 앙상한 몰골로 심고 햇볕이 잘 드는 곳에 자리 잡아 놓고 열심히 물을 주며 지켜보았다. 20여 일쯤 지났을까. 거짓말처럼 앙상한 가지에 새순이 돋았다. 죽은 생명체가 소생한 기쁨이랄까? 기적 같은 생명의 힘을 보여주었다. 명의가 중환자를 수술해서 살려내는 보람을 이에 비할 바 아니지만, 자신의 손길로 살려낸 생명을 보는 감동을 알 것도 같았다. 명의의 의술은 위대하고 고귀하지만, 남편의 손길도 참 따뜻하고 아름답다는 마음이 들었다.

진달래 과에 속하는 철쭉은 먹을 수 없어 개 참꽃이라고도 한다. 오래전 우리 부부는 철쭉 군락지를 관광하기 위해 지리산 바래봉까지 등산한 적이 있었다. 1971년 이 일대에는 호주의 도움을 받아 면양 목장을 설치하고 양 떼를 놓아길렀다. 먹성 좋은 양들이 다른 나무들은 모두 먹어 치웠지만 철쭉은 고스란히 남겨 두었다. 철쭉에 독성

물질이 들어 있다는 것을 양들은 미리 알고 있었기 때문이다. 그래서 지리산 바래봉의 아름다운 철쭉 군락지는 양들이 만든 예술작품이라고 한다.

철쭉의 꽃말은 자홍색 산철쭉은 '즐거운 번영' 흰 철쭉은 '사랑의 즐거움'이라한다.

개화 시기는 4~5월이며 축제는 전국 곳곳에서 열린다. 화려한 철쭉은 향기가 없다. 우리의 동반자 연분홍 철쭉은 개량한 품종으로 추위에 약해 온실형이며 은은한 향기가 청아하게 풍기는 신품종이다. 야생의 화려한 철쭉과는 생태가 다르다. 19년 동안 우리의 관리 부주의로 겨울이면 냉해의 터널에서 간당간당 생명을 유지해 왔는데, 이젠 원인을 알았으니 보상을 해주는 마음으로 잘 보살펴 주어야겠다. 우리는 죽어가는 자스민도 소생시켰고 20년 철쭉도 우람하고 튼실한 꽃을 볼 수 있게 키워냈으니 나무의 명의까지는 못 되어도 재활치료사 수준은 되겠다.

작년에 조촐한 금혼식을 치른 우리 부부는 긴 세월 동반자로 감회가 새롭다. 돌아보니 가시밭길도 건너고 물웅덩이도 건넜다. 어찌 꽃길만 걸어온 삶이었겠는가. 지금은 꽃과 더불어 여유로운 노년을 살고 있으니 감사한 마음뿐이다. 하지만 세월에 장사 없다고 황혼이 되니 우리 부부는 세월 따라 자꾸 시들고 쇠락해져 간다. 우리의 모습이 애잔하다.

남은 여생, 화분 분갈이를 하듯 좀 더 서로 살피고, 보듬고, 토닥이며 살아야겠다. 소생의 기적까진 아니어도 마음의 꽃 한 송이라도 활짝 피워낼 수 있기를 바라는 심정으로 꽃이 우리 삶속에 축복과 위안을 주듯 그렇게 살고 싶다. (창작수필 작품상 수상작품)

에단 헌트(톰 크루즈)를 넘어선 그 사람

- 미션 임파서블 7 영화를 보고

서혜경

장마로 답답했는데 독서 모임 회원이 영화를 추천해주었다. 영화배우 톰 크루즈의 신작, '미션 임파서블 7'이다. 다음날 금요일, 휴가 중인 남편과 아침 일찍 동네 영화관으로 향했다. 블록버스터 작품인 미션 임파서블 시리즈를 보기 위해서다. 나는 중간중간 무서워 눈을 감기도 했다. 세상을 위해 움직이는 에단 헌트(톰 크루즈).

영화 '미션 임파서블' 시리즈는 미국 정부 주도의 IMF(Impossible Mission Force)라는 비밀 조직에서 일하는 에단 헌트와 팀원들이 국제 관련 문제를 해결하는 줄거리다. 불가능한 임무를 맹활약으로 해낸다. '미션 임파서블 7'에서는 디지털 세상의 모든 것을 통제하는 인공지능 엔티티를 제어할 열쇠를 원하는 사람들과 아예 엔티티를 파괴하는게 낫다는 에단 헌트와 팀 얘기다. 주인공의 나이가 남편보다 조금 많지만 아직도 고난도 액션을 펼친다. 요새 나는 챗(GPT)를 어떻게 잘 이용할 것인지를 생각하고 있었다. 그런데 영화에서는 거꾸로 인공지능이 인류를 어떤 방식으로든지 지배하려는 상황을 보여주고 있다. 어쨌든 영화 주인공과 팀은 어떤 어려운 일이 닥쳐도 철저한 계획을 세워 꼭 성공을 거둔다. 내게도 그런 든든한 해결사가 있다.

모처럼 영화를 보러갈 때 동생에게 선물 받은 신발을 신고 새 옷을 챙겨 입으려고 했다. 새 신발에는 태그가 여러 개 붙어있었다. 별생각 없이 태그를 가위로 잘라낸 후 보니 신발을 조이는 다이얼 줄이 끊어져 있었다. 세상에. 기존의 운동화 줄이 아닌 가느다란 줄이었는데 별 생각 없이 태그용 줄로 알았었다. 선물한 동생을 생각하면 앞이 깜깜해지고 미안했다. 한쪽 신발만 살 수 있을지 난감했다. 남편이 나의 신발을 보더니 어떻게 이런 문제를 일으킬 수 있는지 궁금해 했다. (칫, 그럴 수도 있지 뭐) 일단 영화를 보고 온 후 남편은 잠시 기다려 보라 하더니 밖에 나가 뭔가를 사왔다. 낚시에 사용하던 '슬리브'를 이용하여 끊어진 신발 줄을 연결했다. 나의 큰 고민을 단숨에 해결해줬다. (괜히 빈정거렸네) 그 보답으로 남편의 주말 설거지는 내가 대신 하기로 했다.

남편은 나의 여러 가지 문제를 잘 해결해준다. 두 달 전 동생 집에서 가족 모임이 있었다. 마침 차를 마시는 거실 탁자에 음식을 차렸다. 그런데 내가 앉아서 먹고 치우다 탁자 한쪽을 누르는 바람에 일부가 내려앉았다. 맙소사. 동생이 엄청 아끼는 것인데 버려야 하는 상황이 발생했다. 눈앞이 아찔했다. 그때도 남편은 잠시 생각하다 사용에 문제없게 해결해주었다. 가족들이 모두 가슴을 쓸어내렸다. 그 외에도 나는 우리 집 냉동고 박스도 강제로 꺼내다가 깨뜨렸는데 그것도 남편이 수리해 줬다. 가끔 싱크대 하수구 막힘도 뚫어준다. 그야말로 맥가이버를 닮은 우리 집 에단 헌트다.

어쨌든 나는 원하지 않지만 가끔 어쩔 수 없는 상황들로 문제를 만드는 사람이 되었고, 남편은 그때마다 처리하는 해결사가 됐다. 처음에는 내 관점으로 문제를 보고 해결을 했지만 어떤 문제들은 포기했던 것도 있었다. 그러나 지금은 남편의 도움으로 대부분의 일들이 쉽게 수습이 된다. 나도 남편의 문제를 좀 해결해 준다면 좋을텐데. 남편은 다방면으로 나보다 경험과 지식이 풍부한 것 같다. 문제에 대한 이해가 빠르고 창의적인 해결안을 제시하는 것은 내가 먼저 대신해주기 쉽지 않다.

오늘도 남편은 아들을 지하철역까지 데려다주고 출근한다. 출근 방법을 고민하던 아들의 문제도 자기 시간을 조정해 바로 해결해줬다. 친정어머니는 주말에 남편이 설거지한다고 하면 나에게 화를 낸다. 덤벙대고 고집이 센 딸과 사는 사위에게 미안하고 고맙다고 생각하시는 것 같다. 그래 그런지 남편이 바다낚시를 갈 때면 많이 잡아오라고 농담을 건네며 혼자만의 취미생활을 응원하기도 한다.

앞으로도 나는 덜렁대는 행동으로 일을 망쳐 남편에게 의도하지 않은 새로운 미션을 줄지도 모른다. 그러면 투덜대기는 하겠지만 옆에서 믿음직스럽게 문제를 해결해 줄 것이다. 나의 헌트(톰 크루즈)가 되어서. 그래, 나는 지금처럼 계속 남편에게 미션을 주는 사람이 된다는 것도 나쁘지 않을 것 같다. 남편의 창의적인 아이디어를 자극할 수 있고 그도 문제해결을 통한 성취욕을 얻는 것이 간혹 지루해진 삶에 활력이 될 수도 있을 것이다. 이런 것을 고양이가 쥐 생각한다는 걸까?

(창작수필 작품상 수상작품)

삭정이

신 영 숙

가을은 그리움을 낳는 계절이다. 감나무에 감이 홍시 맛이 들 때면 가을도 깊어간다. 찬바람에 낙엽이 나부끼고 비바람에 꺾인 삭정이가 보이는 깊은 가을이면 어머니가 더 그리워진다.

찬 서리 내릴 때쯤 어머니는 삭정이를 주우러 먼 산을 오르셨다. 마루 끝에 앉아 싸리문을 바라보고 있노라면 서쪽으로 기울던 태양이 산마루에 턱을 괴는 모습이 보인다. 여덟 살 계집아이는 항아리에서 보리쌀을 꺼내 어머니가 하던 대로 비비고 헹구어 부뚜막에 올라 가마솥에 넣는다.

새 떼들도 제집을 찾아 날아들고 있다. 앞가슴에 손을 쓱쓱, 어머니 마중을 나간다. 머리에 인 삭정이 다발이 고개를 넘어오면 태양은 모습을 감춘다. 어느 삭정이 다발이 어머니인지 알 수 없어 "엄마" 불러댄다. "어두운데 왜 나왔어." 우리 엄마다. 달려가 엄마 치마꼬리를 잡고 따르니 초저녁 별도 함께 따른다.

외할머니 소천하시고 새 부인을 들인 외할아버지는 8살 된 어머니를 낯선 집으로 보냈다. 민며느리, 한 입 덜어보자는 방편이었을 것이다. 바짓가랑이 잡고 매달려 우는 고사리 손을 밀치고 떠나던 아버지,

가다가 멈추어 뒤돌아보고 또 뒤돌아보던 그 모습은 어머니 가슴속 멍에였지 싶다.

시조부님, 부모님, 시동생 셋, 시누이 대가족 종갓집에서 갓 태어난 막내 시동생을 업어 키우며 시작된 시집살이는 혹독했다. 부유한 친정을 둔 동서들은 대접을 받았지만, 어머니는 온종일 일을 하고도 시어머니의 폭언과 시누이의 손찌검까지 맞으며 무시를 당했다. 엎친 데 덮친다고 한국전쟁이 발발하여 반동으로 몰린 아버지는 매를 많이 맞아 일할 수 없었다. 궁색해진 살림살이에 대소사 일은 어머니 몫이었다.

어머니는 끌어안아야 했던 짐을 삭정이와 함께 아궁이에 밀어 넣고 불을 댕긴다. 작은 불씨를 품은 삭정이는 장작불을 일으키는 생명력을 발휘한다. 아궁이 속이 환해지며 푸른 불꽃이 일렁인다. 생을 마무리한 삭정이도 서러움을 하소연하듯 후드득후드득 소리를 낸다.

응어리진 아픔을 태우며 검은 가마솥 궁둥이를 어루만진다. 가마솥이 '푸우' 긴 숨을 내쉰다. 일찍 허무를 안아야 했던 고심을 한 불꽃으로 승화시킨다. 가마솥에 보리밥이 부글부글 끓어오르며 소시랑 게처럼 거품을 내뱉는다.

만개한 불꽃에 가마솥 궁둥이가 벌겋게 달아오르며 눈물을 펑펑 쏟는다. 어머니의 한숨 어린 눈물이 섞여 부뚜막을 흥건히 적시었다. 삭정이 소신공양이 끝나니 가마솥도 얌전히 숨을 고른다.

어머니의 고달픈 하루를 마무리하듯 구수한 보리밥 내음과 아궁이 속 뚝배기의 된장찌개 냄새가 가족의 허기를 재촉한다. 밥상 위에 젓무덤처럼 솟은 고봉밥이 대청마루에 올라오면 개울을 건너온 둥근 달도 밥상을 기웃거렸다.

뒤주 위 달 항아리처럼 둥근 얼굴에 도톰한 입술과 넓은 이마가 예쁘시던 어머니였다. 그 곱던 얼굴도 세월이 스치고 지나간 이마에는 깊은 고랑이 패이고 손마디에 옹이가 맺히고 허리는 기역 자로 굽어졌다.

아버지 소천하신 삼 년이 지난 어느 날, 어머니는 미장원에 가시고 싶다 하셨다. 평생 감아올린 쪽 머리에서 비녀를 뽑고 짧게 잘라 달라 하셨다. 괜찮겠냐고 몇 번 물어도 대답은 한결같았다. 거울에 비친 서리 앉은 짧은 머리를 쓰다듬으며 귀걸이도 하고 싶다고 귓불을 만지작거리시며 멋쩍게 웃으셨다. 뒤늦게 멋을 내고 싶으신 걸까? 그래 어머니도 여자, 여자이셨다.

종갓집 대소사 일에 치여 동동구리무 한 번 제대로 발라보지 못한 어머니였다. 나무에 붙은 채로 말라 죽은 가지였지만, 작은 불씨를 만들어 내는 죽은 듯 살아있는 삭정이 같은 인생을 살아내신 어머니. 그런 어머니도 멋을 부리고 싶어 하는 여자라는 것을 생각해본 적이 없었다. 무심했던 자신을 돌아보니 참으로 죄송스러웠다.

좀 더 잘해드리고 싶었지만, 어머니는 기다려 주지 않았다. 삭정이 불꽃이 꺼져가듯, 90 평생 밝혀오시던 삶의 빛이 꺼져갔다. 화장을 곱게 하시고 베옷 한 벌 입으신 어머니. 그 모습을 가만히 들여다보며 "엄마, 사랑해요. 이젠 편히 쉬세요." 뒤늦게 철이든 딸의 한마디, 눈물로 가슴을 쓸어내렸다. 가시던 날도 늦가을 따스한 햇살이 삭정이 위에 내린 찬 서리를 녹여 내고 있었다.

*삭정이: 살아있는 나무에 붙은 채로 말라죽은 나뭇가지

*소시랑 게: 민물에 사는 게로 퇴비 꺼낼 때 사용하는 쾡이처럼 생겼다고 해서 생긴 전라도 사투리이다.

(창작수필 작품상 수상작품)

행복 멀미

신윤선

흐드러지게 피어 세상을 흥분케 하던 꽃들이 비바람에 지고 있다. 늦봄인가 싶은데 쌀쌀한 날씨 탓인가 마음이 허공에 맴돈다.

작은 행복을 열어보지 못하는 사람은 행복 멀미를 느낀다 했다. 이 좋은 계절 봄을 만끽하지 못하고 이 봄 축제를 즐길 줄 모르는 지금, 혹시 행복 멀미로 애쓰는 것 아닐까?

쉬어야지, 내려놓아야지 생각으로는 여유를 만끽하라 하는데, 그리 편하지 않은 마음은 무엇일까? 편안해지면 오히려 불안해서 외로움이 쌓이고 그 외로움이 쌓여 있다 보면 그 보상심리로 방법을 찾는다는데, 그 방법조차 버거워하는 것인가.

한 번은 넘어가도 될 듯싶은 환절기 몸살을 앓았다. 별 기대 없이 바람이라도 쏘일까 싶어 통화를 연결해 봤는데, 단번에 좋다는 대답에 잃었던 기운을 차려본다.

고맙게도 아파트 앞까지 픽업해준 지인 덕에 곤지암 화담(和談)숲(정답게 이야기를 나누다)으로 향했다. 10년 만에 가보는 곳이다. 엊그제 내린 비로 나뭇잎들은 눈부시게 빛난다. 덥지도 춥지도 않고 가끔 불어주는 바람은 생기를 넣어주듯 신선했다.

오랜만에 찾은 화담숲은 많이 달라졌다. LG상록재단으로 2006년 조성승인을 받아 2013년 6월 개원한 수목원인데, 약 5만 평으로 조성되었다. 17개의 테마원과 4천여 종의 국내 자생식물 및 도입식물을 수집하여 전시 중이었다.

모노레일이 운행 중이긴 했어도 우리는 천천히 걸어보기로 했다. 우거진 숲과 곳곳마다 단장된 꾸밈은 자연과 어우러져 감탄의 소리가 연신 나왔다. 계곡과 산기슭을 따라 이어지는 숲과 흐르는 물소리, 자연의 지형과 다양한 식물과 꽃의 숲, 유모차와 휠체어로 함께 관람할 수 있고 곳곳에 쉼터의 마련은 배려가 깊은 손길이었다. 더구나 음식물 반입이 제안되어서 청결함을 더했다.

자작나무 숲과 소나무 숲을 지나려니 참았던 숨이 훅! 속이 뻥 터지는 것 같았다. 살짝 더운가 싶으면 물소리와 불어주는 바람에 상쾌함이 좋았다. 아담한 소나무와 다양한 나무들 사이에 분재도 많았다. 다양한 조형물과 포토스폿도 여러 곳, 삼각형 꼬리의 남생이가 헤엄치고 있는 수조도 있고 비단잉어들이 헤엄치는 연못도 있다.

쥐가 잘 나는 나를 염려해서 천천히 쉬기도 하고 추억을 담아가며 걸어가다 보니 3시간 정도 소요되었다. 여러 날 기운을 못 차렸었는데 크게 웃고 신선한 공기로 명치끝에 달렸던 덩어리가 내려갔다. 날아갈 듯 몸이 리듬을 탄다.

허리춤에 양손을 버티며 하늘을 본다. '아~!' 이 작은 행복을 모르고 사는 것은 아닌지, 순간순간의 행복을 모르고 놓치는 것은 아닌지, 그래서 행복 멀미를 느끼고 사는 것은 아닌지 자신을 돌아보게 해준 화담숲이었다.

나의 소망은 뭐였는가. 물질이었나, 명예였나, 일이었나? 아마도 일을 좋아해서 일에 치여 살았지, 싶다. 그렇게 살다 보니 휴식의 두려움이 있었는지도 모르겠다. 이제는 나한테 애정을 갖고 두루두루 자연과 함께 가보기로 한다. 행복을 놓치지 말자. '내 세대가 기준이다.'라고 자신을 바라보며 작은 행복에 감사하며 살아가 보련다.

걸림돌과 디딤돌

장병선

늦가을 맑은 날, 산길을 걷는다. 눈앞에 날아드는 단풍잎을 쳐다보다가 돌부리에 부딪힌다.

"아야!"

엄지발가락이 쓰리고 아프다. '이 돌이 왜 여기에?'라고 탓하며 내려다본다. 경사진 길 한가운데 깊숙이 박힌 차돌이다. 산에 오르내리는 사람들의 발길에 밟혀 몸이 반질반질하며 뾰족한 돌부리가 위로 솟아 있다. 조금 전 고맙게 여기며 건너온 개천의 디딤돌과 비교된다. 인생도 그러하지만, 돌도 놓인 자리에 따라 걸림돌이 되기도 하고 디딤돌이 되어 칭찬받기도 한다. 문득 돌이 놓인 자리가 영상처럼 떠오른다.

주인을 잘 만나면 대궐 같은 집 주위를 둘러싼 높은 담의 중간 중간에 박힌다. 그런가 하면 이웃집에 호박떡을 건네던 내 고향 집의 낮은 흙담에 놓이기도 한다. 살을 에는 한겨울, 등을 뜨뜻하게 데워주는 온돌방의 구들장으로 데우기도 하는 운명. 그뿐만이 아니다. 어머니가 방에 드나들 때 신발을 벗고 마루에 오르시던 댓돌이 되어 준다. 처마 밑 낙숫물이 떨어지는 데에 놓여 제 몸이 조금씩 파이는 아픔을 겪는 돌도 있다.

건축하는 임자를 만나면 집채 앞뒤에 놓이는 돌층계의 섬돌이 된다. 때론 새로 짓는 집의 머릿돌이 돼 집을 지탱해 주기도 한다. 지진이나 자연재해로 산기슭 바위에서 무너진 돌은 물결 따라 강이나 바다를 돌면서, 주먹만 한 작은 돌로 깎이어 몽돌이 된다. 반질반질하게 다듬어진 그 돌은 소녀 책상 위에 다소곳이 놓여 사랑의 눈길을 받기도 한다.

또한, 두껍고 큼직한 돌은 적군을 막는 성(城)으로 쌓여 총알받이가 되는 험한 풍상을 겪는다. 어쩌다가 마을 앞 저수지에 떨어지는 돌은 물고기들이 알을 낳고 까는 산실이 된다. 무덤 앞에 선 비석은 망인의 넋을 지켜준다. 그 밖에도 선돌 · 박석(薄石)* · 표지석 · 망부석 등 놓인 자리에서 제 역할을 다하는 돌이다.

나는 지금 선 자리에서 부여된 내 일을 다 하는가? 나라에 대한 사랑과 의무, 자식과 이웃에 대한 도리, 친구에 대한 의리…. 어느 것 하나 칭찬받을 일이 없지 싶다. 잘 안 되는 일에 남의 탓을 하거나 주위 환경 때문이라고 책임 전가한 게 한두 번인가. 돌에 배울 일이다. 허구한 날 남의 발에 밟히면서도 제자리를 지키는 디딤돌의 굳은 의지를.

돌, 본성이 '환경 적응'에 얼마나 능한가. 뜨뜻한 데에 닿으면 스스로 따뜻해지고, 펄펄 끓는 데 놓이면 뜨겁게 달아오른다. 차가운 방에선 차디찬 냉돌(冷堗)로 오들오들 떨기도 한다. 돌담의 돌은 그의 무게로 아래위를 평정(平靜)한다. 아래를 다독이며 위를 받쳐주는 역할을 한다.

이처럼 돌은 그의 적응성과 무게감으로 우리 생활 주변에서 묵묵히 제 할 일을 다 하는 성실한 존재다. 그러고도 티 하나 내지 않는다. 나처럼 양지를 찾아 이곳저곳 기웃거리지도 않는다. 놓인 자리에 자족하며 주어진 임무를 성실히 이행한다.

그러고 보면 돌도 인생처럼 누구를 만나, 어디에 놓이느냐에 따라 운명이 달라진다. 물이 콸콸 흐르는 개천의 디딤돌로 놓여 칭찬받기도 하고, 오늘의 그 차돌처럼 길에 박혀 남의 행보에 장애가 되기도 한다.

혹여 나는 등산길에 놓인 그 '걸림돌'은 아닌지? 산길을 걸으며 곰곰이 생각한다.

*박석: 얇고 넓은 돌로 궁궐이나 정원에 깔린다.

미워해도 괜찮아

윤임덕

큰언니가 치매에 걸렸다. '알츠하이머성치매'라는 진단을 받았다고 한다. 소식을 전하는 조카는 많이 놀라고 격앙된 듯 전화기를 통해 들리는 목소리가 날카롭다. 더러 주위에서 누가 치매에 걸렸다는 얘기를 듣긴 했지만 그냥 남의 일인 양 여겼다. 그런데 가까운 가족이 치매에 걸렸다는 얘기를 들으니 기분이 묘했다. 큰 바윗돌 하나를 가슴에 품은 것 같은 무거움과 안타까움이 느껴졌다. 그동안 큰언니와는 소원한 관계를 이어왔다. 만나지 않은지가 10년을 넘었다. 왕래를 하지 않은 이유를 물으면 그냥 불편함이라고 해야겠다. 큰언니를 만나고 돌아온 날은 이유를 모른 채 기분이 나빴다. 어떤 때는 그런 불쾌함이 며칠 동안 지속된 적도 있었다. 그래서 슬금슬금 멀어지게 됐고, 만나지 않으니 편하다는 생각을 하며 살았다. 조카는 "이모가 엄마를 한 번 찾아가 보는 게 좋을 것 같다."라고 한다. '그러마'라고 대답은 했지만 만나러 가기가 꺼려진다.

고등학교 3학년, 새 학기가 시작될 무렵, 서울에 살던 큰언니가 딸 쌍둥이를 낳았다. 산후조리를 하러 갔던 어머니가 일주일 정도 지났을까, 포대기에 싸인 갓난아이를 집으로 데리고 왔다. 쌍둥이 둘을 데리고 어찌할 바를 몰라 하는 큰딸을 보면서 '저러다 아이 둘 다 잘못 되는 게 아닌가!' 걱정스러웠단다. 그랬는데 "키워달라" 부탁을 하길래 두 명 중 약해 보이는 아이를 데려왔다고 했다. 아이는 초롱초롱 빛나는 눈과 웃으면 입가에 작은 구멍처럼 보조개가 패이는, 너무나 작고 예쁜 아이였다. 아이는 자신의 의지와 상관없이 태어난 지 일주일 만에 부모와 떨어져 부산 외갓집에서 살게 된 나의 조카다.

조카가 걸음마를 배울 무렵 어머니가 허리디스크 수술을 받게 되었다. 평소 허리가 좋지 않던 어머니가 조카를 업고, 안고 다니다 보니 서 있기조차 힘들 만큼 상태가 악화되었다. 지금과 달리 그때는 허리디스크 수술이 대단히 위험하고 어려운, 대수술에 해당되는 병이었던 것 같다. 수술하고 2달 가까이 입원을 했고, 퇴원을 하고도 제대로 걷지 못하는 상태가 6개월 이상 계속되었다. 어머니가 움직이기 힘들게 되면서 조카를 키우는 일이 내 몫이 되었다. 어머니 간병과 조카를 돌보는 일로 하루가 모자랐다.

소설가가 되고 싶었다. 글을 잘 쓴다고 상도 받았고, 백일장에 학교 대표로 출전하기도 했다. 문예창작과를 졸업하고 작가가 되리란 꿈을 꾸었다. 그런데 한창 대학교 입학원서를 내야 하는 시기에 어머니가 수술을 받았다. 당연히 대학은 원서조차 내지 못했다. 해마다 신춘문예 당선작이 발표되는 신문을 보면 가슴이 아리고 슬퍼서 하염없이 눈물만 흘렸다. 20대 초반의 내 삶은 이모라는 말을 제일 먼저 배운 조카를 키우는 일이었다. 조카는 5년을 함께 살다 큰언니네 집으로 갔다.

아파트 입구에 마중 나와 있는 큰언니를 만났다. 살이 빠지고 부서러 질 것처럼 건조한 느낌의 큰언니를 처음엔 알아보지 못했다. 생각보다 많이 변한 모습이 조금 당황스러웠다. 큰언니를 따라 집안으로 들어섰는데 집안 전체가 무척 어수선하다. 큰언니는 장을 보러 갔다 와서는 같은 물건을 또다시 사 오기를 반복한단다. 그런 이유로 집안이 물건들로 넘쳐난다는 형부의 설명이다. 말수가 적어진 큰언니가 "너는 퇴직하고도 계속 직장을 다니느냐?"는 질문을 여러 차례 반복한다. 혼자 있으면 하루 종일 굶는 때가 많다고 한다. 치매환자는 혼자 두면 안 되는데…. 안타깝고 걱정스러운 마음에 도와주고 싶다 했는데 형부는 "자기가 알아서 다 하고 있으니 오지 말라."고 정색을 한다. 큰언니가 치매라는 것을 인정하고 싶지 않은 것 같다. 결국 큰언니를 만나러 간 그날도 돌아오면서 그냥 답답하고 기분이 나빴다.

며칠이 지난 후 조카를 만났다. 엄마에 대한 걱정 때문인지 얼굴이 많이 상해 보인다. 큰언니를 만나고 온 얘기를 꺼내자 자기에게 엄마 얘기는 꺼내지도 말란다. 듣기 싫다고 화를 내며 아무 말이나 마구 던진다. 조카를 보면 가끔씩 송곳 같다고 느낄 때가 있다. 조카의 서슬에 갑자기 눈물이 난다. 사람들로 북적이는 카페 한가운데 앉아 울음보가 터졌다. 조카는 흥분한 상태에서 "자식을 낳았으면 힘들어도 부모가 키웠어야지, 왜 자신을 외갓집에 보냈는지? 집으로 데려간 후엔 왜 그토록 모질게 대했는지? 기회가 되면 꼭 엄마에게 따져보려 했는데 치매에 걸렸으니 이제 소용없는 일이 되었다."며 억울해한다.

5살 때 부모를 따라간 조카는 행복하지 않았다고 말한다. 성인이 된 후 힘든 일이 생기면 찾아와 한참을 곁에 앉아 있다 가곤 했다. 결혼하고 딸을 출산한 후엔 우리 집과 가까운 곳으로 이사를 왔다.

가끔이긴 하지만 휴일에 외출할 일이 있다며 한두 시간 손녀를 맡기고 가는 일도 생겼다. 어느 날 큰언니가 회사로 찾아왔다. 조카가 손녀를 봐 달라고 데리고 오면 안 된다고 거절하고 찾아오지 못하게 하란다. "모든 문제는 올바르지 못한 너 때문에 생긴다."라고 했다. 깜짝 놀랐다. 별생각 없이 아이를 몇 번 맡아준 일이 올바르지 않은 행동이라고 한다. 억울한 마음이 들었지만 그러겠노라 대답했다. 하지만 아이를 맡기러 오는 조카에게 안 된다는 말은 하지 못했다. 큰언니는 한 번도 고맙다는 얘기를 한 적이 없다. 대신 이해하기 힘든 적개심을 보인다. 한때는 가슴을 아프게 했던 그런 말들, 하나하나를 따지고 싶은 적도 있었다. 그런데 이젠 따질 필요가 없어졌다. 치매가 진행되면 큰언니는 나를 미워했었다는 사실도 인지하지 못할 거라는 생각이 든다. 그런 날이 오리라 생각하면 가슴이 먹먹해진다. 큰언니에게 말해주고 싶다.

"오래오래 기억을 잃지 않을 수 있다면, 마음껏 미워해도 괜찮아."

세상은 아직 살만한 곳일 거야

오경자

소경 개천 나무랄 것 없다는 속담이 있다. 자기 잘못은 아랑곳 않고 어떤 상황이나 상대방에게 원망을 쏟아낼 때 우리 선대들이 책망 겸 위로로 하던 말이다. 그렇다 원인 제공이 자신에게 있다면 벌어진 일의 결과에 대한 원망이나 상대방에 대한 서운함을 말할 필요가 없다. 하지만 사람 마음이란 것이 어디 그렇게 마음대로 움직여지는가 말이다.

손녀가 대학에 입학을 해서 첫 등교를 할 텐데 다락같이 오른 외식비가 은근히 걱정이 되었다. 입학 축하금이야 별도문제고 우선 애가 주머니 걱정 않고 밥을 제대로 사먹어야 될 것 같았다. 손자에게 쥐꼬리만큼씩 보내 주던 용돈에 조금 더 얹어서 5만원씩을 송금했다. 3월 개학 전에 한다고 서둘러 2월 27일에 전화로 송금했다. 손자 이름은 또박또박 들리는데 손녀이름이 좀 생소하게 들렸다. 2번을 다시 들어도 마찬가지여서 오래전부터 계속 보내던 것이기에 안심하고 그냥 눌러 버렸다. 송금되었다는 소리가 들려도 그런가보다 하고 전화를 끊었다.

그냥 잊고 있었다. 1달이 거의 다 되어서야 은행에 들러 통장정리를 했다. 아니 이게 웬일인가? 손자 이름은 있는데 그 아래에는 생소한 이름이 찍혀 있고 5만원이 송금되었다. 손녀에게 확인하니 안 들어왔다며 사연을 들은 아이가 어떡하면 좋으냐고 울먹인다. 괜찮아 할머니가 다시 줄 것이니 걱정하지 말라고 위로했다. 손녀는 그게 문제가 아니고 아까워서 어쩌면 좋으냐고 계속 울먹인다. 신청하면 그 사람이 보내올 것이라고 달래주고 전화를 끊었다.

사고 신고를 받고 은행원이 차분하게 설명해 준다. 우리가 할 수 있는 것은 상대방 은행에 이런 사실을 통지해 주고 선처를 기다리는 것까지라며 그 이상은 자신들이 할 수 있는 일이 아무것도 없다며 딱한 얼굴로 쳐다본다. 내가 실수한 것이니 선처를 기다려볼 수밖에 더 있겠느냐며 대략 며칠이나 지나야 반응이 올 것 같으냐고 물었다. 그건 모르며 상대방 은행이 얼마의 기간 안에 결과를 통지해 준다던가 하는 등의 절차는 아무것도 없다고 했다.

은행 문을 나오며 마음이 담담해졌다. 그래 요즘 같은 야박한 세상에 굴러들어온 돈을 아무 강제적 방법도 없는데 오로지 양심에 의지하여 보내줄 바보가 어디 있겠나? 기대 했다가 실망하면 건강에 안 좋을 테니 길에 흘린 것으로 치자고 마음을 다잡으며 걸음을 옮긴다. 몇 발짝 걷다가 생각이 바뀐다. 아니야 보내올지도 몰라 자기 것 아닌데 어디다 어떻게 할 방법이 없어 오히려 찜찜하던 차에 은행으로부터 돌려보내라는 연락을 받고서 기뻐할지도 몰라 왜 공연히 사람을 의심부터 해? 두 가지 생각이 번갈아 머리를 복잡하게 한다.

오늘이 신고한 지 열흘쯤 되는 날인 것 같다. 아직 겨우 열흘밖에 안 됐어 좀 더 기다려봐, 망설이다가 통장정리를 해보았다. 아직 그의 이름이 찍히지 않는다. 머릿속에서는 여전히 두 생각이 번갈아 떠오르다 지워지기를 반복한다. 그래도 고마운 것은 전혀 속상하지 않다는 점이다. 이런 평강을 주신 하나님께 머리 숙여 감사드린다. 성금요일이다. 우리를 위해 몸 버리신 예수님도 계신데 내 손가락이 숫자 하나를 바꿔 눌러서 일어난 일이라는데 누구를 함부로 정죄하랴. 그냥 기다려 보자, 세상은 살아볼만한 것이라는 이 순진한 노파의 생각이 맞을지 누가 알랴. 그래 그가 해외여행 중일 수도 있잖아?

경춘선의 회갑

신형식

지난 1999년 7월 25일은 경춘선이 개통된 지 60년이 되는 날이었다. 나는 1971년 대학 1년 때 경춘선을 처음 타보았고, 이 글을 쓰는 1999년 8월에도 애용하니까 경춘선의 60년 중 28년은 나와 깊은 인연을 맺고 있는 나에게 경춘선은 아주 정다운 철도이다. 경춘선은 60년 전 증기기관차로 개통되었는데 일본이 강원도 영서지방의 풍부한 목재를 서울로 손쉽게 운반할 목적으로 이 철도를 개통시켰다고 한다. 그 후엔 북한강에 댐을 건설하기 위한 각종의 자재들을 운반하는 철도로 유용하게 사용되어졌다고 한다. 그러나 자동차길이 더욱 발전하면서 이런 역할은 많이 없어지고 요즈음에는 젊은 남녀들의 꿈과 낭만을 실어 나르는 관광열차로 탈바꿈했다.

경춘선 열차여행의 가장 좋은 면은 북한강의 물줄기를 따라 이어지는 아기자기한 풍광이다. 차창 밖으로 손에 잡힐 듯 다가왔다가 금방 뒷모습을 보이며 멀어져 가는 산봉우리들을 바라보면 깊은 상념들이 머릿속에 들어온다. 또한 봄철에는 신록의 생명이 움터 나오는 연두색의 산하 속을 주황색의 무궁화호가 달려가며 만들어 내는 광경은 조화가 잘 되어진 한 폭의 서양화이다. 나는 경춘선 기차를 무척 좋아한다. 한 달에 두 번 꼴로 춘천에 있는 한림대학교에 강의하러 다니는 교통편으로 이용하고 있다. 자가용 자동차를 타고 갈 수도 있고, 버스를 타고 갈 수도 있겠으나 나는 기차를 가장 좋아한다.

청량리역을 출발한 후 정확히 1시간 45분 후에 도착되는 교통체증이 전혀 없는 시간 약속을 가장 잘 지켜주는 교통편이기 때문이다. '강의 시작시간에 제대로 못 오는 교수를 학생들은 어떻게 생각할까?' 라는 나 자신에 대한 물음에 충실하기 위하여 적어도 강의 시간 30분 전에는 교수연구실에 들어가 있는 것이 나의 습관으로 되어 있다. 경춘선 열차를 자주 이용하는 것은 1984년 전임강사 발령을 받고 부터이다.

이 글을 쓰는 때가 1999년이니까 15년에 접어든다. 15년의 강의 출장 중 꼭 두 번 지각했다. 갑자기 눈이 많이 내려 춘천역부터 대학까지 가는 동안에 있었던 심각한 교통체증 때문이었다. 춘천으로 향하는 기차 속에서는 그날 강의할 내용을 머릿속에서 그려본다. '오늘은 어떤 서두로 학생들의 흥미를 끌어들일까?'가 춘천행 기차 속에서 생각해야할 중요한 항목의 하나이다. 그러나 춘천에서 청량리로 돌아오는 기차 속에서는 차창 밖의 풍광을 감상하며 대개 수필을 생각하는 시간이 된다. 흡사 금의환향하는 선비들과 같이…. 눈이 많이 쌓인 겨울에 눈밭을 가르며 달릴 때에는 영화 '닥터 지바고'의 여러 장면을 생각나게 한다. 지바고 영화에서는 눈밭을 달리는 기차와 아름다운 창(窓)이 인상적이다. 특히 지바고를 좋아해서는 안 되는 여인 '라라' 방의 창 - 창틀에 밝혀 놓은 촛불에 동그랗게 녹아내린 성에가 끼인 창-, 또 달리는 기차에서 지바고가 열어젖히는 손바닥만한 창,

그 창밖으로 보이던 평화로운 러시아 평원의 눈밭 경치 등을 연상하다 보면 어느덧 청량리역이다.

내 기억 속에 있는 첫 번째 기차여행은 1959년에 있다. 천안에서 서울로 향하던 열차이다. 당시에 초등학교 일학년생이었는데 중학교에 다니던 형을 따라 여름방학 때 서울 구경하러 오던 기차였다. 그 당시의 3등 열차는 지바고 영화에 나오는 기차와 비슷한 속칭 '곡간차'였다. 의자 없이 신문지 깔고 앉아서 가야 하는 열차였다. 벽에는 지바고 영화에서의 기차와 같이 자그마한 창이 있었는데, 나는 그 창을 통하여 반대편으로 달려가는 전봇대를 헤아리며 주위 경치를 신기하게 생각했었다.

그 후에 세월이 조금 좋아지면서 딱딱한 나무의자가 설치된 기차가 나왔고, 겨울엔 난로를 피우게 되었다. 또 스팀으로 난방된 기차가 생기더니 이제는 창문도 열 수 없는 자동냉난방이 되는 기차가 일반화되었다. 그러나 내 기억 속에서 가장 낭만적인 것은 곡간차에 있던 조그만 창을 통해 감상하던 경치를 회상하는 일이다. 이 곡간차의 창을 경험하기 위하여 요즈음도 나는 침대열차의 상단을 이용한다. 부산, 대구, 광주에 아침 9시에 예정되어 있는 스케줄에 맞추기 위해서는 새벽 비행기를 이용할 수도 있겠으나 '지바고 영화 속의 열차의 창'을 느껴 보기 위하여는 야간 침대열차 상단을 이용하고 있다.

새벽에 도착되는 이런 기차에서 작은 창을 열어 보면 어스름히 밝아지고 있는 시골 전원의 풍경을 감상하는 것은 내 인생의 좋은 활력소이다. 내가 경춘선 열차와 처음 인연을 맺은 것은 대학교 신입생 시절인 1971년의 일이었다. 그해 5월로 기억되는데 학교의 동급생들과 함께 여자대학의 파트너들과 강촌역까지 갔던 일이 있었다.

그 기차 속의 환경은 지바고 영화 속의 기차와 비슷했었다. 좌석이 몇 개 있었지만 대부분의 승객들은 일부러 입석으로 갔었다. 우리들은 청바지를 입고 통기타를 치며 목이 터져라 노래를 부르며 갔다. 노래방이 없던 때라서 노래책의 가사를 보아 가며 기를 쓰고 노래 불렀다. 주말에 이렇게 스트레스를 풀면 그 다음 주는 공부가 참 잘 되었다. 그래서 경춘선의 어떤 기찻간을 식당과 노래방이 겸비된 특수 차량으로 만들어 운영하면 인기가 대단히 좋은 관광열차가 되어 철도청 수입이 짭짤할 것으로 생각되어 관계당국에 건의하고 싶다.

경춘선 열차는 들판을 달리고 경치 좋은 북한강변을 달리는 시간이 대부분이지만 간혹은 터널을 지날 수도 있겠다. 그중 가장 긴 터널은 마석터널인데, 이 마석터널 속에서 나는 답답함을 많이 느낀다. 우리 인생에도 간혹은 터널을 지나야 한다. 속칭 그런대로 잘 나아가고 있는 나에게도 수많은 터널이 지나갔다. 각종의 입학시험과 졸업시험, 제출해야 할 논문준비 등을 앞두었을 때에는 그 준비의 고통이 마치 터널 속에 있어야 하는 인내심을 요구했었다. 그 이름도 마석(磨石)인데, 그 뜻처럼 돌을 열심히 갈아야 하는 노력이 필요하다. 그러면 열차는 크게 성공하는 동네인 대성리(大成里)에 도착된다.

대성리에서는 아름다운 북한강변의 경치가 시작된다. 터널을 지나와서 더 그렇게 느껴지는지도 모르겠다. 그러니까 서울을 출발하여 고된 터널인 마석터널에서 최선의 노력을 다 하면 크게 성공할 것이고, 그 후엔 맑은 땅(청평: 淸坪)과 강마을(강촌: 江村)을 지나 봄철의 시냇가(춘천: 春川)에서 인생을 즐길 수 있다고 해석하면 꼭 들어맞는다.

현시점의 내 인생은 마석터널을 다 빠져 나가기 직전이라 생각하고 있다. 조금만 더 노력하면 꿈같은 북한강변의 대성리역이 있을 것이라고 생각하고 있다. 그래서 본연의 병리학 공부에 더불어 수필공부도 열심히 해야 하고, 운동을 통한 체력연마도 게을리 하지 말아야 한다.

경춘선 개통 60주년이 되었다고 하여 내 인생을 경춘선과 비교하여 보았는데, 경춘선에서 보내는 시간 중에서 더 재미있는 추억이 만들어지길 기대하며, 나는 대성(大成)과 그 후에 있을 봄철 시냇가에서 즐길 인생을 향하여 꾸준히 노력하고 있다.

어머니의 계란

김은진

마트에서 계란을 살 때 두 가지를 산다. 친환경 유정란과 일반 계란이다. 식사 대신 삶은 달걀과 계란말이를 할 때는 친환경 유정란을 쓰고 볶음밥이나 부침개처럼 주재료가 아닐 때는 일반 계란을 쓴다. 가격 때문에 그렇다. 얼마 전 일반 계란 30개 넣어진 한 판에 5,900원, 친환경 유정란은 30개는 17,800원이었다. 거의 3배나 차이가 났다. 친환경 유정란이 이렇게 대접받을 줄 누가 알았으랴. 벌써 삼십 년 전 일이다.

부모님은 내가 중학교 졸업할 때쯤 충남 덕산의 산골로 귀농을 하셨고 우리 세 자매는 서울 마포구 성산동에 살았다. 어머니는 거의 한 달에 한 번 정도만 서울에 오셨다. 서울에 올라오신다는 연락이 오면 일찍부터 청소를 해놓고 기다렸다.

귀농하신 첫해의 일이다. 긴 장마가 끝난 어느 일요일 아침 어머니가 오신다고 전화가 왔다. 집 앞으로 지나는 발자국 소리에 귀를 기울이며 현관문도 아예 열어 놓고 어머니를 기다렸다. 검게 그을리고 푸석해진 머릿결 위에 자주색 보따리를 이고 오셨다. 얼른 다가가 보따리를 건네받는데 굉장히 무거웠다.

"조심해! 계란이야." 어머니가 황급히 말하니 나는 깜짝 놀라서 보자기를 풀어보았다. 보자기 안에 하얀색 원형 플라스틱 통에 자그마치 50알은 되어 보이는 계란이 있다. 우리 닭이 날마다 알을 낳는다며 함박웃음을 지으신다.

어머니는 한쪽 다리가 조금 불편하시다. 그래도 서울에서는 멋쟁이셨는데 검게 그을려서 무거운 계란을 이고 혼자 기차를 타고 오셨다니 너무 당황하였다. 부모님이 살고 계신 산골에서 삽교역까지는 아버지가 차로 모셔다드렸을 것이다. 삽교역에서 무궁화호를 타고 서울역에 내리는 것까지도 어렵지 않다. 하지만 서울역에서 지하차도를 내려와 소공동쪽 출구에 있는 버스정류장까지 나와야 하셨을 것이다. 보통 사람 걸음으로도 20분 정도는 걸리는데 어머니가 어찌 이걸 들고 오셨을까.

나는 어머니의 수고가 너무나 걱정되고 놀라워서 "와! 맛있겠다!" 하며 그 안을 보았다. 하얀 플라스틱 통 안에는 정말 자연이 숨 쉬고 있었다. 계란에 닭의 분비물이 살짝 묻어 있기도 했고 지푸라기도 섞여 있었다. 크기도 시중에서 파는 계란보다 1.5배는 컸다. 색깔도 여러 가지였고 흰색의 작은 알도 있었는데 그건 오골계의 알이라고 했다.

얼른 싱크대에 물을 받아서 한 알, 한 알 정성스럽게 씻었다. 마른 행주로 계란을 닦으며 어머니가 이걸 들고 오느라고 얼마나 힘드셨을까 생각했다. 한편으로는 5분 안에 큰 마트 냉장 칸에 계란이 고르게 포장되어 있는데 왜 이 고생을 하실까 싶었다.

그래도 잘 씻어서 닦아 놓으니 뵈줄 만하다. 어머니는 아주 싱싱하다며 계란 프라이를 해보라 하신다. 나도 기대에 차서 얼른 팬에 기름을 둘렀다. 하지만 싱싱한 게 아니라 생생했다!

원래 계란에는 흰자와 노른자만 있는데, 어머니의 계란에는 빨간 핏줄 같은 것도 있고, 어떤 것에는 노른자가 두 개씩도 있었다. 어머니에게 이거 정말 신선한 거 맞느냐고 몇 번이나 묻게 되었고, 먹고 있는 내내 푸드덕거리는 병아리를 씹는 기분이었다. 그래서 나머지는 계란말이나 계란찜의 형태로 다 풀어 소비하였다. 크기가 커서인지 두 개의 알로도 계란말이가 되었다. 밤에 출출할 때 계란찜으로 먹으면 고소했다. 김치부침개를 할 때는 밀가루만큼 풍족하게 넣었다. 좋아하는 계란을 실컷 먹었다.

부모님께서 귀농하여 닭을 키우셨지만 언니들과 나는 산에서 자연 방사하여 낳은 알과 시중에 파는 알과의 차이를 몰랐다. 또 어머니 혼자서 무거운 걸 들고 오는 것도 걱정되어서 아버지가 동행할 때 차로 가져다 달라고 했다.

시간이 지나 생각해보니 그 계란은 어머니의 귀농 첫 작품이었다. 작은 컨테이너 한편에서 병아리를 돌보시며 생활하셨단다. 사람 집도 짓기 전에 닭집부터 지으시고 작은 병아리 때부터 돌봐서 백여 마리의 어미 닭이 되어 알을 낳은 것이었다. 지금처럼 친환경 제품이라고 알아주면 얼마나 좋았을까, 지금처럼 인터넷이 있다면 내가 먼저 앞장서서 팔아 드렸을 것이다.

몇 년쯤 지나 닭들이 다른 짐승들에게 공격을 받아 어릴 때 자꾸 잡아먹히고 계란은 소비가 안 되니 닭은 그만 키우게 됐는데 어머니는 왠지 팔기 싫어하셨다. 놔두면 다 먹을 수 있다고 하시는 것이다. 소득이 안 되는 짓이라고 아버지가 정리하셨다고 말씀하실 때 어머니의 눈두덩이가 붉어지셨다.

병아리 때부터 삐악삐약 거리는 소리를 들으며 쳐다보고 웃게 해주던 것들이니 서운하셨을 것이다. 닭의 따뜻한 체온을 그대로 느끼며 꺼내왔던 계란들은 황금알을 낳은 건 아니지만 키워줘서 감사하다는 닭의 마음이었다.

지금 우리 집 냉장고에 깔끔하게 포장된 유정란이 있다. 예전에 봤던 것과 많이 다르다. 불현듯 산골짜기 온기를 품고 왔던 어머니의 계란이 많이 그립다.

이제는 산으로 간다

정윤수

젊은 시절엔 답답한 일상을 벗어나고 싶을 때 가슴이 뻥 뚫리도록 시원하고, 눈 닿는 곳에 수평선이 보이는 바다를 선호한다. 그곳엔 거친 물결이 생동감 있게 요동치는 멋지고 스릴 있는 장관이 펼쳐지기에 그렇다.

나도 젊은 시절엔 푸른 물결이 넘실대는 동해를 시간 있을 때마다 갔었다. 저 멀리 수평선으로부터 한길 넘게 멍석처럼 구르며 몰려오는 물결이 마치 침략군 같다면 그걸 방어하는 수비군 같은 역할은 바위가 한다. 꼼짝 않고 서 있는 암석 덩어리가 물결과 충돌하면 하얀 거품을 토해낸다. 마치 거친 함성을 지르며 끊임없이 몸부림치는 물결들이, 연구하느라 찌든 답답한 가슴 속을 진정시켜 주곤 했었다.

그런데 부질없이 세월이 흘러 장년(壯年)이 되자, 나도 모르게 마음이 바뀌었다.

어느 틈에 발길이 산으로 간다. 먼 바다 찾느라 긴 시간을 허비하지 않고, 교통체증에 시달리지 않는 서울 근교에서도 늘 신비로움을 주는 산을 찾을 수 있다. 산에 가면 계절 따라 변화무쌍한 초목들이 반긴다. 나를 반기는 그 맛에 점점 숲으로 가는 날이 많아진다.

주변 산 중 관악산은 갈 때마다 다른 매력을 보여줘 가끔 오른다. 관악산은 개성의 송악산 · 파주의 감악산 · 포천의 운악산 · 가평의 화악산과 함께, 경기도의 오악산(五岳山)이라 일컫지만 그다지 높지 않고, 수십 개의 아기자기한 암석(巖石) 봉우리와 우거진 숲이 계절 따라 산의 모습을 변화시킨다. 그래서 언제라도 다른 아름다움과 매력에 빠질 수 있으니 예로부터 관악산을 소금강(小金剛) 또는 서금강(西金剛)이라 부르는 이유를 이해할 수 있다. 관악산의 가장 높은 봉우리는 연주대(戀主臺)다. 등산 코스는 사당동, 신림동, 과천, 시흥 등 많지만, 대표적 등산로는 아무래도 과천과 서울대학교 정문 우(右)편이 아닐까 싶다.

나는 과천으로 시작해서 올라가는 길을 택했다. 과천 코스는 동남향의 산 능선이기에 봄, 여름철엔 강렬한 햇볕을 받는 곳이다. 더구나 여름 장맛비에 기름진 상층 토양은 모두 유실돼서 나무뿌리들이 등산로 위로 힘줄처럼 튀어나와, 걸을 때 자칫 한눈팔면 넘어지기 십상이다. 사람의 형상으로 치면 생활 조건이 아주 보잘 것 없는 빈곤한 가정환경에 놓인 듯한 형상으로 비유된다. 아주 험준한 산은 아니지만 편안하게 경치만 보며 걸을 수 없고 발 닿는 곳을 잘 살펴야 안전하게 산행을 할 수 있다. 간혹 산행하는 사람들이 오르내리면서 힘들다고 애꿎게 등산로 곁에 있는 소나무의 멱살을 휘어잡고 잡아당기거나 비틀어 놓기 일쑤다. 아마 들리지 않아서 그렇지 말 못 하는 나무들은 아파서 기절할 지경일 것이다. 이래저래 시달린 흔적을 볼 수 있다. 하지만 햇빛을 잘 받는 덕분에 '광합성작용'이 잘 이루어져 솔방울이 많이 달린다. 그걸 보고 사람들은 "없는 집구석에 자식새끼는 많이 두었네."라면서 비웃곤 한다. 산의 아름다움을 지탱해주는 것은 나무다. 그런 나무의 품격을 높이는 일은 나무가 할 일이 아니라 사람의 일이다. 귀가 없는 생물일지라도 자연물은 좋은 느낌을 받을 때 좋은 기운을 낼 수 있다. 나무가 있기에 산행을 즐길 수 있는 것이므로 나무 한 그루 한 그루를 대함에 경외심이 있었으면 하는 생각을 한다.

등산로 주변 작은 바위틈엔 다른 산에서는 흔히 볼 수 없는 회양목이 옹기종기 모여 자라고 있는 곳도 있다. 그 외에도 양지(陽地)식물인 노간주나무와 진달래나무도 아담한 모습으로 자라는 게 시야에 들어온다. 메마른 땅의 산등성이를 오르내려다 보니, 척박한 환경에서 개척 수종처럼 살고 있는 소나무가 유달리 많이 눈에 띈다. 언제 보아도 정감이 가는 우리의 정서를 잘 보여 주는 나무다.

한편, 등산객을 위한 편의시설이 점차 늘어나고 있다. 급경사지에는 계단들이 만들어져 있고, 쇠사슬로 만들어진 손잡이 그리고 '코아네트(야자매트)' 등의 시설이 마련되어 있어서 안전하게 등산이 가능하다.

목에 걸친 수건이 땀에 흠뻑 젖을 정도가 되어서야 목적지인 산정에 올라서게 된다. 산을 오르는 동안에 힘든 과정도 있다. 그러나 정상에서는 올라갈 때의 고통을 싹 잊을 만큼의 성취감과 즐거움을 갖게 된다. 등산은 이런 맛에 하는 게 아니겠는가. 온 힘을 다해 정상에 오르면 시원한 바람이 몸뿐만 아니라 내면에 쌓였던 감정도 식혀준다. 등산은 홀로도 즐길 수 있지만 함께 가는 벗이 있을 때 포기하지 않게 되고, 함께 하는 즐거움이 크다.

잠시 산정의 성불사(成佛寺)에서 쉬어 본다. '성불사'는 조선 초기 태종임금의 둘째 왕자 효령대군이 스님이 되고자 수도(修道)하던 사찰로 알려져 있다. 사람들은 성불사 동쪽에 위치한 '연주대(戀主臺)'라는 '암자'를 많이 찾아간다. 연주대는 아슬아슬하게 공중에 매달린 듯 깎아진 절벽 위에 지어졌다. 어지간히 담력이 세지 않고서는 얼씬도 할 수 없는 정경(情景)을 갖고 있건만 신도들의 발길도 많고, 스님의 염불소리가 계속 이어지고 있다. 속세에 머물고 있는 우리 중생들에게 자비하신 '부처님'의 공덕이라도 입혀주고픈 간절한 기원이 아니겠나 싶다.

연주대에서 되돌아 내려와 성불사 근처에서 점심을 먹으려고 배낭에서 먹을 것을 꺼내 차려 놓으면 곁에 있던 등산객들도 준비해온 먹거리와 음료수를 내 앞에 갖다 놓으며 맛있게 드시라는 친절의 인사까지 곁들여 준다. 이와 같은 훈훈한 인정과 멋이 산에서 얻을 수 있는 행복이기도 하다. 혹시 이런 행복이 산림이라는 대자연 속에 계신다는 '산신령님'의 신통력(?) 덕분일 수도 있겠다는 생각도 해 본다.

점심 식사 후엔 등산객들이 세상 돌아가는 이야기로 꽃을 피운다. 요즘 정치권 이야기, 부동산, 건강, 자식 등 다양한 대화가 '노변정담'처럼 이어지는 가운데 속을 털어낸다. 이처럼 산에 오른다는 것, 숲으로 들어간다는 것은 거칠고 메마르기만 한 심성을 순화하는 일이다. 산은 그렇다. 모든 것을 품어주고 원하는 걸 내어주는 존재다. 대자연의 섭리에 의해, 인생의 새로운 진리를 터득하게 한다. 점점 산행을 즐기게 되는 이유다.

아버지의 환한 미소

이지유

괜찮다고 사지 말라고 하셨다. 작년 여름에 아버지께서 입고 있던 겨울 바지가 자꾸 생각이 나서 생신 때 바지를 사 드렸다. 바지 크기를 말씀 안하셔서 눈짐작으로 샀더니 작았다. 기존의 입었던 바지를 내주시며 옷 크기를 맞춰오라고 했다. 길이는 세탁소에 당신이 직접 맡기시겠단다. 좋다는 표현이다.

과묵하신 분이다. 평생을 사시면서 어쩌면 마음을 나타내본 적이 없었는지 모른다. 식구를 먹여야 한다는 밥줄의 무게가 아버지의 감정을 눌렀을 것이다. 전쟁을 겪었기에 생사가 걸린 생활 앞에서 표현은 사치였을 것이다. 7살에 엄마를 하늘나라로 보내면서도 어쩌면 마음껏 울지 못했고, 운다는 것은 사내대장부로서 수치라고 생각했을 것이다. 자식들 앞에서는 더더욱 감정 표현을 안하셨다.

아버지에 대한 기억은 늘 새로울 게 없다. 아침 일찍 일어나 일하러 나가시고 저녁이 되면 들어오시고 주무시고, 다음날 또 일하러 나가시고 들어오시기를 반복하면서 한평생 사셨다. 단조롭다면 단조로운 생활이었지만 매일 다니는 길에 찍은 발자국의 위치는 매번 달랐으리라. 풍요로운 삶을 원했던 만큼 아버지가 밤낮으로 찍은 발자국은 그

길을 다 메꾸고도 남았을 것이다.

명달리라는 작은 시골에서 나고 자랐고 아이들을 가르치셨단다. 그 시절에는 자격증이 딱히 필요 없었고 서울에서 고등학교를 졸업했기에 산골에서는 가르치는 일이 가능했단다. 차근차근 말씀을 잘 하셨는데 어린 자식들을 앉혀 놓고 한글이나 조상이 누구인지 설명하는 것을 좋아하셨다.

읽는 것도 좋아해서 틈만 나면 신문 등 읽을거리를 꾸준히 보셨다. 아버지가 어릴 때 돌아가신 할머니는 쓰는 것을 좋아했단다. 옛날 시골집 다락방에 할머니가 한글로 써서 엮어놓았다는 작은 책을 본 기억이 있다. 내용은 모르지만 이것을 그때 챙겨놓았어야 했는데 지금은 다락방도 책도 없어졌다. 아마도 읽고 쓰는 것을 좋아하는 나는 할머니를 거쳐 아버지로 이어져 내려온 DNA를 물려받았나 보다.

가르치는 일을 더 이상 할 수 없을 때, 상경 후 목수 일을 했는데 아버지는 손재주가 참 좋으셨다. 어렸을 때 아버지가 만든 책상 아래에서 많이 놀았다. 베개를 세워 놓고 문을 만들고, 머리에 수건을 쓰고 긴 머리라 하면서 공주 놀이를 했다. 이 책상은 중학생이 되던 해에 내 차례가 되었는데 공부는 안하고 매일 엎드려 잠만 잤다. 부모님이 아파트로 이사 가는 날 책상을 버렸는데 지금은 많이 그립다. 다른 것은 버리기 아까워 그릇장은 동생이, 책장은 내가 집으로 가져왔다.

방 한 칸에 부엌이 딸린 집. 시골을 떠나온 아버지는 서울의 한쪽 구석인 문화촌 산1번지 판자 집에 자리를 잡았는데 개발되면서 교문7리로 이사를 왔다. 여덟 식구가 방 한 칸과 다락을 이용해 잠을 잤고 우리가 조금 커가면서 공간이 여의치 않았다. 어느 날 밤에 아버지는 마당에 있는 평상에서 주무시다가 밤새 비를 홀딱 맞고 새벽녘에 방으로 들어오신 기억이 난다. 가장이라는 무게가 얼마나 무거웠을까. 지금 내 나이보다 훨씬 어렸을 아버지는 당신의 잠자리를 돌볼 여력이 없었다.

부모님과 추억도 만들고 잠자리를 봐 드리고 싶어 제주도 여행을 잡았다. 깨끗한 숙소를 예약하고 갈치조림과 숙성 돼지를 식단에 넣었다. 한적하게 산책할 수 있는 곳으로 여행코스도 잡았다. 많이 좋아하셨는데 난 제주도 여행에서 아버지의 깊은 상처를 봤다. 한국전쟁 중에 죽을 고비를 수없이 넘겼기에 낯선 곳에 가면 숨을 곳을 먼저 보셨다. 여기는 이곳이 숨기 좋고, 저기는 저곳이 숨기 좋다고. 나이 50을 훌쩍 넘긴 자식이라지만 아버지의 아픈 지난날을 이해하고 보듬기에는 난 너무 작았다.

"아버지 주변머리가 이렇다."

그렇게 크고 넓어 마음껏 뒹굴어도 됐던 등이 딸의 병 앞에서 많이 휘었다. 당신 인생의 무게보다 병든 자식을 보는 게 더 무거웠다 보다. 투석치료 받는 중에 난생처음 아버지의 전화를 받았다. 아픈 딸이 마음에 걸리셨나 보다. 생전 안하시던 전화를 하셔서 스스로 바보가 되셨고, 서툰 표현으로 아무것도 해줄 수 없음을 자책하셨다. '나 힘들어.'라고 얘기하고 싶었지만 눈물이 나올 것 같아 말을 돌렸다. "아버지가 웬일이야?"라고.

긴 시간 기계에 몸을 맡겨 겨우 생을 이어오던 딸이 이렇게 부모님 집을 자유롭게 드나드니 많이 좋은가 보다. 이식 수술 후 살도 찌고 음식도 자유자재로 먹으니 시골만 다녀오시면 나물을 가져다 먹으라고 전화를 하신다. 손수 농사지은 채소를 챙겨 주고 싶은 마음에 가방은 자꾸만 무거워졌다. 아팠던 딸을 먹일 요량으로 농약을 치지 않아 모양은 개떡 같았다.

꽤나 묵직했다. 들기름 한 병, 호박이랑 가지, 토종 대파, 고구마 순이 들어갔다. 시골에서 짊어지고 오셨을 이것들을 내 가방으로 옮겨 담았다. 88세의 노부(老父)한테 괜찮다고 극구 말렸는데도 소용이 없었다. 넷째 딸이 혹시라도 배낭의 무게 때문에 건강에 이상이 생길까봐 배낭을 메고 버스 정류장까지 나를 배웅해 주셨다. 인생의 무게에 비하면 아무것도 아니라는 듯 걸음걸이도 가벼웠다.

표정이 무척 밝았다. 딸을 보고 웃어주시는 아버지의 모습이. 버스에 자리를 잡고 손을 흔드니 이가 보이도록 환하게 웃으시며 내게 손을 흔들어 주셨다. 이런 아버지의 환한 미소는 처음이다. 이렇게 웃을 수 있는 분이셨다. 건강해진 딸에 대한 감사와 안심. 짐 가방을 거뜬히 멜 만큼 즐거운 분이셨다. 가난을 겪은 날들이었지만 자식이 있어서 하루하루가 즐거웠을 시간들. 우리 아버지는 견디고 견뎌낸 시간을 지금 차창 밖에서 웃음으로 표현하셨다.

벽진 이씨 대장군파. 아버지는 '기'자 항렬 33세손, 나는 '석・종'자 항렬 34세손(여자는 항렬로 이름을 짓지 않았다) 시조 이총언 할아버지의 아버지는 32대, 나는 33대. 뿌리는 알아야 한다고 귀가 따갑도록 어릴 때부터 말씀하셨다. 외모는 엄마를, 성격은 아버지를 닮은 나는 부모님의 직계 손(孫) 넷째 딸, 성은 이(李), 이름은 지유(沚宥)이다.

마음 표현에 서툰 아버지께 전화를 걸어 귀가 따갑도록 얘기를 해야겠다. "괜찮다고만 하지 말고 말씀하세요. 말씀 안하시면 내 맘대로 보내요." 괜찮다는 것은 좋다는 표현이다. 오늘은 채소가 많이 들어간 샌드위치에 내 마음도 살짝 끼워 배달해 드려야겠다. 달콤한 딸기요거트와 함께.

물 한 모금

윤연옥

수술 후 남편의 첫마디가 있다. 물 한 모금만 마셨으면 원이 없겠다는 말이다. 식사는 링거뿐이나 얼마 후, 첫 식사가 죽보다 묽은 미음이 나온다. 울긋불긋한 반찬도 '푸딩'에 가까운데 가장 힘든 것은 고개를 숙이고 물 마시기이다. 걸쭉한 음식과 물김치 국물도 어려움 없으나 맹물은 사레가 잘 걸려 미리 겁에 질린다.

나는 병상끄트머리에 서성거리며 안타까운 마음으로 안 보는 척 바라본다. 그 상태로 음식을 입에 넣고 씹고 삼켜야하는 반복적인 연습이 필요하다. 한동안은 그렇겠다.

고개 숙이고 섭생하는 일이 그렇게 힘든 줄 몰랐다. 같은 증세의 환자들이 툭하면 폐렴에 걸리는 까닭이 물에 있다. 얼마 후에야 연하곤란 시, 물에 타서 마시는 가루가 있음을 알고 도움 받는다.

남편에게 우스갯소리 삼아 한마디 들려준다. 감바리*는 아니지만 젊은 나이부터 최선을 다하여 어깨세우고 살아오지 않았느냐, 이제 고개 내리고 살아간다하여도 억울하지 않겠다 싶어 내려진 처방이 있다. 그것이 고개 숙이고 사는 것이라고 들려주니, 나의 고시랑고시랑을 듣던 남편은 빙긋 웃을 뿐이다. 긍정의 답이겠다.

고개 드는 날 있으면 숙이는 날도 있을 터, 우리 부부는 지금 조심스레 하산하며 내려가는 중이다. 올라가기만 어려운 줄 알았으나 내리막길도 쉬운 게 아니다. 숙인 상태로 서로 내면을 다스리고 환부를 치료하며 남은 날에 풀어가야 할 문제를 조금 당길 뿐이다. 그 사람으로 인해 내리고 사는 방법을 진지하게 배워가고 있다.

남편은 내게, 외유내강 형이라 위로해 주는데 같이 가는 짝꿍을 위해 최선을 다 하는 것은 나를 위해서이기도 하다. 혹여 남편만이 아니라 그동안 살아오면서 내 마당에 든 사람들에게 실수로라도 고개 내리게 하지는 않았을까 성찰하게 된다. 부족한 마음 한 자락 움켜쥐고 모자라는 공감능력으로 그들을 아프게 하지는 않았을까 짚어본다.

위기가 기회라고 들어온다. 이즈음에 더 겸손한 사람으로 살아보라는 절대자의 명령 아닐까 싶으니 어느 한 순간도 허투루 받아들이면 안 될 일이다.

다시 고개 숙이고 물 마시는 남편을 바라본다. 가장 쉬운 것을 어렵게 해야 하는 물 한 모금을 통해 자신과 세상을 다시 들여다본다. 남편을 간호하며 두 번, 세 번 자신을 낮춤에 감사할 부분이기도 하다. 한편으론 미안하지만 나의 물 넘김에 감사하고 있다면 헛 간호는 아니겠다.

얼마 전, 그동안 우리 부부가 힘들었을 것이라며 며느리가 꽃다발 선물을 안겨준다. 꽃은 화병 속에서 갈수록 탐스럽게 피어나더니 어느 날, 그 꽃이 고개를 숙이고 만다. 파 꽃인가 하면 족두리 같은 하얀 꽃송이가 청초하고 아름답다.

식사하다가 식탁에 놓인 꽃을 바라보던 남편이 하는 말, 이 꽃은 고개를 숙여도 우아하다고 말한다. 맞는 말이다. 우리 부부도 늙어가는 꽃이니까, 오래도록 우아하고 곱게 이 꽃처럼 늙어가자고 주고받는다. 고개만이 아니라 마음을 먼저 내렸기에 꽃은 자세히 보이고 평범한 물 마시기에도 자신감이 생겼겠다.

모든 면에서 숙이려니 세상은 내 편으로 다가온다. 이제 많이 늦어 괴란쩍기도 하다만 그동안 씹지 않아도 넘어가는 물이라고 만만하게 여긴 물이 가르쳐준, 사는 날의 처세법에 감사할 일이다. 물만 잘 마셔도 어려움 없이 살아갈 수 있을 터이다. 물 한 방울로 소생하거나 물 한 모금 못 넘겨 떠나기도 하니까.

둘이 살다 누가 먼저 떠날지 모르는 인생이다. 부부가 예쁘게 살지는 못하더라도 아웅다웅하지는 말아야 하겠다. 다는 아니지만 대개 이 나이에 깨가 쏟아지는 부부가 몇이나 될까 싶기도 하다. 열정은 식어 냉정에 가까운 나이다. 서로 사위어질 때까지 상처주지 말며 동치미 국물 한 보시기 마시듯 시원하게 넘겨야 하리라. 하수상한 세월에 티끌 하나가 되어 최선을 다하면 모든 일이 술술 넘어 갈 것이라는 생각이다. 맹물이 가르쳐준 고개 숙이는 법을 오지게 연습하고 있다.

물 한 모금이 사람의 도리를 알게 했으니 고개를 올리고 내림이 한 몸에 있어 '지킬박사와 하이드'까지 짚어보게 만든다.

병실에서의 일을 유념하며 부부가 함께 걷다보니 병원 정문은 뒤에서 한 발씩, 한 발씩 멀어져간다.

*감바리: 이익을 노리고 남보다 먼저 약삭빠르게 달려드는 사람

2.

태양은 가득히

생각 여행

김경란

장맛비가 쉴 새 없이 창을 두드리며 퍼붓는다. 밖을 내다봐도 다니는 사람이 안 보인다. 주말인데도 전화나 찾아오는 이도 없다. 일주일이 금방 지나가는데 새로운 건 하나 없다.

나이 탓인가 신체 구석구석이 때도 없이 아파서 오늘은 여기, 내일은 저곳으로 병원 가는 날의 연속이다. 취미 하나라도 가지려고 악기를 배워 연습도 하고, 건강을 위하여 몸에 좋다는 재료를 사서 요리도 하고, 몇 가지 안 되는 빨래와 집안의 먼지를 닦아내고 그래도 시간이 남으면 서재에 편하게 누워 책을 읽는다. 신간을 보거나 젊은 날 읽었던 책을 다시 읽기도 하지만 왠지 모를 허기와 타는 갈증은 무얼까?

가족을 위해 일어나 끼니를 차리고 다시 컴퓨터에 앉아 뉴스를 검색하고 한글 문서창을 열고 키보드를 두드린다. 그나마도 무료한 날은 책장의 책을 모두 꺼내어 작가별 장르별로 분류하여 정리하고 불필요한 책은 재활용 집하장으로 보낸다.

휴가철이다. 사람들은 코로나19로 막힌 해외여행 대신 해변으로 들로 산으로 피서를 다녀왔다고 전한다. 이번 여름은 나도 숲과 산책로가 있는 조용한 산촌으로 가 생각 없이 멍 때리는 시간을 갖고 싶다.

짙은 초록과 소나무 향 그윽한 길을 걸으며 세속에 찌든 욕망을 벗어 놓고 내 안의 나를 들여다보고 싶다. 밤하늘의 별을 보며 남은 삶은 무엇을 하며 지낼까 고민도 하고, 살아온 날들을 반추하며 혹시 타인에게 상처를 준 언행을 했다면 찾아가 용서를 구하고 싶다.

육십 후반으로 넘어가며 사회적인 나는 어떤 인간이었나? 나를 객관화 시켜 자세히 들여다보는 인생의 휴가를 가질 시간이다. 몰랐던 나를 꺼내어 성찰하고 나이만큼 여유롭게 관조하며 살고 싶다.

지난 주말에는 내가 초등학교 입학하던 1962년에 출간된 루이제 린저의 『완전한 기쁨』이라는 오래전 책을 몇 십 년 만에 다시 읽었다. 헌신과 사랑으로 가족사이의 갈등을 치유하는 내용에 가족관계를 다시 생각해 보았다. 책을 읽고서 동서양을 막론하고 어떤 부모는 자식에 대한 편애가 깊고 넓어서 아무리 주변이 조언과 노력을 해도 소용이 없음을 알게 되었다.

나는 남아선호와 장남 우선이 당연시한 유교 문화의 집안에서 오남매의 장녀로 태어났다. 부자는 아니었지만 형편이 되었음에도 불구하고 원하는 대학에 가겠다는 말 한마디 못하고 어머니 뜻에 따라 국립대학에 갈 수 밖에 없었다. 마음은 늘 콩밭에 가 있었고 대학생활은 재미가 없었다.

형제간 터울이 드문드문하여 하나가 졸업하면 그 다음이 입학하는 간격인데도 딸이라서 나는 선택권이 없었다. 부농은 아니지만 공무원인 아버지와 머슴을 두고 농사도 지었다. 주변 비슷한 환경의 친구는 서울로 유학을 가던 시절이었다. 방학이면 사립대학 배지를 달고 있는 그들이 부러웠다.

그러나 인생은 이미 정해진 대로 흘러 가는가보다. 어쩌다보니 일찍 결혼을 하고 이산가족이 되기 싫어 나는 퇴직을 하였다. 남편은 외아들에 지파 종손으로 연중 열 번의 봉제사 접빈객으로 우리 집은 조용할 날이 없었다. 우리 집은 친인척의 입원 뒷바라지, 개인 볼일로 올 때의 숙박, 그리고 양가 집안 유학생들의 숙소가 되기도 했다.

세월이 흘러 어른들이 돌아가시고 아이들이 대학에 들어가면 좀 편하겠지 하였지만 남편 나이 사십대 중반에 어려운 검사를 거쳐 난치성 질병이 발견되었다. 앞이 캄캄했다.

불안한 마음에 다시 임용시험을 보고 학교로 갔다. 보험 성격의 선택이었다. 그러나 2년 뒤 나를 믿고 갑자기 명퇴를 했다는 남편의 일방적인 전화에 말문이 막혔다. 병을 받아들이지 못하는 그와 그에 따른 스트레스로 나 또한 왼쪽 눈이 잘 보이지 않았다. 검사 결과 시신경을 둘러싼 뇌 수막종이란다.

불행은 예고 없이 연거푸 찾아왔다. 한 번의 개두수술과 두 차례의 감마나이프 시술을 받았다. 그럼에도 불구하고 나는 다시 몸과 마음을 추스르고 학교로 돌아가 아들 형제의 교육과 혼사를 치르고 남편을 지키며 나름 열심히 살아왔다.

이 모든 상황이 내 앞에 펼쳐진 나의 인생 길 중에 다른 길을 선택할 여지를 주지 않은 환경 탓이었지만 어찌하랴?

이제는 치매로 요양병원에 머물다 돌아가신 아버지가 그립고 고향집에 홀로 계시는 구순 어머니의 건강이 염려되어 안타깝기만 하다.

퍼붓던 소나기가 그쳤다. 세상이 지금보다 평화롭길 기대하며 반갑고 시원한 소식으로 일상에 활력과 행복이 주어지길 기도하는 마음이다.

사랑하는 데는 까닭이 있다

김형도

고교동문부부들과 함께 전세버스로 동해안으로 나들이 갔다가 진부령과 거진읍 중간쯤 민통선 내에 있는 조계종 31교구 본산이었던 건봉사(乾鳳寺)에 들렀다. 금강산이 남쪽으로 뻗어 내린 끝자락에 있는 고찰로, 6・25전쟁 이전까지만 해도 우리나라 4대 대찰의 하나요, 31본산으로 명망을 떨쳤다. 숲이 울창하고 경관이 수려하며 부처님 사리를 봉안하고 있다. 금강산 초입에 있어 '금강산 건봉사'로 불리기도 한다.

신라 법흥왕 때 아도화상이 창건하여 원각사라 한 것을 고려 말에 나옹선사가 중수하여 건봉사라 개칭하였다. 조선조 세조가 어실각(御室閣)을 짓게 하여 역대 임금의 원당(願堂)으로 왕실의 지원을 받았다. 6・25때 폐허가 된 것을 여러 번 중수를 거쳐서 현재의 면모를 갖추었다. 곳곳에 절터의 흔적을 보면 큰 사찰이었음을 알 수 있다. 절터와 대웅전 사이 계곡에 능파교라는 무지개 모양의 아름다운 돌다리는 수많은 건물터 중 그나마 형상이 제대로 남아 있는 다리로 주위 경관과 잘 어울린다. 능파교를 지나 절 입구에는 한용운의 「사랑하는 데는 까닭이 있다」란 시비(詩碑)가 일행들의 눈길을 끌었다.

내가 당신을 사랑하는 것은 까닭이 있습니다
다른 사람들은 나의 홍안(紅顔)만을 사랑하지마는
당신은 나의 백발도 사랑하는 까닭입니다

내가 당신을 그리워하는 것은 까닭이 있습니다
다른 사람들은 나의 미소만을 사랑하지마는
당신은 나의 눈물도 사랑하는 까닭입니다

내가 당신을 기다리는 것은 까닭이 있습니다
다른 사람들은 나의 건강만을 사랑하지마는
당신은 나의 죽음도 사랑하는 까닭입니다

사랑하는 데는 까닭이 있다

시인은 연인인 '당신'을 사랑할 수밖에 없는 이유를 다른 사람들이 자신을 바라보는 관점과 비교하여 말하고 있다. 사람들은 젊었을 때 혈기 넘치는 얼굴, 기뻐할 때 미소 짓는 모습, 또 건강한 얼굴만 사랑한다. 하지만 당신은 늙어서 백발이 된 모습, 슬픔에 흘리는 눈물, 병들어서 맞이하는 죽음까지 사랑할 수 있다는 변함없는 마음을 보여준다. 그 시는 바로 만해 한용운 스님이 연인인 당신에 대한 애절한 사랑을 나타낸 것이기에 일행들의 마음을 더욱 사로잡았다.

만해에게는 정신적으로 사모하고 따르는 보살이 있었다. 속초에 있는 선주(船主)의 미망인으로, 빼어난 미모에 마음씨 고운 독실한 불교신자다. 보살은 어느 법회에서 스님의 법문을 듣고 감화되었고, 스님은 인간적인 돈독한 정을 보살에게 베풀었다. 보살은 스님이 사고를 당하여 사경을 헤맬 때, 독립운동으로 갖은 옥고를 치르며 만신창의 가 되었을 때, 또한 스님이 고통을 당할 때마다 속초의 별서로 모시어 몸과 정신의 건강을 회복토록 정성을 다하였다.

보살은 스님을 흠모하며 보필하는 것이 그녀의 삶이요 보람이었다. 스님의 많은 저술에도 재정적인 뒷받침을 해 오면서, 후원자로서 힘과 용기를 주었다. 스님이 불멸의 저서 『불교대전』을 완성하여 헌신적인 뒷바라지를 해온 그 보살에게 받쳤을 때는 그녀는 이미 세상을 떠난 후였다. 당시 스님의 마음은 이루 형언할 수 없었다. 「사랑하는 데는 까닭이 있다」라는 시도 이런 마음에서 쓰게 된 것으로 유추된다.

한용운 선생은 18세 때 출가하여 백담사, 건봉사, 오세암 등에서 승려 생활을 하면서 불교적 세계관과 깊은 관조 아래서 주옥같은 작품을 남겼다. 3 · 1운동 민족 대표 33인의 한 사람으로 독립선언서를 낭독하였다가 체포되어 3년간 옥고를 치렀다. 신간회 중앙집행위원, 승려비밀결사 만당사건 배후자로 피검되어 고초를 겪는 등 평생을 조국 독립과 민족계몽에 힘써 왔다. 오세암에서 진리를 깨우치고, 불교개혁을 주도했고, 불교종무원을 창설하였다. 한 · 일 불교 동맹 체결을 분쇄하고, 불교 강연회 총재로 불자들을 깨우치며, 불교대전을 국한문으로 편찬하는 등 저술도 많이 남겼다.

「사랑하는 데는 까닭이 있다」라는 시(詩)는 시인의 인간적인 면과 여유 있는 마음을 잘 보여준다. 사랑하는 이유를 조목조목 설명하고 스스로 노래함으로써 바로 작가의 연인에 대한 절절한 마음을 호소하고 있다. 또한 연인이 세상을 떠난 후에는 시인의 사랑은 조국사랑으로 이어진다. 조국은 그 품이 넓고 포용성이 깊으며 불변적 사랑으로 민족을 감싸주기에 조국에 대해 끝없는 애정을 시를 통해 승화시킨다.

그 시는 다음의 설화를 상기시킨다. 어느 선비 집안에 딸 둘을 두었다. 첫째는 아름다운 미인이고, 둘째는 일그러진 추한 모습이다. 이웃 총각이 집일을 거들어 주며 첫째 딸과 결혼시켜 달라고 졸랐다. 하도 조르기에 선비는 결혼하고 싶으면 두 딸을 모두 데리고 살라고 했다. 인간에게는 좋은 점, 나쁜 점 양면이 있는데 아름다운 면만 보고 사랑을 하다가 그 이면을 보았을 때 그 사랑이 지속될 수 있을까? 다른 이면까지도 포용할 수 있어야 진실한 사랑이라는 것을 시인은 강조하는 것이다.

일행들이 동해안 관광을 마치고 돌아오는 버스 속에서 필자가 그 시를 3절까지 읊었더니 모두들 짧은 시간 어떻게 그 시를 전부 암송하게 되었느냐며 감탄했다. 사랑이란 말이 너무 남발되고 빨리 더워졌다가 식어버리는 세태이지만 「사랑하는 데는 까닭이 있다」라는 시를 다시 읊으면서 작가가 말하는 '까닭이 있는 사랑이 무엇인가?' 또한 '진실한 사랑이 어떤 것인가'를 음미해 본다.

전문가가 필요한 이유

김성철

나는 컴퓨터 전문가가 아니다. 그렇다고 공고, 공대를 거쳐서 기계치도 아니다. 다만 어설픈 전문가이고 특히나 경험에 의한 전문가이다. 그래서 한계가 많이 존재한다. 특히 새로운 소프트웨어나 하드웨어가 발표되면 사용해 보고 싶고 궁금하여 어찌어찌 써볼 기회를 만들지만 그렇다고 업무에 활용하거나 사용 후기를 SNS에 게재하는 일도 없고 그냥 자기만족으로 그친다. 또한 생계나 취미와 직접적인 관계가 없으면 그냥 지나친다. 하지만 후에 누가 새로 발표된 S/W나 H/W를 주제로 이야기하면 많이 들어 본 단어에 반응하며 꽤 전문용어를 사용하면서 떠드는 재주가 있어 남들은 꽤 고수인 줄 알지만 진짜 허당이다.

내가 쓰는 데스크탑 컴퓨터는 아들이 대학교 1학년 때인가 용돈을 모아 산 용산 조립품이니 이것도 벌써 15년은 넘은 듯하다. 그나마 노트북은 2012년에 제조된 별셋 노트북이다. 하지만 500메가바이트의 SSD 카드를 추가로 부착하여 부팅 하드로 사용하고 램을 두 배로 증설하였더니 컴퓨터를 부팅하고 사용하는 데에 있어 웬만한 S/W는 버벅대지 않고 없이 잘 돌아간다. 물론 요즘 신규 생산되는 컴퓨터는 ON 버튼을 누르는 동시에 화면이 커지고 10초 이내에 부팅 완료된다면 내 컴퓨터는 거의 30초 이상 걸려야 부팅되고 아마 모든 디바이스가 다 올라오려면 4~5분 이상은 소요된다. 하지만 나는 내 수준에 맞게 불편 없이 사용한다. 내가 최신 그래픽 게임을 하고 리뷰를 게시하는 것도 아니요 엄청난 크기의 동영상 편집을 하는 것도 아니다. 단순히 워드나 스프레드시트만 돌아가고 인터넷 검색에 문제가 발생하지 않으면 나는 만족한다. 다시 비유하면 남들은 에베레스트를 등반할 장비를 갖추고 동네 뒷산을 산책한다면 나는 운동복에 운동화 신고 뒷산을 산책하는 격이다.

그동안 잘 사용하는 컴퓨터의 음향이 문제를 일으켰다. 사운드가 밀려 화면이 바뀐 후에 음향이 나오거나 혹은 1분 이상 지나야 스피커에서 사운드가 나오기 시작하고 또 어떤 때는 전혀 나오지 않는다. 내 컴퓨터의 사운드 카드는 메인보드에 합체되어 있고 RS232포트(직렬방식의 인터페이스)가 여유가 있으므로 사운드 카드를 추가로 설치해야 하는지 고민하면서 인터넷 검색을 통하여 문제점을 해결하려고 하던 중 FxSound란 S/W를 발견했다. FxSound는 사운드 보정프로그램으로 소개되었다. FxSound는 고맙게도 22년 1월부터 유료에서 무료로(이전에는 정가가 3만 원대였다 한다), 100% 무제한 무료로 풀린 것을 발견했으니 안 써주면 미안한 일이다. 그러나 검색과정에서의 리뷰가 호불호가 갈리는 것을 발견해 잠시 고민을 했지만 과감하게 설치했다. 아니면 다시 삭제하면 되니까….

과거 삼치란 글에서도 언급했지만 나는 음악에 대해서는 박치 아니면서 박치요, 몸치 아니면서 몸치이며 노래를 부르면 가끔은 음이 이탈하는 수준이다. 따라서 전문 스피커도 제값을 발휘하지 못하고 음

질도 별로 관여하지 않는다. 따라서 FxSound는 내게 아주 걸출한 프로그램이다.

설치 후 고맙게도 일부 사운드가 밀리는 현상은 해소되고 이퀄라이저를 통해 나름대로 쉽게 사운드의 음질을 개선도 가능하였으나 사운드가 나와야 할 순간에 늦게 반응하는 현상은 개선되지 않았다 하지만 그래도 신규 투자 없이 밀리는 던 것을 잡은 것만 해도 어딘가 혼자 자부하고 만족했다. 하지만 아쉬움은 남았지만, 투자 없이 이 정도 해결한 것만 해도 만족하고 컴퓨터를 교체할 때까지는 이 정도는 감수하고 사용하기로 하였다. 며칠 지난 후에 책상 위를 정리하던 중 스피커의 위치가 맘에 안 들어 이리 저리로 이동하던 중에 스피커를 모니터 뒤쪽에 매달아 책상 위 공간을 확보하려고 했다. 위치를 변경하니 전원 연결 코드의 길이가 짧아 PC의 USB전원에서 부득이 전원 코드에서 직접 전원을 끌고 와서 스피커와 연결했다. 아니 그런데 이게 무슨 일인가? 모든 사운드 관련 문제가 해결되었다.

그동안 고민했던 문제는 스피커가 컴퓨터의 파워 전원을 사용하므로 컴퓨터를 종료한 상태에서 스피커의 전원이 방전되었다가 다시 컴퓨터를 켜면 충전되어 작동되므로 충전되기까지는 스피커가 작동을 못 하는 문제가 발생된 것이었다. 이것을 메인 전원에서 직접 연결하므로 항시 충전되어 전원 충전 대기 상태가 되므로 모든 문제가 해소되었다.

허무하다. 문제의 원인을 제대로 파악하지 못하고 나 혼자 짐작으로 이것저것 해결책이라고 고민하고 검토하고 시도한 것이 모두 불이 필요한 조치였다. 가끔은 나 같은 돌팔이 전문가가 아니라 진짜 전문가가 필요한 이유다.

어보(御寶)

배정화

타국에서 나라를 위해 조용히 최선을 다하는 일본 거류민단 정민회 최학부 회장님의 훌륭한 비하인드 스토리(Behind story) 여행을 떠나본다. 민단 사무총장 시절. 25년 동안 월급 봉투째로 직원들을 위해 봉사했다. 서예를 무척 좋아하셔 소연의 펜이 되었다고 한다. 한두 해마다 한국에 들어와 동지들을 불러 회식을 즐기며 통 크게 쏘곤 했었다. 동경 우에노 미술관에서 한국 삼원회 초대전을 개최하면서 일본 한국 신문에 보도해준 것도 회장님 도움이 컸다. 일본 조청련 단에 막걸리 들고 들어가 청년들을 친분을 쌓아 민단에 교화하게 이른다. 부인 또한 동경에서 식당을 운영해 행사 때마다 잔치를 베풀며 나라 위해 헌신을 다한 부부였다. 강산이 두 번이나 바뀐 세월임에도 변함없이 연하장을 받은 것이 어느 날 소식이 끊어 졌다. 그 후 몇 달이 흘렀다. 부인이 별세했다는 소식을 듣는다. 회장님은 아내 별세 충격으로 지병을 얻어 병원에 입원 중이었다. 안타깝고 슬펐다. 회장님 홀로 계시는데 병문안 가기가 용기가 나지 않았다.

바쁜 나날의 연속에 몇 년이 훌쩍 지나버렸다. 추운 겨울날 국제 전화가 왔다. 회장님의 힘없는 목소리다. "소연! 일본에 한번 다녀가

지 않겠는가?" 전파로 밀려온 목소리는 가늘고 힘이 없었다. 이번에 뵙지 못하면 영원히 못 뵐 것 같은 예감이 든다. "네 알겠습니다." 병와중에도 가볍지 못해서 마음이 무거웠는데 처음이자 마지막 부탁이라는 예감을 받는다.

서예 도구를 챙겼다. 보름 머물 예정으로 나고야행 비행기에 몸을 실었다. 공항에 마중 나온 회장님은 너무도 쇠약해 보였다. 간호사와 도우미 3명이 번갈아 가며 식사를 챙기고 있었다. 나는 혼자 밥을 지어 해결하며 옆방에서 금강경 해서체로 휘호하며 소일하고 있었다. 일본에는 방에 보일러가 없다. 다다미방이라 무척 추웠다. 회장님은 병실 침대를 쓰고 있어 다행스러웠다. 이불은 두터운 목화솜이라 매우 따뜻했다. 문 칸 방에 친구 부부가 살았는데 중풍을 맞아 병원에 입원 중이다. 아파트 고층 맨 끝 동이라 살 풍을 막을 길이 없었다. 회장님은 당뇨가 심해져 다리가 검붉은 피부로 변해가고 있었고 굳어진 왼쪽 팔은 옆으로 돌리지도 못하고 있었다. 운동을 시켜드리려 했지만 사양하신다.

살아온 60여 년 동안 일본에서 활동한 내력의 이야기보따리를 풀어 놓는다. 무료했던 시간을 달래줬다. 박정희 대통령께 국민훈장도 거절해 부인이 대신 받아올 만큼 자존심이 강한 분이었다.

어느 날 "소연! 옆방에 병풍을 가져와 펴 보렴!" 8폭 병풍이었다. 조선을 건국한 이성계로부터 28대 임금님 어보가 찍힌 진품이었다. 당시 경무대에서 몇 점 제작해 교포 몇이 소장했다고 한다. 회장님은 "소연은 한문을 해석하고 전각을 하니 병풍을 소장할 임자가 나타났어! 허허." 하시며 "소연 생일 선물이야!"라며 "가지고 한국에 들고 가도록 하시오. 그리고 용돈을 조금씩 보내줘!"라고 하셨다.

전각 임각 작품을 수천여 방을 해두었기에 가능했었다. 어느 누구도 두 번 다시 제작할 수 없는 진품을 소연이가 어보를 임각 작품 하게 된 큰 영광을 얻게 되었다.

초창기 때 KBS 진품명품 감정을 보든 김선원 선생이 천호동 소연서실에 방문한 적이 있었다. 그때 어보에 대해 말씀을 들은즉 6・25 사변이 일어나자 보물을 싣고 트럭 일곱 대가 부산으로 향하고 있을 때 그중 2대가 사라져 버렸다. 그때 어보에 찍힌 이성계의 조상인 도조. 환조가 분실되어 찾지를 못했다고 한다. 더 이상 28대 어보의 제작은 할 수 없게 되었다. 회장님은 "소연이가 그간 임각을 많이 했으니 어보 임각 해보는 것이 어때?" "알겠습니다." 약속을 했다. "만약 어보를 매각하게 된다면 서울에 살고 있는 양녀를 좀 도와주길 바라네." 하며 부탁하셨다.

"그동안 소장할 마땅한 사람을 수없이 만나 보았지만 마음에 내키지 않았네." 하시는 눈빛이 마지막 유언의 말씀으로 들렸다. 무자식인 회장님은 위의 형님이 재혼하게 돼 전처의 딸을 양녀로 입적했다. 양아들도 두었는데 결혼할 며느리 볼 여자가 마음에 들지 않다 하니 아들이 아버지를 의절해 연락을 하지 않은 상태였다.

병풍을 구루마에 실었다. 구루마가 짧아 밑바닥에 끌리지 않도록 가져간 옷가지를 에워 쌌다. 긴 병풍을 감당해 내기가 여간 힘들지 않았다. 눕혀서 끌고 몸 반을 엎드려 끌어야 했다. 쉬었다. 반복해 신칸센 역사에 무사히 도착한다. 친절한 역무원의 도움으로 열차를 타게 되었고 이윽고 서울 공항에 도착했다. 병풍 수속 밟는 절차가 까다로웠다.

직원이 묻는 육하원칙을 성실히 답했다. 직업이 서예가이기에 무사히 비행기에 싣고 올 수 있었다. 김포공항에서 직원이 직접 들고 게이트까지 실어주었고 어느 할아버지의 도움으로 전철로 에스컬레이터로 편하게 올 수 있었다. 버스, 택시도 병풍이 길어 태울 수 없었다. 집까지 여섯 정거장을 끌고 가야만 했다. 용달도 부를 수 없었다. 하늘에 먹구름이 끼어 소낙비가 곧 퍼부을 것만 같았다. 마음이 급했다.

한 시간여 동안 엎드려 끌고 가니 감싸던 옷은 모두 훼지고 있었다. 神의 도움으로 무사히 집까지 도착할 무렵 소낙비가 퍼붓는다. 안도의 숨을 쉰 다음 정신을 잃고 말았다. 밤이 되고서 눈을 떴다. 기적 같은 일들이 소연에게 역사가 만들어지고 있었다. 그 후 회장님께 조금씩 용돈을 보내며 자주 전화로 건강 안부를 묻는다. 자식 노릇에 나름의 노력을 하고 있었다. 몇 달 후 무더운 여름이 다가왔다. 회장님 전화를 받지 않는다. 그러든 며칠 후 최회장님 붕우 조만재 회장님께 전화가 왔다. 최학부 회장님께서 별세하셨다는 부고였다. 집 앞길을 걷다가 뇌경색으로 쓰러져 병원에 입원하고 있었는데 어제 돌아가셨다는 것이다. 3·1운동회 이원범 회장님. 조소앙 후손 조만재 화장님과 최학부 회장님 세분의 붕우(朋友)로 평생을 함께했던 절친이었다. 조만제회장님 왈 "소연선생! 일본에 갈 사람은 보호자인데 양녀가 여권이 준비 안 되어 사위와 다녀와야겠어! 부탁하네!" 3·1운동 이원범 회장님이 비행기 티켓 비용을 마련해주었어! "네 알겠습니다." 마음이 급해졌다. 사위와 연락이 되어 일본 나고야 자택으로 달려갔다. 빈소는 구약소(동사무소)에 마련된 유리 상자 안에 편히 잠들고 계신다. 눈물이 왈칵 쏟아져 소리 내어 엉엉 울고 말았다. 콧물 눈물범

벅이 되어 유리 상자를 껴안고 "회장님! 회장님!" 이제 더 이상 대답을 들을 수 없는 영원한 여행길을 떠나고 말았다.

2박 3일 동안 사위는 장인 사망신고 및 은행 등 일을 보고 소연은 짐들을 챙겼다. 최회장님을 평소 교회 모시고 다닌 김치여사가 병원에서 간호를 했단다. 김여사에게 줄 물건들을 거실에 챙겨놓고 시계 반지 볼펜 등 값나가는 것들 20kg을 백에 넣어 사위에게 건네줬다. 소연은 부엌에 고춧가루 스텐 냄비 등이다. 그 가운데 유품 중 회장님께서 늘 품고 지니던 날짜가 크게 보인 녹슨 손목시계가 땀에 섞여 곰팡이 색이 완연했다. 그리고 수첩 등이다. 60여 년 모아둔 정치 역사가 담겨진 엽서를 못 챙긴 것이 두고 후회가 된다. 수십 여 년 모아둔 것이라 무거워 들 수가 없었다. 정치비사들을 선별하기에는 떠날 시간이 촉박했다. 회장님은 소장한 작품들이 많았는데 베풀기 좋아하셔 간호사. 도우미. 지인들 모두 나눠주고 마음에 둔 2, 3점만 소장하고 있었다. 회장님 유품을 전시할 수만 있다면 하는 생각으로 작품과 사발도자기를 챙겼다. 그 외 소연이가 기증한 작품 등 큰 방에 있는 중요 물건들은 살펴볼 시간이 없었다. 깜박하여 미처 챙기지를 못했다. 그 모든 것은 김치여사의 몫이 된다. 공항 게이트에 출국 시간을 기다리는데 김치여사가 전송하려 나왔다. 손에 들고 있는 것을 유심히 바라보고 있었다. 자그만 조리였다. 특이해서 챙겼는데 바라보는 눈빛이 서운했다. 담날 김치여사가 반갑게 전화를 받는다. 고맙고 감사하다는 인사였다. 거실에 그 많은 짐들 선별하기 싫도록 해두고 왔기에….

사위가 무리한 탓에 허리가 좋지 않았다. 전날 밤 꼼짝을 못 했는데 비행기를 못타면 어쩌나! 걱정했지만 다행히 유골을 가슴이 안고 조금씩 발을 옮기며 무사히 비행기에 탑승할 수 있었다.

경기도 천안 망향의 동산에 회장님의 가족 친지 분들이 맞이했다. 아내 옆에 가묘를 해둔 곳에 최학부 회장님은 가족들 지켜보는 가운데 고요히 잠드셨다. 회장님 명복을 빕니다.

회장님께서 50여년 동안 소중히 모셔왔던 병풍을 기증받아 일본서 서울까지 너무도 힘들게 병풍을 모셔왔던 조선왕조 600백년의 역사가 담긴 28대 어보를 나열해 봤다.

조선왕계역대어보지영(朝鮮王系歷代御寶之影)

1.度祖도조 2.桓祖환조 3.太祖태조 4.定宗정종 5.世宗세종 6.文宗문종 7.端宗단종 8.睿宗예종 9.成宗성종 10.中宗중종 11.仁宗인종 12.明宗명종 13.宣祖선조 14.元宗원종 15.仁祖인조 16.孝宗효종 17.肅宗숙종 18.景宗경종 19.英祖영조 20.眞宗진종 21.莊祖장조 22.正祖정조 23.純祖순조 24.文祖문조 25.憲宗헌종 26.哲宗철종 27.高宗고종 28.純宗순종

조선의 임금님들!! 오늘의 대한민국 역사를 창조했던 위대한 분 들이었다.

어보는 임각 병풍 작품을 한정된 제작으로 소장자들에게 시집을 보낼 것을 소망한다. 왼손으로 연습 중이다. 약 5년 즈음 지난 후에는 작업이 가능하지 않을까 생각해 본다. 시간이 주어지지 않는다면 어보는 미래에 금강산 황금화 해금 미술관에 영원히 소장될 것이라 사료된다. 재미 교포로 60여 년 민단을 봉사한 숨은 멋쟁이 일꾼 훌륭한 최학부 회장님의 흔적을 남기려 한다.

오줌 목욕

심봉구

산골 아이가 똥독에 걸렸습니다. 조부모님과 살아가는 어린 제가 더러운 병에 걸렸습니다. 재 너머 남의 밭에서 무 하나 뽑아 먹고 탈이 난 것입니다. 인분을 뿌려 놓은 줄 모르고 웬 떡이냐 들어선 것입니다. 워낙 배가 고파 살필 겨를도 없었습니다. 흙 묻은 껍질을 갉아 퉤퉤 뱉으며 사각사각 맛있게 먹었습니다. 그러나 형벌은 끔찍합니다. 깡마른 몸이 여기저기 부풀고 몹시 가려웠습니다. 손톱에 긁힌 피맺힌 줄들이 이빨을 갈며 온몸 가득히 준동합니다. 밤이 이슥하도록 가려워 몸부림쳤습니다.

안타까워 함께 뜬눈으로 지새우던 할머니가 나를 끌고 밖으로 나갑니다. 와불처럼 누워있는 커다란 오줌통 앞에 나를 세워 놓습니다. 어린 내 눈에 오줌통은 저수지같이 크고 깊었습니다. 씨간장처럼 대대로 내려온 오줌 늪입니다. 시집간 고모는 물론이고 증조할아버지의 오줌도 분명 섞여 있을 것입니다. 그런데 글쎄, 벌거벗고 여기에 들어가라는 것입니다.

가을 끝자락 뼈 시린 밤입니다. 별들도 파랗게 얼어붙었습니다. 차가운 달빛 아래 번들거리는 누리끼리한 더께를 헤치고 풍덩 들어가라는 것입니다. 너무 춥기도 했지만 무서워 죽을 지경입니다. 죽은 뱀이 라도 한 마리 빠져 있을 것 같은 공포감이 엄습했습니다. 이토록 자지러질 듯 몸서리치는 오줌 목욕을 하게 된 원인이 썩 간단치는 않습니다. 할머니께도 말하지 않은 사연이 있습니다.

사친회비를 안 낸 아이들 이름이 칠판 옆쪽에 적혀 있습니다. 급장 병술이가 삐뚤삐뚤 쓴 것입니다. 열흘쯤 지나자 열댓 명 되던 이름이 여섯 명으로 줄었습니다. 맨 위에 내 이름은 못생긴 낙서처럼 큼직하게 적혀 있습니다. 너무 창피하여 며칠 전 울며 할머니께 졸랐습니다. 다음 날 새벽, 콩이랑 대추 등속을 머리에 이고 삼척장으로 갑니다. 40리 떨어진 먼 곳입니다. 밤늦게서야 할머니는 파리하게 쪼그라든 몸으로 덜덜 떨며 오셨습니다. 허리춤의 주머니를 소매치기 당했답니다. 어린 나도 맥이 탁 풀렸습니다. 간헐적으로 훌쩍이는 할머니 옆에서 엎치락뒤치락하다 겨우 잠들었습니다.

늦잠을 잤습니다. 할아버지는 놋쇠 재떨이를 땅땅 치며 깨웠습니다. 어질어질했습니다. 눈 비비고 삶은 감자 한 개만 먹었습니다. 두 개는 주머니에 넣고 학교로 갑니다. 오십천 외나무다리 건너고 수구재를 넘으면 공동묘지가 나옵니다. 혼자 가면 언제나 무섭습니다. 덜덜 떨며 길만 보고 냅다 달립니다. 숨을 돌리고 한참 내려가면 상여 곳집이 나옵니다. 고개를 돌리고 또 뜁니다. 송골송골 땀이 맺혀 산 아래에 이르면 철길이 있습니다. 저 멀리 철길이 구렁이처럼 큰 산을 끼고 돌아가는 곳에 학교가 있습니다. 하지만 오늘은 지각입니다.

교실에 들어서니 아이들이 지각쟁이라 놀립니다. 워낙 허약한 몸이라 비실대다 학교에 늦은 적이 몇 번 있어서 그럽니다. 그런데 아직 선생님은 교실에 들어오시지 않았답니다. 다행입니다. 교실은 난장판입니다. 다른 학년 교실도 쿵쿵 쾅쾅 마찬가지입니다. 갑자기 옆 교실이 조용해집니다. 또 다른 교실도 조용해집니다. 우리 교실도 얼음이 되고 맙니다. 선생님이 잔뜩 화난 얼굴로 나타나셨기 때문입니다. 우리 선생님은 덩치가 크고 무섭습니다. 교감 선생님과도 다투시는 것을 직접 봤습니다, 동네 이장님하고도 싸우고, 순경에게 버럭 소리질렀다는 소문도 들었습니다.

선생님은 다짜고짜로 "사친회비 안 낸 자식들 앞으로 나와!" 하고 소리쳤습니다. 우리 죄인 몇은 교단 옆으로 나가 가슴에 고개를 박고 달달 떨었습니다. 선생님은 키가 제일 작은 나를 한 손으로 달랑 들어 책상 위에 올렸습니다. 철썩철썩 철썩철썩. 우람한 손바닥과 손등으로 양쪽 따귀를 네 대쯤 세게 쳤습니다. 별이 번쩍거렸지만 아픈 줄은 몰랐습니다. 너무 무서워 바지에 오줌만 찔끔 쌌을 뿐입니다.

허겁지겁 책보를 메고 운동장으로 나오니 맥이 탁 풀렸습니다. 느티나무 아래 바위에 주저앉았습니다. 여기저기 다른 학년 아이들도 쫓겨나오더군요. 여자애들은 훌쩍이며 나왔습니다. 사친회비 미납자 일제 소탕 날이었던 것입니다. 하지만 나는 곧장 집으로 가서 울며 떼를 쓸 수도 없는 노릇입니다. 돈주머니 쓰리 당해서 우시던 할머니의 모습이 또렷이 떠올랐습니다.

작은 산골짜기로 갔습니다. 지난봄 학교 안 가고 혼자 놀다간 곳입니다. 감자를 구워오지 않으면 차고 때리는 급장 병술이를 피해 여기 온 것입니다. 길에서 멀고 야트막한 언덕에 막혀 행인이 보지 못하는 외딴 곳입니다. 바위틈에서 샘물이 꿀럭꿀럭 솟기 때문에 물배도 채울 수 있습니다. 지난봄에는 버들피리도 만들어 불었던 낙원입니다. 단지 상여 곳집이 빤히 보이는 곳이라, 그쪽을 보지 않으려 무진 애를 씁니다.

감자 두 개는 먹은 지 이미 오랩니다. 학교를 마치고 돌아가는 동네 아이들에게 들키면 안 됩니다. 바위 뒤에 숨어 오래 앉아 있었습니다. 날씨도 거뭇거뭇 저물어가고 배가 몹시 고팠습니다. 곳집 가까이 무밭이 있다는 생각이 퍼뜩 들었습니다. 반쯤 눈감고 허겁지겁 달려가 실한 것 하나 뽑아 들고 돌아왔습니다. 향긋한 무 냄새까지 느끼며 사각사각 참 맛있게 먹었던 것입니다.

파르르 떨며 나는 오줌통에 첨벙 발을 담갔습니다. 할머니는 내 머리를 누르며 앉으라고 했습니다. 가슴까지 오줌이 찹니다. 할머니는 바가지에 오줌을 떠서 부어댔습니다. 그러고는 맨손으로 내 몸 샅샅이 정성껏 씻어주셨습니다. 너무 추워서인지 하얀 수건을 쓴 할머니는 접신한 무녀처럼 와들와들 떨었습니다. 별 총총 밤하늘도 부르르 떨고, 희끄무레한 달빛도 대추나무 가지에 걸려 바르르 떨었습니다. 참 무서운 밤이었습니다. 이날 밤 신비한 의식 때문인지 금방 깊은 잠에 빠졌습니다. 다음 날 무척 늦게까지 푹 잤습니다. 할아버지도 놋쇠 재떨이를 전혀 땅땅 치지 않았습니다. 그냥 내 곁에서 내 얼굴을 보며 하염없이 앉아계셨습니다.

*에필로그: 11살 때의 이야기다. 올해 일흔이니 시간적 차이가 크다.

담임이신 K선생님은 그때 스물 갓 넘은 다혈질 미남 청년이었다. 고백하건대 살아오면서 그분을 한 번도 미워한 적이 없다. 전근 가실 때 나를 따로 불러놓고 공부 열심히 하라며 어깨를 들먹이며 우셨다. 그때도 무섭게만 느껴졌다. 좀 심하게 맞은 것은 철없는 해프닝쯤으로 여긴다. 정말 그때는 이상하고 몽매하고 불쌍한 시절이었다. 그때 세상은 다 그랬다. 10여 년 전 많이 편찮다는 소식을 바람결에 들었다. 마음이 아팠다.

알콩달콩하고 새콤달콤한

김미자

봄방학을 맞은 여섯 살배기와의 나날이 알콩달콩 즐겁다. 그 맛은 싱싱한 겨울딸기처럼 새콤달콤하다. 오늘도 아침부터 베란다에서 영근 민들레 씨앗을 창밖으로 날려 보내고 꽃에 물을 준다며 동동거리더니, 잠시 후에 푹 젖은 두 발을 눈앞에 들이민다.

연습장에 일(日), 월(月), 산(山), 천(川), 문(門)…. 아는 한자를 비뚤배뚤 그린다. '月'자를 좁고 길게 쓰고 초승달이라 읽고, '山'자 가운데 획을 길게 늘여 놓고선 눈을 크게 뜨고 손을 위로 쭉 뻗으며 '노오픈' 산이라 우긴다. 질세라 나도 얼른 '川'자를 길게 늘여 쓰고 한강이라며 으스댔더니, 녀석은 '門'자의 좌우를 바꿔 써놓고는 대문을 활짝 열었다며 깔깔거린다. 풍선 불기. 종이접기도 하고 제가 만든 노래를 할미에게 가르칠 때는 표정이 진지해진다.

점심 후 책 세 권을 같이 읽고 나서, 마감이 코앞인 글 때문에 양해를 구하고 컴퓨터를 켜니, 저는 편지를 쓴다며 잠시 조용하더니, 아니나 다를까 금세 책을 만든다고 성화다. 작년에 출판사를 다녀온 후 생긴 취미가 '나만의 책' 만들기다. 얼른 도화지를 잘라 포개고 스테이플러로 찍어주니, 그림에 글을 넣어 뚝딱 완성한 미니 북을 보여준다.

제목은 '딱지 접기'라나.

한바탕 끝말잇기를 하다가 태권도장에 데려다주고야 잠시 해방. 커피를 만들어 들고 창가 소파에 몸을 묻으니 매혹적 향기가 마음을 사뿐하게 한다. 한 모금 머금고 눈을 감고 가슴을 좌악 편다. 느긋하다. '가갸거겨'를 배우던 기억이 아지랑이로 피어오른다.

다섯 살 적에 앉은뱅이책상 앞에 앉아 문자를 배웠다. 아기, 나비, 병아리…. 식구들의 이름을 쓰고 읽었다. 자꾸 비뚤어지는 글씨 때문에 엄마에게 꿀밤을 맞았던, 그래서 더 그리운 날들이다. 글을 깨우치자 닥치는 대로 읽었다. 삼촌들의 한문투성이 책을 펴놓고 아는 글자를 찾기도 하고, 두꺼운 사전과 신문도 샅샅이 읽었다. 읽는 게 재미있었다.

초등학교 4학년 때는 학교 도서관이 우리 교실이었다. 복도에까지 쌓인 위인전, 동화책을 읽느라 매일 해질 무렵까지 학교에 머물렀다. 5학년 때는 아버지께서 사주신 포켓판 어린이 백과사전을 책가방에 넣고 다니며 읽었는데, 표지도 두꺼운 책이 1년도 안 되어 너덜너덜해졌다.

책에 빠져 자주 밤을 새우는 나를 말리던 아버지. 밤이 깊어지면 가끔 두꺼비집 스위치를 내려놓기도 하셨다. 그걸 피하려고 설빔으로 받은 스웨터로 전구를 가리고 책을 읽다가 잠들어버려 옷을 태우기도 했다. 그렇게 집에 불을 낼 뻔 하고도 아버지가 서울에 가실 때면 책 제목들을 적은 메모지를 내밀었다.

초등학교 2학년 때부터 아버지의 편지를 대필했는데, 불러주시는 대로 받아써 외지의 삼촌들과 친척 어른들께 보냈다. 양면괘지 첫 칸에 '○○○전상서'라 쓰고, 줄 바꿔서 아버지의 말씀을 받아쓰는 글, 딱딱하고 재미없었다. '전상서(殿上書)'의 뜻을 이해할 때쯤에 꾀를 부려, 어려운 단어를 쉬운 말로 바꿨다. 다 쓴 편지를 살펴보신 아버지는 "제법 잘 썼네." 하며 웃으셨다. 그 후로 아버지는 용건만 알려주고 내게 맡기셨다. 집안 대소사를 다루던 편지들, 고2때 몇 달에 걸친 편지공세로 이민을 준비하던 막내삼촌을 결혼시켜 눌러 앉힌 일이 기억에 진하게 남았다.

편지대필은 여고를 졸업하고 서울로 진학하며 끝이 났지만 나는 계속 편지를 썼다. 부모님과 친구들에게. 그리움과 외로움, 미래에 대한 생각, 책에서 찾은 구절과 외운 시를 적고, 때론 어설픈 자작시에 삽화를 넣어 친구들에게 보냈으니 꿈같은 시절이요, 새콤달콤한 편지들이다.

부모님께 쓰는 편지는 '엄마, 아버지께'로 시작했는데 어느 날 "왜 늘 '엄마'를 먼저 쓰느냐?"는 아버지의 강력한 항의에 깜짝 놀랐다. 아, 너무나 귀여우신 나의 아버지! 고심 끝에 호칭을 번갈아 썼던 알콩달콩한 편지들, 세월 속에 가뭇없구나.

작년에 친구가 사진 한 장을 찍어 보내왔다. 세상에나, 스무 살 적 봄비 오는 날 끼적인 시에 삽화를 그려 보낸 나의 엽서다. 수십 년 세월을 건너온 추억에 아련했다. 문자메시지와 이메일이 대세인 지금도 내가 손편지를 즐겨 쓰는 것은 부모님이 주신 선물이자 유산이다.

커피를 마저 마신다. 한때 커피 향처럼 마음을 사로잡는 글이 쓰고 싶었지만 한계를 절감, 일찌감치 욕심을 버렸다. 소소한 일상을 소재로 쓰는 지금, 작은 기쁨을 기억하려고, 따스함을 나누려고 시를 배우고 수필을 쓴다. 한 가지 소망은 부모님의 유산인 글 쓰는 즐거움을 손녀가 이어받는 것. 살짝살짝 문재(文才)를 보여주기도 하니, 가슴 떨리는 희망을 품을 수밖에….

알람이 울린다, 꼬마 작가를 마중 가라고. 놀이터에서 한바탕 뛰다가 그네를 타며, 요사이 오후 하늘을 거니는 낮달과 놀겠지? 알콩달콩, 새콤달콤한 시간을 위해 간식거리를 챙겨 들고 집을 나선다. 달을 좋아하는 귀요미, 오늘은 말갛게 웃는 저 달과 무슨 이야기를 나누려나, 상상하면서.

바람의 세월

임양자

6월의 뜨거운 태양아래 붉은 넝쿨장미가 벽을 오르며 서로 예쁘다고 다투어 피고 있다. 잎이 듬성듬성한 길옆의 고목나무에 깃털이 엉성한 늙은 새 한 마리가 앉아 졸고 있다. 새끼들이 먹이를 달라고 노란 입을 내밀고 서로 자기가 먹겠다고 자리다툼을 하는 모습이 떠오른다. 허공을 몇 바퀴 돌아야 자식들이 배 고픔을 덜어 줄 텐데 하는 생각에 잠겨있지만 몸은 나른하고 마음은 허전하다. 먹이를 함께 물어 나르며 새끼들을 보살폈던 든든했던 짝이 어느 날 아무런 이유도 없이 돌아오지 않았다.

바람 부는 허공에 높이 솟아오르며 먹이를 잡는 다른 새들의 모습을 멍하니 바라보노라니 정신이 번쩍 든다. 이렇게 한없이 슬퍼하며 마냥 기다릴 수만은 없지 나를 목마르게 기다리고 있을 새끼들이 눈앞에 어른거린다. 그래 내가 살아야 아직 날지 못하고 철이 덜 든 새끼들을 키울 수 있다는 책임감에 날개를 펴고 하늘 높이 날아오른다. 허공을 몇 바퀴 돌다가 숲 가까이 내려와 큰 먹이를 입에 물고 둥지 앞 나뭇가지에 내려와 앉으며 생각해 본다. 태어 난지 한 달이 넘었으니 지금쯤 날 수 있을 것도 같다는 예감이 든다. 아빠 없는 세상 빨리 자립 시켜야겠다는 생각이 앞선다.

먹이를 물고 와서 새끼에게 주지 않고 둥지 밖으로 나와 먹이를 받으라고 유혹을 한다. 겁먹은 노란 주둥이들이 큰소리를 지르며 나오질 못하고 있다. 용기를 내 날아봐라, 이곳으로 와 맛있는 먹이를 받아먹으라며 재촉을 한다. 다른 가지에 또 옮겨 앉으며 어미 새는 새끼를 유인 한다. 날아야 해 너만의 세상을 살아야 해 먹이도 혼자서 찾아 먹어야 하고 다른 새들과 삶에서 싸워서 살아남아야 하는 거야 그냥 둥지에 남아 있으면 아무 것도 못해 어미는 재촉을 하며 새끼를 불러낸다. 잠시 후 몸집이 큰 새끼가 용기를 내어 날개에 힘을 주며 날아 나온다. 어미는 비틀 대며 간신히 나뭇가지에 앉아 있는 새끼의 입에 먹이를 넣어 준다. "잘 했어." 어미는 새끼의 등을 토닥여 준다. 새끼는 용기를 내어 다시 다른 가지에 옮겨 앉는다. "너는 세상을 잘 살아 갈 수 있을 거야." 위로 하며 어미는 또 다른 새끼의 먹이를 찾아 높이 비행을 한다.

늙은 어미의 눈에는 눈물이 흘러 깃털을 적시고 있다. 70을 넘게 살아온 지난날을 뒤돌아본다. 즐거웠던 학생시절, 힘겹게 어려움을 견뎌왔던 청춘의 시간, 덤덤했던 결혼생활에 표현력이 부족했던 자신이 남편에게 살갑게 대우해주지 못하고 무뚝뚝한 성격대로 살아온 아쉬움이 떠오른다. 고맙고 든든한 울타리가 되어 준 남편에게 잘못 한 것만 논하고 배려하지 못하고, 식물인 소나무도 비켜 설 줄 안다. 은행나무 다른 나무들은 곳곳이 위로만 자라지만 소나무는 다른 나무가 옆에서 햇볕을 막으며 꺾어서 다른 쪽으로 자란다. 그런 식물도 비켜서서 자라는데 나는 왜 남편을 이해하고 용서하지 못했을까? 너무 후회가 된다. 잠시라도 이별의 시간이 있었더라면 고마웠고 감사했다는 인사를 했을 터인데 말 한 마디조차 할 여유를 주지 않고 떠나간 그가 원망스럽다는 생각도 든다. 길을 걷다보면 부부가 손을 잡고 걷거나 다정하게 대화를 나누는 장면을 볼 때마다 말없이 떠난 그이가 눈앞에 어른거린다. 유행가 가사에도 있고 유머에도 담겨있는 "있을 때 잘해"라는 말이 이렇게 가슴 아프게 다가 올 줄은 몰랐다. 인생이란 반성하며 산다고 하지만 후회란 항상 늦게 뒤통수를 치고 있어 너무 속상하다 하지만 어찌 하리 아직도 철이 덜든 저 새끼를 위해 열심히 살아야지 하는 결심을 하게 된다. 유리창에 부딪혀도 길을 찾아 흐르는 빗물처럼 이제 떠난 사람은 가슴에 묻고 용기를 내 열심히 살아가야 할 마음을 먹게 된다.

이 글을 읽는 모든 분들 지난 다음에 후회하지 말고 잘못됨이 있어도 이해하고 다정하게 이끌어 노을빛에 익어 가는 노년을 보내시기를, 초록의 녹음이 짙게 펼쳐진 6월의 숲 위로 한 마리 새가 날개를 펴고 힘차게 솟아오르고 있다. 붉은 넝쿨장미도 손을 펼쳐 담장을 오르고, 세월을 밀고 가는 바람도 정어린 손에 감돌고 있다.

누가 바람을 보았는가?

허열웅

바람은 자유스럽게 온 세상을 누빈다. 심심하면 나비 등을 타고 들판에 나와 꽃대궁을 흔들다 송아지 목덜미를 쓰다듬는다. 때로는 갈대밭에 숨어 있다가 바다에 나가 돛단배를 밀기도 하고 해당화를 피워놓는다. 바람이 지나는 마을마다 풍년이 들지만 심술이 나면 흉터가 남도록 할퀴고 간다. 어떤 때는 깊은 산속에 들어가 부처님 얼굴에 미소 짓게 하지만 스님들의 하얀 고무신 속에 숨기도 한다.

우리가 흔히 약속을 지키지 않은 상대에게 바람 맞았다고 말한다. 또 결혼한 사람이 외도를 할 때 바람을 피운다고 표현한다. 그 뿐만 아니라 무나 당근 등 뿌리에 구멍이 있거나 부실할 때 바람이 들었다고 한다. 답답하여 밖으로 나가거나 국・내외 여행을 떠날 때 바람을 쐬러나간다고 한다. 이렇게 바람에 대해 다양하게 적용되는 이유는 무엇일까. 바람으로 인한 다양한 작용 때문인 것 같기도 하다.

바람을 본 사람은 누구일까? 나일까, 아니면 당신일까? 모두일까, 아니면 아무도 못 보았을까? 궁금하다. 바람을 본 사람은 없어도 바람소리를 들은 사람은 많을 것이다. 백문불여일견(百聞不如一見)이라는 사저성어는 백번 듣는 것보다 한 번 보는 게 확실하다는 뜻이다. 바람소리를 백번도 더 들었지만 한 번도 볼 수 없었다. 바람에 대한 많은 속설이 있지만 그 누구도 바람을 볼 수는 없다. 세상은 보이는 게 전부가 아니라는 것이 진리다. 소슬바람에 나뭇잎이 흔들리고 강풍에 둥치가 쓰러지는 것을 보면서 바람을 보았다고 할 수 있을까. 시청각이란 시각과 청각을 아울러 이르는 말이다. 인식에 앞서 시각과 청각일까.

바람의 사전적 해석은 "기후와 날씨를 결정하고 조정하는 중요한 역할을 한다. 대기압의 수평 · 수직 경도(傾倒)에 의해 발생하기 때문에 바람의 분포는 기압의 분포와 밀접하다. 지표 부근에서 바람은 일반적으로 저기압과 고기압의 주변부에서 분다. 저기압의 경우 북반구에서는 시계 반대방향으로 불고 남반구에서는 시계 방향으로 분다. 고기압 중심에서의 풍계는 위와 반대 방향이다."라고 쓰여 있다.

우리가 볼 수 없는 바람의 종류가 99개나 된다니 참으로 상상력은 물론 낭만적인 우리글의 표현력이 우수하다는 것을 알게 되었다. 자주 사용하는 몇 개를 소개해본다. 간들바람, 갯바람, 고추바람, 높새바람, 돌개바람, 마파람, 소슬바람, 회오리바람 등이다.

바람을 주제로 편곡한 노래도 많고 글도 많다. 어떤 가수는 '내 님은 바람이련가/ 스치고 지나가는 바람/ 오늘도 잠 못 이루고/ 어둠속에 잠기네/ 그대 이름은 바람바람 바람/ 왔다가 사라지는 바람/ 그대 이름은 바람바람 바람/ 날 울려놓고 가는 바람'이라고 불렀다. 어느 작가는 책 제목을 『바람의 무게』를 붙였고 나 역시 책 제목을 『바람의 선시(禪詩)』라는 제목으로 책을 내기도 했다. 바람이 없으면 돌지 않는 바람개비에 대해 이어령 교수는 장편의 글을 쓰기도 했다. 미국

작가 마가렛트 미첼은『바람과 함께 사라지다』라는 제목으로 소설을 써 세계적인 베스트셀러가 되었다. 바람 참으로 신비스럽고 위대하다고 본다. 그러나 만져보거나 눈으로 볼 수는 없다. 바람은 온몸을 스치며 머리칼을 흔들고 지나가지만 귓속으로 들릴 뿐 보이지 않는다. 그 바람이 인간을 비롯한 생물에게 자각과 꿈을 안겨주고 생성케 한다. 바람은 구름을 몰고 와 비를 뿌려 모든 생명체들의 생명력이 되고 이웃이 된다. 바람은 사계절을 알리며 육지와 바다와 하늘을 지배한다. 돛단배를 운행하며 은하수를 서쪽으로 안내하기도 한다. 바람소리를 들으며 세월이 흘러가고 있음을 느낀다. 겨울의 바람 속으로 봄이 다가오고 여름의 태풍을 견뎌내면 오곡이 무르익는다.

바람 중에 가장 반가운 바람은 생명이 솟아오르고 마음이 설레는 봄바람이고, 무서운 바람은 생명과 재산을 빼앗아가는 태풍인 것 같다. 바람 앞의 촛불과 같은 것이 우리의 삶이고 인생이 아니겠는가? 보이는 것이 전부가 아닌 세상이기에 보이지 않는 데서 선을 많이 베풀고 사랑을 해야겠다. 바람처럼 왔다가 바람처럼 가는 것이 인생이기에 참고 비우고 소리 없이 떠나야 할 것 같다. 바람이 곧 사람인지도 모른다. 한 줄기 바람인 것이 우리 인생이 아닐까?

그 남자의 죠스

이정희

일요일, 여유롭게 TV 앞에 앉아 채널을 돌렸다. 곧이어 서프라이즈를 방영한다는 자막을 보고 채널을 고정시켰다. 소제목이 '그 남자의 죠스'다. 소설 『죠스』를 쓴 피터 벤츨리는 미국 대통령인 린든 존슨 연설문을 작성한 경력을 갖고 있다. 영화 죠스는 끔찍한 식인 상어가 등장하는데, 동명의 소설을 영상으로 옮긴 영화다. '원작 소설을 쓴 피터 벤츨리가 후에 상어 보호 운동가가 된 사연은?'이라는 자막이 떴다. 내용이 흥미로울 것 같아 볼륨을 높이고 TV화면에 집중했다.

피터 벤츨리가 죠스를 쓰게 된 계기는 단 한 줄의 신문기사에서 비롯되었다. 어느 날 일간지에 '몬타우크 근처에서 거대한 상어가 잡혔다.'는 짤막한 기사를 읽고 벤츨리는 생각했다. '만약 상어가 돌아가지 않고 해변을 맴돈다면 어떻게 될까?'라는 상상은 꼬리에 꼬리를 물고 이어졌고, 그 결과 소설 죠스가 탄생했다.

벤츨리의 소설 죠스는 상상 속의 상어를 바다의 악몽으로 인식시키는데 결정적인 역할을 했다. 특히 영화 죠스로 인해 사람들은 상어를 바다의 포식자로 오해했고, 매우 위험한 존재라고 여겼다. 사람들은 상어가 잠재적 공포감을 준다고 마구 포획했다. 상어는 바다 속에서 사람들에게 이유 없는 경계로 희생되었다.

피터 벤츨리는 전문지식 없이 상상력으로 상어를 공격적인 존재로 묘사한 것을 후회했다. 사람들이 상어를 무차별 공격한 것에 대한 죄책감으로 『상어의 삶』을 다시 집필했다. 생전에 상어 보호 활동에 앞장선 벤츨리는 자신의 웹사이트에 게재된 인터뷰에서 '조심성만 있다면 해양생물의 공격을 받을 일은 없을 것'이라고 밝혔다.

2010년 새로운 품종인 닌자 상어가 발견되자, 상어 학명에 피터 벤츨리라는 자신의 이름을 붙였다. 상어 개체 수가 감소하자, 자신이 죽은 후에도 상어 보호 운동에 앞장서 달라고 당부했다.

상어 지느러미 요리인 샥스핀이 상어 개체 수가 급격히 줄어들게 한 결정적인 요인이었다. 샥스핀이 전면 금지되었고, 우리나라도 수입 금지에 동참하였다.

2020년 7월, 남미 에콰도르와 중국이 바다에서 때 아닌 신경전을 벌였다. 에콰도르가 자랑하는 세계 자연유산인 갈라파고스제도 앞바다에서 이백육십 척의 중국어선단이 상어잡이를 하고 있었다. 샥스핀을 얻기 위해서였다. 선내에는 멸종 위기에 처한 귀상어를 포함한 상어가 약 육천육백 마리가 발견되었다.

어니스트 헤밍웨이의 소설 『노인과 바다』에도 상어가 등장한다. 주인공 산티아고는 팔순 노인이다. 노인은 84일 동안 단 한 마리의 물고기도 잡지 못했다. 85일 만에 노인에게 잡힌 청새치는 크기가 5.5m이다. 어선의 크기는 4.9m. 청새치는 노인의 작은 배를 이틀 동안 끌고 다닌다. 여러 종류의 상어 떼들이 작은 배에 묶인 청새치를 뜯어먹기 위해 달려들었다.

이 소설에서는 아이러니컬하게도 상어가 청새치를 뜯어먹음으로 배가 가벼워졌고, 마침내 노인은 육지에 도착한다.

우리나라에는 '상어 가족'이라는 제목의 노래가 있다. 국민 육아(育兒) 송으로 사랑받고 있다.

아기 상어 뚜루루 뚜루
엄마 상어 뚜루루 뚜루
할아버지 상어 뚜루루 뚜루
… … … … … … … …

위 노래는 상어에 대한 편견 지우기에 최고인 것 같다. 아빠 상어, 할머니 상어 등 모두 등장한다. 가족 이름을 돌려가며 불러도 좋고, 소풍이나 야외 모임에서 친구들 이름을 부르며 친밀감을 돈독히 할 수 있다. 이 노래를 한 번이라도 불렀거나, 들었던 사람들은 중독성에 빠진다고 한다.

피터 벤츨리는 상어보다 더 위험한 것은 사람이라고 말했다. 피터 벤츨리는 상어보호단체인 '와일드 에이드'에서 활동하며, 죽을 때까지 상어의 진실을 알리기 위해 노력했다. 피터 벤츨리에게 동요 '상어 가족'을 들려주고 싶다. 이 노래를 들려주면 저세상에서 안심하고 편하게 잠들 수 있지 않을까.

노년의 비애(悲哀)

전병훈

노인의 수명이 길어짐에 따라서 연금제도 등 통상의 노후대책의 재검토가 불가피한 과제로 등장하고 있다. 프랑스에서는 정년을 현행 62세에서 64세로 연장하는 연금개혁안을 추진한다고 발표하였다. 이에 노동계는 대규모 파업과 시위로 격렬하게 반발하고 있다. 우리는 노인연령을 65세로 책정하여 이때부터 경로우대증을 발급하고, 각종 혜택을 주고 있다. 급격한 고령화를 고려하여 이 기준을 70 세로 높여야 한다는 주장도 있으나 정년퇴직 후의 연령에 따른 복지사각지대가 더 커진다는 우려에 의해 아직 공론화 되지 못하고 있다. 어려운 과제이나 연금제도 개혁은 정부정책의 시급한 의제agenda가 된지 오래이다. UN에서 발표한 인구고령화에 따른 연령분류의 새로운 표준규정에 의하면 '80세에서 99세'까지를 노년Elderly, Senior으로, '100세 이상'을 장수노인(Long-lived Elderly)으로 하고 있다. 바야흐로 오늘날의 노인의 희망수명은 120세를 향하고 있다. 정년을 비롯한 기존의 복지정책의 재검토는 불가피하다.

100세 장수시대는 과연 축복일까? 아마도 이것은 충분한 노후대책을 대비한 사람에게나 한할 뿐이다. 다수의 은퇴자에게는 장수 자체가 비애가 될 수도 있다. 장수의 기간에 따라 은퇴자의 생활행태는 다르게 마련이다. 전기 10여년 정도는 별도의 소득이 없다하더라도 재직 시의 남은 저축 여력이나 비정규직 활동으로 얻어지는 수입 등으로 '현역활동의 연장'이 유지될 수도 있다. 그러나 이후로 지속되는 후기 장수기간에는 아무런 수입이 없는 단순히 '여가활동을 누리며 삶을 마무리하는 단계'로 이어지기 마련이다. 충분한 노후준비를 못한 은퇴자에게 장수는 결코 축복일 수 없다. 과연 장수는 어디까지면 좋을까. 경제력이 뒷받침되는 한계까지 이지 싶다. 요즘 의학계와 제약업계의 눈부신 발전에 힘입어 막연히 120세를 넘봄은 연목구어(緣木求魚)만큼이나 허망한 과욕일 수밖에 없다.

나는 가난한 농촌가정의 2남 4녀의 둘째로 장남이다. 대가족을 이끌어 오면서 만혼에 만학을 하면서도 7대 종가의 누대에 걸쳐 이어오는 각종 가정의례와 동생들의 혼사 뒷바라지에, 세 아들을 교육시키는 등 힘겨운 생활의 연속이라 충분한 노후대책은 엄두도 못 내었다. 26년 경력의 사립학교 연금이 유일하다. 노후대책 1순위로 선호되고 있는 '월세 받는 임대인'이 아닌 경우라면 월급쟁이 은퇴자는 통상적으로 주택을 담보로 한 은행차입금으로 가계생활을 유지할 수밖에 없음이 현실이다. 은행차입에도 은퇴자의 경우에는 소득, 신용, 담보력 등에서 여러 가지 불리한 제약사항이 따르게 된다. 퇴직 후 통장차월 만기가 된 대출금 자동 기한연기 예고장을 받고 찾아간 거래은행의 가계대출 창구에서의 예기치 못한 해프닝에 큰 낭패를 겪은 적이 있다. "뿌리를 확 뽑읍시다." 하면서 쌀쌀맞게 제자리로 돌아서는 상사의 태도가 좀 지나치다고 여겼든지 아니면 예기치 않은 일격에 충격을 받아 일그러진 표정에 침통한 아픔을 감지했는지 순발력 있는 담당 여직원의 귀엣말이 들려온다. "교수님, 세상인심이 다 그렇습니다." 미소를 곁들인 얼굴에 미안한 빛이 역력하다. 새 학기를 앞두면 예금 유치를 위하여 은행간부들이 문지방이 닳도록 들락거리며 심혈을 기울여 오던 기관의 책임자였던 고객에 대한 애정 어린 배려인 성싶다.

현직에서 물러났기 때문에 기한 연기는커녕 당장 상환해야 연체와 신용 불량자가 되는 것을 면할 수 있다는 엄포다. 일방적으로 통장 개설하여 자기의 은행을 이용해 달라며 매달린 적이 언젠데 세상인심 참 가관이고, 격세지감이다. 그럼, 나의 신용은 어느 정도나 될까 궁금해진다. 확인 결과는 신용기간은 반으로, 신용한도액은 4분의 1로 축소된단다. 반세기 동안 몸담았던 직장의 고마움에 새삼 숙연해진다. 이것은 모든 은퇴자에 적용되는 공통사항 일게다. 은행차입금에 의존하는 생활인만큼 차입금의 상환을 위해서는 담보주택을 처분하는 길밖에 없다. 아이들이 결혼하여 독립하였으므로 두 노인네만 사는 집을 줄이고자 매각하고, 아파트 분양을 받을 계획으로 거래은행에 생계자금대출을 상담하는 중에 일어난 일이다. 신규 대출은커녕 3년 전에 받은 대출을 전액 상환하기 전에는 아파트분양을 받을 수 없다는 단호한 거절이다. 재직학교 전 직원의 급여이체를 비롯한 40여 년 이상에 걸친 소위 주거래은행으로서의 예금거래 업적이나 앞으로 있을 유대관계는 전혀 아랑곳 하지 않는 일방적 처사에 아연실색을 하고 말았다. 일찍이 이미 다 소진한 생계자금을 당장 상환하라니 재직의 위력만 뼈저리게 실감할 뿐이다.

모든 일에는 빠른 단축이나 생략보다는 좀 시간이 걸리더라도 정당

한 수순을 따르는 것이 좋을 수 있다. 지금 제기되는 노후대책의 문제점은 단기간 내에 산업화의 과정을 거치지 않은 우리의 경제발전 과정에서 비롯된다. 위대한 지도자의 지혜와 영도력(leadership)을 만나 모든 국민이 일체가 된 산업역군의 피와 땀의 결실로 세계 최빈국에서 10위권의 경제대국, 세칭 '한강의 기적(Miracle of Han River)'을 쟁취하였다. 청사에 길이 빛나는 '새마을 운동'의 결실로 1960년대에 들어서 드디어 우리는 농경사회에서 산업사회로 진입하였다. 옥에도 티가 있다 했던가. 산업혁명의 과정을 거치지 않은 초 급속으로 성장한 경제발전은 산업화와 정보화 사회의 주역들을 위한 응분의 연금제도를 비롯한 각종 사회보장책을 두루 완비하기에는 역부족이었다.

노인의 수명이 길어지는 추세에 맞추어 연금제도는 보다 합리적으로 개선되어야 마땅하나, 새로운 제도의 도입이나 기존 제도의 개혁에는 이해관계자의 대립이 첨예하여 어려움이 따르기 쉽다. 우리의 연금제도의 개혁에는 앞서서 추진하고 있는 프랑스 등의 선진국들의 선례가 좋은 반면교사(反面教師)가 될 수 있을 것으로 본다.

태양은 가득히

문정순

차륵, 차르륵 특이한 소리에 옆을 보니, 가느다란 지팡이로 바닥을 훑으며 걷는 아가씨가 보인다. 지하철 환승구간. 출근길 사람들의 발걸음은 바쁘게 움직인다. 그 빠른 인파 속을 유유히 걸어가는 아가씨. 그 거침없는 발걸음이 너무 신기한 나는, 마치 무엇에 홀린 사람처럼 허둥허둥 뒤를 쫓아간다.

뒷모습이 아름다웠다. 큰 키에 호리호리한 몸매. 요즘 유행하는 물색 통바지에 잔잔한 매화꽃 무늬로 수를 놓은 것 같은, 고운 블라우스를 잘록한 허리춤에 넣어 단정함을 더 했다. 윤기가 자르르 흐르는 흑단 같은 긴 머리를 동그란 어깨 위로 찰랑찰랑 흔들며 노란색 점자블록을 따라 걷는 아가씨. 그 흐트러짐 없는 정연한 모습을 행여 놓칠세라 숨 가쁜 발을 옮겼다. 이윽고 점자블록이 오른편으로 꺾이는 지점에 이르자 아가씨는 이내 방향을 틀어 에스컬레이터에 사뿐 오른다. 그리고 긴 계단을 다다닥다다닥 뛰듯이 올라간다. 뒤처져 바라보는 그 광경은 가없이 경이로웠다. 상층에 도착한 나의 눈은 아가씨를 찾는다. 멀리 휙휙 걷던 아가씨가 승강구를 확인하고 반듯한 자세로 지하철을 기다린다. 도착한 지하철에 올라 잠시 길어졌던 나의 목은 제자리를 찾았지만, 쉬이 가시지 않는 뒷모습의 여운은 머릿속을 떠나질 않는다.

어디를 그렇게 가는 중일까. 그 고운 모습은 어떻게 단장을 했을까. 얼마만큼의 시간의 노력으로 그렇게 단정하고 거침없는 발걸음을 만들어낼 수 있는 것일까. 전맹인가. 아니면 약시인가. 머릿속은 터진 쌀자루처럼 상상력은 시나리오를 엮듯 쏟아져 나온다. 그 짧은 상황에 대고 호기심을 넘어 어떤 위대함이 뒤에 있지 않을까 하는 궁금증이 나를 흔들어 대는 것이다.

시청각 장애인으로 세계 최초로 대학교육을 받은, 미국의 작가이자 장애인들의 사회복지 운동가인 헬렌 켈리. 그런 그녀와 가정교사 앤 설리번과의 이야기를 그린 영화 '미라클 워커' 거기에 시각장애를 지니고도 싱어송라이터로 아홉 개의 곡들을 빌보드 차트 1위에 올린 스티비 원더. 그의 다양한 장르의 음악성과 호소력 짙은 보컬을 뒷받침하는 여러 악기, 그 다루는 연주실력 뒤에 숨은 노력의 고통을 떠올려봤다.

듣지도 보지도 말도 못 하는 삼고(三苦)의 장애를 지닌, 거기에 고집불통인 일곱 살 소녀 헬렌 켈러. 그런 아이를 고군분투하며, 암흑에서 빛으로 이끌어 주려는 앤 설리번과의 실화를 바탕으로 둔 영화, 그 한 부분이 생각났다. 영화는 갑자기 정전된 상황을 그리고 있다. 정전으로 어두워진 공간에서 당황한 앤 설리번은 어둠 속을 더듬으며 허둥대지만, 헬렌 켈러는 오히려 숨겨 놓은 빵을 냄새로 찾아 먹으며 태연히 웃던 장면을 보며, 어떤 절망 속이라도 길은 있구나 하는 깨달음을 준 장면이었다.

며칠 전 TV에서 중국 허베이성 예리촌의 두 남자를 다룬 '나무와 두 남자를' 보았다. 세 살 때 감전 사고로 두 팔을 잃은 원치 씨와 광산에서 폭발 일을 하다 터지는 파편에 두 눈을 실명한 하이샤 씨. 두 남자는 서로에게 잃어버린 팔과 눈이 되어 불편함을 돕고 의지하며, 황무지나 진배없는 고향을 숲으로 만들기 위해 나무 심기를 한다. 성한 몸도 힘든 일을 서로를 보완하듯, 팔이 없는 원치 씨가 묘목으로 쓸 나뭇가지를 고르면, 눈이 안 보이는 하이샤 씨가 손으로 더듬어 가지를 자른다. 물통을 입에 물고 냇물을 긷고 팔이 없는 어깨로 지어온 물을, 친구가 보이지 않는 눈으로 더듬더듬 파놓은 묘목 구덩이에 어설프게 붓는다. 그렇게 15년을 심은 작은 묘목들이 아름드리나무로 자라 고향 땅에 서 있다. 왜 이런 힘든 일을 하느냐고 묻는 말에 두 남자는 단지, 고향의 황무지를 숲으로 만들고 싶어서라고 웃으며 대답한다.

자신들이 심은 나무가 숲을 이루게 되면, 거친 땅에는 물이 흐르고 소나무는 사철 푸를 것이고, 그 너머 나무들은 노랗게 단풍이 들어 아름다울 거라며, 마치 그 광경을 앞에 둔 것처럼 환한 웃음 띤 두 얼굴은, 앞서 나를 흔들어 놓았던 매화꽃 블라우스 아가씨의 지팡이 소리처럼 아름다웠다.

세상을 개탄하며 자신을 버리는 무례함과 연일 보도되는 '묻지 마 범죄' 속보에, 그저 시대만을 탓하며 쪼그라든 마음에 한 줄기 빛으로 아가씨와 두 남자가 들어선다.

사는 일에 정답이 있겠는가마는 그래도 폭풍에 상한 꽃대에 지주대를 대고, 잘린 밑동에 새순이 돋는 것을 보면 희망은 어떤 환경에서도 잠잠히 기다려 주는 것 같다.

가족도 포기하기를 권한 거칠고 고집 센 헬렌 켈리를 두고, 앤 설리번은 희망을 품고 다시 도전에 임하며 홀로 뱉던 말 '그래, 육체보다 정신이 강하지' 했던 불굴의 정신은 두 사람의 위대함을 이뤄냈다. 나무를 심는 두 남자도 첫해에 심은 팔백 개의 묘목이 단 두 그루만 살아남은 것에도 '방법은 고난보다 많다. 방법은 늘 생긴다'라는 말로 서로를 격려하며 나무 심기를 이어간다. 누가 알아주지도 않는 무모하고 어리석은 일 같겠지만, 고향 땅을 숲으로 만들겠다는 두 남자의 꿈은 아마도, 자신들의 잃어버린 것들 위로, 매번의 희망을 더 하는 삶의 방향을 만들어 내는 게 아닐까 싶다.

그렇다. 나 또한 아가씨를 보며, 허베이성 예리촌의 두 남자를 보며, 나만의 꿈을 꾸어 본다. 아무것도 하지 않으면 아무것도 일어나지 않는다는, 도전을 꿈꾸지 않는다면 언제나 무(無)에 머무를 수밖에 없다는 말로, 내 등을 밀며 나아가길 격려해준 朴선생의 유쾌한 목소리와 시원한 눈매를 앞에 두어본다. 꿈을 그리는 사람은 그 꿈을 닮아 간다는 말처럼, 그 끝에 도달할 때 아름다운 나만의 숲이 있기를 희망해 본다.

태풍의 하늘 위엔 언제나 태양은 가득히 빛나고 있듯이, 좌절 앞에 희망은 손을 내밀며 기다리고 있다.

그러니, 그 손을 잡을 것인가 말 것인가.

웃음치료사

임 익 홍

예로부터 우리 선조들은 웃음이 건강에 좋다는 것을 잘 알고 있었다. 새해가 시작될 때면 '소문만복래(笑門萬福來)'나 '일노일로 일소일소(一怒一老一笑一少)'와 같은 입춘방을 써서 기둥이나 문에 붙였다. 웃으면 복이 올 뿐 아니라 젊어지고, 화를 내면 쉽게 늙는다고 했다. 그러나 '웃음치료사'라는 말은 오래되지 않은 것 같다. 내가 알게 된 것이 15년이 채 되지 않는다. 2008년 가을 늑골 골절로 병원에 열흘 정도 입원 치료를 받은 적이 있다. 심하게 다친 것은 아니었지만, 숨을 쉬거나 몸을 움직일 때마다 통증이 느껴져 움찔거리기도 싫을 정도였다. 어쩌다 기침이라도 하게 되면 아주 고통스러웠다. 옆구리에 호수를 박아 폐에 고이는 물을 뽑아내고, 통증을 이겨내도록 진통제 주사를 맞았다.

나흘쯤 지나자 몸을 움직일 수 있게 되었고, 숨을 쉬어도 통증이 적게 느껴졌다. 담당 의사는 고인 물이 많이 빠져 상태가 좋아지고 있다면서 허파에 들어있는 공기를 빼내야 하니까 숨을 크게 쉬는 운동을 하고, 걷기 운동도 같이 하면 회복이 빠를 것이라고 했다.

의사의 조언에 따라 병실에서는 숨을 크게 들이마셨다가 내뱉는 숨

쉬기운동을 계속했고, 가끔 링거병을 매달은 봉을 끌고 병실 복도를 거니는 운동을 했다. 그렇게 복도를 오가는데 '웃음치료실'이란 병실로 환자복을 입은 사람 여럿이 들어가는 것을 보았다. 문득 '웃음병'이란 말이 떠올랐고, 그것을 치료하는 곳이라는 생각이 들었다.

'웃음병'이란 허파에 공기가 들어가면 자기도 모르게 웃음이 실실 새어 나온다는 병으로 치료가 쉽지 않다는 말을 들은 적이 있었다. 내게도 도움이 될지 몰라 방문을 열고 들어가 보았다. 내 생각과는 달리 그곳에는 접의자에 10여 명이 앉아있고, 몸이 작은 한 사람이 곡예사 복장을 하고 손짓 발짓으로 사람을 웃기고 있었다. 그가 바로 웃을 줄 모르는 사람들이 웃을 수 있도록 웃기는 일을 하는 '웃음치료사'였다. 그의 소개서를 보면 공인 자격증을 소지하고 있다고 되어 있다.

별로 웃기지도 않는 말과 몸짓을 보고 사람들은 웃고 있었다. 나는 웃지 않았지만 그곳에서 중요한 것 한 가지를 배웠다. 웃음이 나오지 않으면 헛웃음이라도 웃으라는 것이며, 아랫배에 두 손을 모으고 '하,하' 하고 소리라도 질러 보라는 것이다. 병실에 돌아와서 창밖을 보며 그가 가르쳐 준대로 소리를 내어 헛웃음을 웃어 보았다. 그렇게 하며 이틀을 지난 뒤였다. 의사가 내 상태를 점검해 보고 많이 좋아져서 곧 퇴원할 수 있을 것이라고 했다. 바로 웃음치료사의 덕을 본 것이다.

2천 년대 중반에 TV 등 방송 매체에서 웃음이 건강에 좋다는 것을 알려 주는 프로그램을 많이 볼 수 있었다. 그러나 웃음이 건강에 좋다는 것을 몰라서 웃지 않는 것이 아니라, 웃을 일이 없어서 웃지 못하는 것이다. 웃음이 적은 나에게 웃음을 아주 잃어버리게 하는 일이 생겼다. 늑골 치료를 받은 그 다음 해다. 아내가 정년퇴직을 몇 달

앞두고 건강검진을 받았는데, 위암의 상태가 심각하다는 것이었다. 평소 위장이 약해 고생을 하기는 했어도 그렇게 심각할 줄은 생각지도 않았었다. 아내는 항암치료를 받았지만 상태가 급격히 나빠져 네댓 달 만에 세상을 뜨고 말았다. 하늘이 무너지는 것만 같았다. 불과 반 년 만에 내 체중은 10kg이나 줄어들었다. 모든 일에 의욕을 잃었다. 웃음이 건강에 좋다고 웃어 보라고 하면 오히려 속만 뒤집어 놓는 소리가 될 뿐이었다.

이렇게 암울한 때에 나는 매일 같이 산을 찾아다니며 시간을 보냈다. 그나마 나를 지탱해 준 것은 도봉산을 찾아다니며 산행기를 쓰고, 그것을 단행본으로 엮어 보겠다는 생각에 몰두해 있었던 것으로 여겨진다. 지인들 중에는 재혼을 해서 안정된 생활을 하고 건강을 유지하는 것이 좋다고 권하기도 했지만 그 말이 귀에 들어오지 않았다.

그 다음해에 아들이 결혼을 해서 함께 살게 되었다. 아내는 아들이 결혼을 하면 따로 살게 하겠다고 입버릇처럼 말했지만 이제 사정이 달라진 것이다. 그래도 나는 아침을 먹으면 배낭을 메고 집을 나섰다가 저녁에 들어와 산행기 정리에 몰두했다. 그 해에 손녀가 태어났다. 그러나 손녀가 웃음을 가져다주리라고는 생각하지 못했다.

손녀가 세 이레를 지나자 가끔씩 안고 거실로 나와 얼굴을 보게 되었다. 부엌일을 할 때에는 거실에 눕혀 놓기도 하여 옆에서 돌보기도 했다. 달포가 지나자 사람을 알아보기 시작하여 낯가림을 하려고 하고 옹알이를 하면서 방긋방긋 웃기도 했다. 그 웃는 얼굴을 보고 찡그리는 사람도 있을까. 이러한 모습 하나 하나가 집안 식구에게 웃음을 가져다주었다.

이태 뒤에는 손자가 태어났다. 아이가 둘이 되니 며느리가 아이 돌보는 것이 힘들어 보였다. 손녀가 거실에 나와 혼자 있으면 내가 돌보아 주는 시간이 늘어났다. 옹알이에서부터 말대꾸, 재롱 등 커 가는 모습 하나하나가 웃음을 가져다주었다. 웃음치료사가 아무리 웃기려 해도 나오지 않았던 웃음이 저절로 나왔다.

손자가 세 살이 되어서는 아침이면 일찍 내 방으로 와서 '하지'라고 부른다. '할아버지'라고 부르라 해도 '하지'라고 하며 나를 일으켜 세운다. 그런 손자가 벌써 10살이 되었다. 아이들이 크면 자연 거리가 멀어질 것으로 생각했는데, 같이 살고 있으니 그렇지 않았다. 코로나19가 오랫동안 계속되면서 돌보아 주어야 할 일이 많아져서 더 가까워진 것 같다.

친구들과 모임이 있어 손자 이야기가 나오면, 같이 살고 있지 않은 친구들은 손자들이 찾아오는 주말이 기다려진다고 하며 주말에는 모임을 갖지 말고 주중에 모이자고 했다. 어느 친구는 손자가 바로 삶에 활력을 주는 '활성비타민'이라고 했다. 그런가 하면 또 다른 친구는 '행복전도사'라고 했다. 손녀, 손자는 내가 가장 힘들었던 때에 쓰러지지 않게 나를 일으켜 세워준 진정한 '웃음치료사'였다.

숲이 나를 부른다

김희구자

초록 숲 그늘이 종일 드리운, 최애(最愛)의 장소가 있다. 그곳을 자주 찾는다. 숲의 색깔, 소리, 햇살에 마음이 활짝 열린다. 이곳에 앉으면 몸과 마음이 편안해진다. 햇빛 투과한 초록빛 잎새를 바라보면, 평화롭고 행복해진다. 내가 나를 만나 사랑하기 위해서이다.

과거 양묘장(養苗場)으로 쓰이던 수영산이라 불렸던 곳이다. 지금은 명일근린공원이 되었다. 그곳 작은 물웅덩이는 도롱뇽, 산개구리, 맹꽁이 등 양서류의 서식처이고 박새, 곤줄박이, 큰오색딱따구리, 어치, 직박구리 등 다양한 새가 찾아드는 생명의 공간이다.

이른 봄 여기저기 진달래 피면 한동안 머물러 곱고 청신함에 매료되곤 한다. 오월은 연둣빛 신록에 가슴 설레고 점점 짙어지는 초록의 향연이 펼쳐진다. 이른 아침, 물 한 병, 책 한 권, 수건과 깔개를 준비한 배낭을 메고 집에서 출발 30분이면 산에 닿는다. 온통 하늘과 땅 사이는 생명의 초록빛이다. 터널을 이룬 나무들 새소리 들으며 호젓한 산길을 걷는다. 오롯이 누리는 한가로움, 삶이 흐르는 느림의 시간을 즐긴다. 산 사랑에 행복해지니 '이 아니 좋은가!' 늘 걷는 산길이지만, 숲속 풍경은 언제나 싱그럽다.

산길을 걷다 보면 이마에 땀이 맺힌다. 때마침 불어주는 시원한 바람을 만난다. '그래 이거야' 산이 주는 참 맛이다. 바람이 살갗을 어떻게 건드리는지 잠시 눈을 감고 느껴본다. 살갑고 다정한 바람이다. 산바람 앞에서는 통풍이 잘되는 마음을 만난다. 이런 가슴으로만 살 수 있다면 얼마나 좋을까! 모든 관계의 신경망을 잊고 지금은 걸림 없는 바람처럼 자유를 즐긴다.

양쪽 산기슭 아래 넓은 평지에 수많은 메타세쿼이아가 군락을 이루고 있다. 중국이 원산지로 2~3월쯤 꽃이 피는 낙우송과다. 나무 높이가 35m까지 자란다고 한다. 이곳엔 곧게 뻗은 성목과 잔털벚꽃 나무가 어우러져 종일 시원한 그늘을 드리운다. 그 아래 큰 평상이 여러 개 있고, 비스듬히 누울 수도 앉을 수도 있는 의자, 그리고 넓은 데크에도 의자가 있다. 평상에 누우면 초록빛 하늘 그물이 넓고 넓다. 얼핏얼핏 하늘이 보이고 찰나에 따라 틈새 빛살이 잎새 사이로 부챗살처럼 눈부시게 빛난다. 키 작은 나무의 둥그스름한 잎새의 혈맥까지 선명하게 보인다. 거기에 초록 바람까지 불어오면 만사 다 잊고, 힐링(healing)이다.

숲이 주는 청신함 속에서 저절로 무장해제 된다. 어느새 초록 마음이 되어 좋은 느낌에 치유의 숲을 누린다. 영혼은 초록빛 생명의 빛깔로 채워져 밝고 맑은 기쁨과 에너지를 받는다.

이곳에서 고마운 선생님을 만났다. 요가와 기공으로 30년 체력 단련하신 장로님인데 매일 1시간 재능기부로 기체조를 가르치신다. 동작을 따라 하다 보면 몸속의 세포가 활성화되는 기분이다. 땀이 줄줄 흘러 운동 효과를 실감한다.

요즈음 사람들이 맨발 흙길 걷기를 즐긴다. 호기심에 동참하여 숲 속을 30분씩 걷는다. 황토 밟은 촉감도 좋고 지압 효과도 있다. 발을 씻는 수도시설까지 설치되어 편리하다. 불면증이었던 사람들은 흙길을 걸으니 숙면에 좋다고 한다. 암 치료에 효과를 보았다는 사람, 잔병치레에도 좋았다는 각자의 효과를 말한다. 그래서인지 맨발로 황토길 걷는 사람들이 부쩍 늘었다. 피톤치드를 내뿜는 숲속에서 심호흡하며 땅의 지기(地氣)를 받고 자연의 생기(生氣)를 받으니, 건강에 좋을 수 있겠다 생각한다.

나무들은 말이 없지만 바람에 살랑대는 잎새들은 춤으로 말하는 것 같다. '나를 즐기세요. 사랑하면 더 좋고요.' 무언의 교감 속에 감상하고 누리는 기쁨은 나의 선택이다. 숲이 나를 부른다. 그 속으로 저벅저벅 걸어 들어가 이 순간을 사는 건 나의 몫이다. '해야만 하는' 일보다 '하고 싶은' 것을 먼저 선택하는 편이다. 행복해지기 위해 단순하고 소박한 마음에 따를 뿐이다.

숲 사랑에 빠진 나를 향해 '그래, 네 진정한 본래의 모습은 이거야.' 진정한 교제를 통해 자아를 만난다. 마음만 정하면 갈 수 있는 숲 가까이 산다는 것도 축복이다.

오늘도 배낭을 메고 나를 만나러 간다. '초록 사랑'에 푹 빠진 요즘이다.

노래한다. 금수강산

- 延邊 朝鮮族自治洲와 間島

임봉훈

간도(間島)란? 연변(延邊)이란 어떤 곳일까!

폭염(暴炎)으로 시달리던 어느 날 귀를 기울이게 한다. 학술 탐방 위해 만주(滿洲)벌을 누비며 달리던 강산(江山)이 떠오른다. 삼강(三江)의 뱃노래가 정(情)겹게 들려온다.

(一) 天池의 銀거울에 하얀 맘 비껴 안고,
三江의 젖 줄기에 긴 세월 실었어라.
白頭의 그 전설을 이 땅에 이어가는,
情이 넘치고 인품 좋은 행복의 樂園일세

(二) 해맑은 정든 미소 天下벗들 반겨 맞고,
모두가 福 받은 곳 천혜의 고장일세.
세월을 주름잡아 새 生活 꽃 피우고,
선녀들도 부러워라 나들이 온다네.

後斂: 에헤 헤야 데 헤 헤야 예가 바로 내가 사는
예가 바로 내가 사는 내 고향 연변일세, 내 故鄕 延邊일세.

'내가 사는 연변(延邊)'이라는 노랫말이 머리에서 머뭇거리고 있다. '그 옛날 두만강 뱃놀이가 생각이 난다' 여보세요! 남한에서 오신손님! 남한 노래 들려 드릴까요? 뱃사공의 친절이다.

100여 미터 안 밖의 강폭을 두고 북한(北韓)사람. 연(延邊)사람 그리고 대한민국 사람(筆者)과 함께 즐기게 한다. 한겨레이니까! 10여 년 전에 있었던 세월의 자취이다. 나라는 달라도 갈망(渴望)하는 민족성은 동일하다는 것이다. 동이(東夷)의 후예(後裔)다운 금수강산(錦繡江山)의 노랫말이 흥겹고 즐겁게 들린다. 역사 속에 살아 흐르는 백의(白衣)민족예절의 바탕이요, 많은 세계 사람들이 부러워하는 매력이 아닐까?

동방(東方) 속담(俗談)에 먼 길 떠나와 외유(外遊)를 할 때 (까마귀) 까치를 만나면 정든 고향을 그리게 된다고 한다. 고토(故土) 만주(滿洲)땅에서 짧은 일정(日程)의 여장(旅裝)을 푼다. 2011년 7월 17일이었다. 한글과 한자(우리의 국자(國字)를 혼용하고 있는 연길(延吉市)의 아침이 밝아온다. 낯설지가 않는 것 같다. 10여 년 전(前) 역사스페셜 방송(放送)에서 간도(間島)는 국제법(國際法)상 우리 땅이라는 것을 암시하고 있었다. 간도의 의미를 살펴보기로 한다.

조선(朝鮮)은 청(淸)나라 요청에 따라 토문강(土門江)수원이 있는 해발(海拔) 2200미터 지점(地點)의 백두산 기슭에 정계비(定界碑)를 세우게 된다. 비석(碑石) 비문(碑文)에 청나라 오라총관(烏喇總管) 목극동(穆克登)과 조선군관(朝鮮軍官) 이희복(李羲復), 조태상(趙台相) 등 다수는 강희(康熙) 오십일(五十一)년 五월 十五일(西紀1712년)을 기점으로 하였다. 각석(刻石)에 서위 압록(西爲鴨綠), 동위토문(東爲土門) 하고 고어분수령(故於分水嶺), 상륵석위기(上勒石爲記)라 하였다. 풀이하면 '서편(西便)으로는 압록강이고 동편(東便)으로는 토문(土門)강으로 하고 그 분수령 위의 돌에 새겨 이를 기록한다'라고 하였다. 그러나 정계(定界)선을 두고 상반된 주장을 하게 된다. 국력이 쇠퇴(衰頹)한 조선(朝鮮)은 입회(入會)하지도 못하였고 일본(日本)은 청일간도(淸日間島) 협약(協約)으로 탄광채굴권을 약탈하고 만주(滿洲)협약으로 철도 부설권을 획득하게 된다. 우리 땅 간도(間島)는 도둑질을 당한 셈이다. 무능과 야만인(野蠻人)들이 남긴 슬픈 역사로서 언젠가는 복귀하리라.

용비어천가(龍飛御天歌)를 비롯하여 프랑스 등 국내외의 사료(史料)가 풍성하다. 정약용(丁若鏞)의 조선강역지(朝鮮疆域誌)에 토문(土門河)는 송화강의 상류(上流)로 표기하였고 규장각(奎章閣)의 백두산정계비도(定界碑圖)에 토문강원(土門江源)은 송화(松花)강이라고 하였다. 일본정부(日本政府)도 간도협약(間島協約) 전까지는 간도는 조선영토(朝鮮領土)라고 주장(主張)하였다. 정계비에 명각(銘刻)되고 있듯이 토문(土門. 土門江. 土門河)강은 송화(松花)강 상류에 흐르는 오도 백하(五道白河)를 이름이다. 두만(頭滿)강의 북쪽에 있고 수원(水原)이 다른데도 청국(淸國)은 간도를 인정하지 않고서 두만강을 주장해 왔다. 이후 淸日야합(野合)은 국경(國境)이 아닌 현재의 한반도(韓半島)국경으로 되었다. '間島'는 우리 땅이다. 일제강점(日帝强占)기가 다가오고 있을 때 나라를 지키지 못한 조선(朝鮮)이다. '五千年史의' 폐륜폐족(廢倫廢族)의 수치(羞恥)이다. 오늘날 우리는 음흉한 동북공정(東北工程)을 반드시 극복해야 한다. 강한 국력이 있어야 나라를 수호(守護)할 수 있다. 간절한 바람이다. 와같이 연변조선(韓民族)사람들의 독실(篤實)한 민족적(民族的) 역사관과 노래처럼 아름다운 고토(古土)를 그려본다.

가벼운 마음으로 송강(松江)진 화룡(和龍市), 용정(龍井市)을 탐문탐방하고 우리의 문자(文字)와 민족혼(民族魂)이 살아있는 선열(先烈)들의 발자취를 더듬었다. 어렴풋한 옛 생각에 잠기는 연길(延吉)의 하루 밤이었다. 엷은 아침안개는 새벽을 알리고 화려하게 꾸며진 세기주점(世紀酒店: 호텔)은 넓고 시원하게 뚫린 거리에 우뚝 서있고 간판(看板)은 한글과 한자가 공존(共存)하여 낯설지 않다. 잘못된 국내(國內) 풍경(風景)이 떠오른다. 고유한 오천년 전통문화(傳統文化)와 역사를 무시하고 어설픈 영문간판(英文看板)과 심지어 주소(住所)인 부락명(部洛名)까지 바꾸어 놓고 있다. 요사이 지상(紙上)의 명문에 '法 카'라는 말처럼 이해할 수 없는 외래(外來) 잡어(雜語)를 자랑삼아 쓰고 있는 것 같다. 부끄럽다. 주체성(主體性)없는 일부 한국거리와 비교가 되는 고토(故土)이다. 간도(間島)였고 중심지 연변(延邊)이다.

연변하면 연변종합대학을 비껴갈 수가 없다. 중국 50여 개의 소수민족 가운데 민족적(民族的) 교육을 위한 대학설립(設立)은 연변대학(延邊大學)이 맨 첫 번째라고 한다. 다양한 교육시설과 교육열은 전통문화를 계승하기 위함이고, 나라와 조상을 기리는 예절은 타민족은 따를 수가 없다고 한다. 족보문화를 계승하고 있다고도 한다. 잊어서는 아니 될 마을, 北方 연변의 명동촌(明東村)과 연해주(沿海洲)의 신한촌(新韓村)이 있다. 光復을 위하여 목숨을 초개(草芥)같이 버렸고, 배달의 굳센 교육열(敎育熱)은 '延邊自治洲(연변자치주)' 연해주라는 풍성(豊盛)한 교육적 의미(意味)와 전통문화(傳統文化)를 지켜왔고 펼쳐온 동족이다. 한글과 한자인 '國字文字' 문화의 고귀한 예절을 지키며 대자연의 철학(哲學)과 함께 살아가는 민족임을 자찬(自讚)하게 한다.

아름답고 줄기찬 三江의 압록강(鴨綠江)과 송화강(松花江), 두만강(頭

滿江)이 흐르고, 모란강(牡丹江) 흑용강(黑龍江)이 둘러싸고 있는 연변 조선족 자치주(延邊朝鮮族 自治州)이다. 백두산 천지(天池)와 동북으로 장백산맥(長白山脈)이 뻗어있고 그곳에 낯설지 않는 도시이름이 떠오른다. 화룡(和龍), 용정(龍井), 무송(撫松), 돈화(敦化), 길림(吉林), 모란(牡丹), 왕청(汪淸), 혼춘(琿春), 도문(圖們), 연길(延吉) 등은 왜병(倭兵)과 싸운 광복(光復)군 독립운동(獨立運動)의 근거지였다. 우리글과 문화와 풍습(風習)이 살아있을 뿐 아니라 신시(神市) 이래 근세사(近世史)에 이르기까지 떼어낼 수 없는 애환(哀歡)의 땅이다.

고속도의 이정표(里程標) 및 국가의 공공기관(公共機關), 일반 간판에 이르기까지 윗줄에 한글 아랫줄에 한문(漢文)을 쓰고 있다. 원조 감자탕, 보신탕, 갈비탕 등이 벽면을 장식하여 있고, 길림성 도문 경제 개발구(吉林省圖們經濟開發區), 연변 농촌 합작은행 도문지행(延邊農村合作銀行圖們支行)이라고 한글간판을 병용하고 있다. 광고 선전을 위한 안내간판에는 상유장백산, 하유도문강(上有長白山, 下有圖們江) 즉 '바라보면 장백산 돌아보면 두만강'이라고 한글로서 설명하였고 수시생명지원(水是生命之源), 진석수자원(珍惜水資源) 즉 '물은 생명의 원천, 물 자원을 아끼자'라고 한글로 국민들을 계몽(啓蒙)하고 있다. 뿐 아니라 중국 두만강 문화관광 축제 2011(中國 圖們江 文化旅游 慶典)로 표기(標記)한 간판을 보노라면 지난 세월 우리나라의 모습을 연상하게하고 미래를 다짐하게 한다.

세계 10위권 경제대국(經濟大國)과 교육열(敎育熱) 한강기적(漢江奇蹟)에 놀라는 세계인들이다. 연변 동족(同族)처럼 지켜온 우리문화를 되새기지 않을 수 없다. 특히 정치지도자들은 역사적 훈계(訓戒)를 거울삼아야하고 국자(國字)를 지켜야한다. 내일을 위하여 어문 문자정책(語

文 文字政策)을 늦기 전에 바르게 세워야 한다고 생각한다. 한자교육(漢字教育)의 법적(法的)장치가 마련되어야함이 시급하다. 거리의 간판 풍경들이, 급선무임을 일러주고 깨닫게 하고 있음이다.

사계절(四季節)이 뚜렷한 자랑스러운 나라이다. 때맞추어 한국 한시협회(漢詩協會)는 시제(詩題)를 삼복염천(三伏炎天)이라 하고 운(韻)을 '乾(하늘 건). 蟬(매미선). 仙(신선선). 連(잇닿을 연). 眠(잠잘 면)'으로 즐기게 한다. 삼강(三江)을 새기면서 폭염 속 7, 8월의 삼복염천을 다음과 같이 칠언율시(七言律詩)에 담아 금수강산(錦繡江山)을 노래하고 음영(吟詠)한다

삼복(三伏)염천(炎天)　　　　지은이 任奉壎(임봉훈)

金氣伏藏炎夏乾 三伏은 金氣伏藏 이러니 천지가 여름 불볕더위라,
금기 복 장 염하 건 삼복 금기 복 장

筆耕避暑共鳴蟬 필경으로 무더위 피하고 매미울음과 함께 하리다.
필경 피서 공명 선

誘人八節謠言弄 사람을 誘惑하는 季節은 世上風說을 희롱하는데,
유 인 팔절 요언 농 유혹 계절 세상 풍설

騷客千思浪迹仙 千思萬考의 騷客이면 長生不死의 浪迹 하리다.
소객 천 사 랑 적 선 천 사 만 고 소객 장생 불사 랑 적

間島延邊歸燕苾 간도 延邊골에 江南갔던 제비오가며 향기 피우듯,
간 도 연 변 귀연 필 연 변 강남

廣洲檀國以爲連 광야와 大陸의 배달나라는 함께하며 連合하리다.
광 주 단국 이 위 연 대륙 연 합

蜃樓水月三江詠 空中樓閣의 流水같은 세월에 三江은 노래 부르고,
신루 수월 삼강 영 공중 루 각 유수 삼강

土着遺風萬世眠 土着민족 끼친 風俗은 만세토록 起居眠食 하리다.
토착 유풍 만세 면 토 착 풍속 기거 면식

註: 金氣伏藏(쇠 금. 기운 기. 엎드릴 복)~가을의 기운인 쇠(金)가 여름의 氣運인 불을 무서워하여 엎드려 숨는다는 뜻. 乾~하늘 건(天地). 八節~일 년 중 기후가 변하는 여덟 절기. 여름은 立夏(입하) 夏至(하지). 季節(계절)을 뜻함. 謠言(요언)~세상의 風說(풍설). 千思(千思萬考)~여러 가지로 생각함. 곰곰이 생각함. 仙(선)~神仙 선(長生不死). 蜃樓(신루)~蜃氣樓(신기루). 三江(삼강)~백두산 天池(천지)를 중심으로 하고 흐르는 강. 西間島(서간도)에는 압록강. 東間島에는 두만강. 북간도에는 송화강(松花江).

임진강 나루터

박정숙

임진각 망배단(望拜壇) 뒤 녹슬은 철조망 잡고서서 도도히 흐르는 임진강 물을 보고 있자니 지난날의 옛 사연들이 생각 나 가슴 시리도록 회상되고 있다. 파주 월롱에 고향을 둔 친구가 있다. 그 친구와는 이십대 초 청춘에 만나 백발이 성성한 오늘에까지 정과 교분을 쌓아 오고 있다.

아주 오래전의 일이다만 친구 집을 처음 방문 때 서울역에서 문산 가는 경의선 열차를 타게 되었다. 경의선이라 하여 그저 막연한 생각에 서울에서 평양 신의주를 오가는 철도라 무척 붐비겠다 여겼는데 웬걸 서울역 개찰구에서부터 한산하고 쓸쓸하다는 감을 주었던 것으로 생각된다. 지금은 아니지만 그때엔 서울역 대합실 한쪽 귀퉁이 한산한 곳에 경의선 출구가 있어 몇 안 되는 승객들 따라 들어가니 객차 두어 칸 매단 기차가 플랫폼에서 을씨년스럽게 경의선 떠난다는 기적 울리며 가고 있었다.

봄여름 가을 겨울 시도 때도 없이 친구 집 찾는 것은 우리 집 가는 것처럼 좋았다. 그래서 난 천리 먼 곳에 있는 집이 그리울 땐 곧잘 파주 월롱에 있는 친구 집을 찾아갔다. 친구 부모님도 우리 부모와 같아 친구가 출타해 있든 없든 찾아가 내 집처럼 뒹굴고 뛰놀며 한껏 고향 그리운 마음 달래고 왔었다. 어느 가을날이라고 생각된다. 금촌역에 내리니 어스름 초저녁이다. 타관 길 설다않고 산비탈 오솔길 걸어 친구 집에 들어가자 막 저녁상 물린 어머니께서 잘 왔다 반기는데 아버님께서는 늦은 저녁 겁 없이 혼자 다닌다며 밤길 다니지 말라 자식처럼 타이르시고 저녁밥 챙겨주라 하셨다.

그날 저녁 친구와 아래채, 사랑방에서 밤늦도록 막걸리잔 기울이며 오순도순 이야기 중 잠이 들고 이튿날 아침이다. 대문 밖에서 떠드는 마을 사람들의 시끌벅적한 소리에 단잠 깨 일어나니 벌써 논밭 일 나갈 준비들로 한창이다. 아침상 차려놓았으니 먹고 놀라지만 밥숟갈 놓기 바쁘게 우린 밀짚모자 눌러쓰고 들판으로 나갔다. 파주 너른 들 샛노랗게 물들어가는 오곡백과가 소슬한 가을바람에 상큼한 햇 기운을 안겨주고 있었다.

널찍한 고구마 밭, 밭이랑 일궈 고구마를 캐는 날이다. 밭에 널려 있는 고구마를 가마니마다 채워 넣고 친구와 둘이서 등짐지어 나르기에 바빴다. 그러는 우리를 보고 애들 힘 드는데 샛거리라도 챙기지 않고 뭐하느냐 소리치시는 아버님 쪽을 바라보니 밭가 너른 바위언덕에 어머님이 계셨다. 바위에 앉아 들판멀리 임진강 너머 푸른 산을 물끄러미 보고 계시는 옆 다가가자, "저기 먼 산 보이지? 임진강 건너 장단이라는 곳인데 내가 나 자란 곳이란다. 지금은 길이 막혀 가지 못하는 곳이지." 탄(歎)하셨다.

친구가 말하기를 어머님께서는 가지 못하는 고향 그리워 간혹 저 산 바라보시며 한숨짓는다 한다. 그 산자락을 쳐다보는데 그보다 더 멀리 구름 속 가려 아른거리는 높은 산이 보였다.

"저 구름 속에 떠있는 산은 어딘가요?"

"음, 거기는 개성 송악산이야."

장단 개성, 임진강 독갯다리 건너 한 걸음에 오고갔건만 빤히 보고도 가지 못하고 오지 못하는 마음이야 오죽했으랴. 오늘 이곳에 와 녹 슬은 철조망 잡고서서 도도히 흐르는 강물을 보고 있자니 장단이 고향이라며 물끄러미 임진강 건너 구름에 쌓인 저 산 바라보고 계시던 내 친구 어머님 옛 모습이 눈앞 선하게 떠오른다. 그리고 훤히 뚫린 임진강 다리건너 고향 가시는 백발노구(白髮老軀)의 환한 모습이 환영(幻影)되어 보이는데 언제나 환영 아닌 현실로 다가오려는지?

맨몸뚱이로 내쫓았어

임 병 미

"너희들을 맨몸뚱이로 내쫓았어."

돌아가신 시어머님께서 우리에게 자주 하던 말씀이었다. 남편과 나는 4년 만남 끝에 결혼하고자 할 때 자금이 여의치 않아 대출을 받았다. 남편은 탄탄한 직장에 다녔지만 시댁 형편상 돈을 모을 처지가 안됐기 때문이다. 그런 상황을 잘 아는 시어머님이었기에 뭐라도 해주고 싶었지만 마음뿐이셨다. 시부모님도 조실부모하셨기에 아버님 큰형 집에 얹혀살다 분가할 때 기본적인 그릇과 숟가락 두 개씩만 갖고 나왔다 하셨다. 그런 상황이 얼마나 힘든지 아시기에 빚으로 시작하는 셋째 아들을 안쓰럽다 하셨지만 우리는 늘 걱정하시지 말라고 했다.

신혼 초, 다행히 회사 사택에 들어갈 수 있어서 주거에 대한 부담이 덜어지자 적금을 부어 대출금을 갚고 전세금도 모았다. 사택을 나와 전세살이 때 남편은 내가 행여 집 없는 설움을 당할까 걱정했다. 한번은 전세기한이 끝나지도 않았는데 주인이 느닷없이 집을 팔아야 하니 이사 갈 준비를 하라고 했다. 퇴근 후 그 말을 들은 남편은 그 길로 나가 서너 시간 후에 돌아왔다. 그다음 날 집주인이 전세기한까지 걱정하지 말고 살아도 된다며 어제 일을 사과했다. 남편이 집주인에게 가서 한바탕 난리를 치고 왔다는 걸 뒤늦게 알았다. 그렇게 서로 위해주는 사랑과 성실함으로 열심히 살았다. 다행히 큰 무리 없이 서너 번의 이사 끝에 우리 집도 마련했다. 뒤돌아보면, 풍족하게 누리고 살지는 못했지만 힘든 일이 그리 많지는 않았다.

세 살 터울로 아들 둘이 태어났고 장성하여 사회생활을 시작했다. 둘째는 대학교 오리엔테이션에서 만난 8년 차 여자친구가 있었고 둘 다 직장을 잡자 형을 제치고 결혼하겠다고 했다. 이유는 둘이 만나서 데이트하는 비용이 너무 아까우니 차라리 결혼하여 경제적으로 안정되는 것이 낫다는 것이다. 예상치 못한 일이었지만 두 아이의 생각과 계획이 조리 있고, 긴 연애 끝에 헤어지면 답이 없다는 큰아이의 의견도 있어 허락했다. 얼마 후 큰아이 또한 직장에서 만난 여자친구와 3년여를 사귀다가 결혼하게 되었다.

결혼하는 것은 문제없는데 살림집을 어찌 장만해야 할지 걱정부터 앞섰다. 세간에 '딸 둘이면 금메달, 딸 아들 각각 한 명씩이면 은메달, 아들 둘이면 목메달'이라는 소리가 우습게 들리지 않았다. 주변에 아들을 둔 친구들이 결혼시킬 때 집을 사줘야 한다. 최소한 전세금 정도라도 마련해 주어야 한다고 한숨을 짓던 일이 코앞으로 다가왔다. '대학교까지 공부시키고 자기 밥벌이하게 키웠으면 됐지, 뭐가 더 필요해'라는 말은 이성적으로 맞지만, 엄마 마음에는 맞지 않아 밤잠을 설치는 날이 많아졌다. 이제야 시어머님이 하시던 말씀의 참뜻을 알게 되었다.

전혀 예상치 못한 상황에서 나를 돌아보게 되었다. 나름, 열심히 살아왔다고 자부했는데 이제 와보니 남들 다하는 재테크도 하나 못하고 경제계획도 제대로 세워놓지 못했으니 정말 한심했다. 그동안 아이들을 위한 일은 아무것도 아닌 것이 되어버리고 현 상황이 나를 힘들게 했다. 아이들이 새 출발 하는데 힘들지 않도록 여러 가지 면에서 지원해주는 것이 부모의 도리가 아닐까, 라는 생각이 머리를 떠나지 않았다.

고민을 알아챘음인지, 아들들은 친구 중에 대학교 학자금 대출을 받아서 직장생활 시작하자마자 그 돈을 갚느라 힘든데 그런 걱정 안 하게 해주셔서 감사하다고 했다. 해서, 이율이 무척 싼 '생애 첫 대출'을 받을 수 있고, 자신들의 신용만으로 또 다른 대출이 용이하다 했다. 큰아이 역시 그동안 자신이 적금 들어 놓은 것이 있고, 결혼할 여자친구와 함께 집을 구할 것이라고 했다. 엄마 마음을 헤아려주는 속 깊은 의젓함에도 나는 마음이 아팠다.

지금, 두 아이 모두 제집을 마련하여 잘 지내고 있다. 우리가 잘살아왔듯이 아들들도 잘살아갈 것이다. 시어머님께서 하신 말씀처럼 우리 아이들 '맨몸뚱아리로 내쫓은 것 맞아!'라고 중얼거리지만 말이다.

3.

그럼 됐다

안산 가는 길

홍만식

태풍 카눈이 서울을 할퀴고 갈 것이라는 일기예보와 달리 태풍 세력이 약화되어 큰 피해 없이 지나갔다. 하지만 영동지방에 물폭탄이 쏟아져 농작물 피해가 발생했다는 소식을 듣고 고향 생각이 났다. 최근 전 세계 곳곳에서 폭염이 기승을 부리고 대형 화재가 발생해 인간의 환경 파괴에 따른 혹독한 대가를 치르고 있는 것 같다.

오늘은 경기도 안산에서 자원봉사활동을 하는 날이다. 지난 7월부터 안산 캄보디아문화원에서 캄보디아 산업근로자를 대상으로 매주 일요일, 한국어와 한국 문화를 가르치고 있다. 늘벗근린공원을 통과하여 지하철 도곡역으로 걸어갈 때 매미소리가 요란했다. 며칠 전에는 매미소리가 약하게 들렸지만 오늘은 완전히 달랐다. 카눈 태풍이 완전히 사그라졌다는 사실을 확인하고 게다가 여름 기운이 사라진다는 처서가 며칠밖에 남지 않았기에 매미가 죽을힘을 다해 우는 것이라고 생각한다. 산책로 바닥에 이미 죽은 매미들이 눈에 띄었는데 짝짓기를 하고 죽었는지 궁금하기도 하다.

사당역에서 4호선을 환승해 안산으로 향했다. 과천을 통과할 때쯤 맞은편에 앉은 70대 중반의 할머니가 지하철 에어컨 때문에 추워서 힘들어하는 모습이 눈에 보였다. 저 할머니를 도와야 한다는 생각이 불현듯 뇌리를 스쳤다. 나는 지금 코리아드림을 꿈꾸는 캄보디아 산업근로자들에게 생존능력을 키워주기 위해 한국어와 한국문화를 가르치는 봉사활동을 위해 안산으로 가는 것이 아닌가? 그런데 바로 내 곁에서 할머니가 추위에 떨면서 얼굴이 사색인데 모른척하는 것은 옳지 않다고 판단했다.

내가 입었던 재킷을 슬며시 벗은 다음 맞은편 할머니 옆자리로 이동했다. 그리고 작은 목소리로 "지하철이 너무 춥네요. 이 옷을 덮으시면 추위를 견딜만할 겁니다."라고 말했더니 할머니가 반가운 표정을 짓고 "고맙습니다!"라고 대답했다. 약 30분이 지나자 할머니 얼굴에 화색이 돌고 내가 중앙역에서 내릴 때 옷을 돌려주며 정중하게 "정말로 감사합니다!"라고 허리를 굽혀 인사를 했다. 사회봉사 활동이란 남을 돕기 위해 나 스스로 희생하는 활동이다. 심리학으로 말하자면 인간의 욕구 중 최상위에 있는 자아실현의 단계라고 할 수 있다. 사회봉사활동의 시작은 거창한 것이 아니라 부드러운 눈빛, 상냥한 미소, 그리고 따뜻한 말 한마디라고 한다.

안산 중앙역에서 캄보디아문화원을 향해 걸어갈 때 15년 전, 가족과 함께 캄보디아를 여행한 추억을 떠올려 보았다. 인구 1700만 캄보디아는 관광지 앙코르 와트와 공산주의 독재자 폴포트 정권이 저지른 킬링필드로 알려진 나라로 1인당 GDP는 1,900불 정도에 불과하다. 그 나라 출신으로 한국 내 상주하는 사람은 45,000명에 달하고, 현재 안산지역에는 약 800명의 캄보디아 산업근로자가 상주하고 있다.

중세기 크메르 제국은 인도차이나 반도 뿐만 아니라 지금의 태국과 미얀마의 일부까지도 복속시킬 만큼 영토가 넓고 힘이 강한 나라였다. 이 시기에 건설된 앙코르 와트 사원은 힌두교 사원으로 건립되었으나 나중에 불교 사원으로 사용했다. 앙코르 와트는 지금도 세계에서 수많은 관광객이 찾아올 정도로 유명한 곳이다. 뛰어난 건축 기술과 높은 예술적 가치를 인정받아 유네스코는 세계문화유산으로 지정했다.

아름다운 앙코르 와트를 둘러보고 근처에 있는 돈레샤프 호수로 갔었다. 푸른 바다와 같은 풍경이 너무 인상적이었다. 유람선을 호수에 띄워 놓고 경치를 감상하는데 큰 대야를 타고 바나나를 팔기 위해 7살 정도 어린 아이들이 달려들었다. 지금도 그 아이들의 눈망울이 눈에 선하다. 돈레샤프 호수 주변에는 수상 마을이 있다. 배로 학교에 가는 학생들의 모습이 보이고 배에서 생활용품을 파는 주민도 볼 수 있었다.

지난 7월 초 코이카 해외봉사단원으로 스리랑카에서 2년간 봉사활동을 했던 친구를 집 부근 카페에서 만났다. 그 친구는 현재 캄보디아 문화원에서 중급 한국어를 무료로 가르치는데 나에게 초급 한국어를 가르칠 수 있는지 물어보았다. 나는 그 말을 듣는 순간 돈레샤프에서 바나나를 팔던 어린이들의 초롱초롱한 눈망울이 생각나 흔쾌히 승낙했다. 지금 그 아이들의 나이는 20대 초반의 청년이 되었을 것이라고 짐작한다 .

캄보디아 근로자를 만난 지 약 2개월이 시간이 흘렀다. 이제는 수강생 20명의 이름과 나이 그리고 그들의 사생활도 내 귀에 들어온다. 아무리 한국이 선진국 대열에 올라섰다 하더라도 외국인 근로자의 고충을 완전히 사라지게 할 수는 없다. 하지만 국가는 외국 근로자들이 인간으로서 기본적으로 존엄을 지키며 살아갈 수 있게 지원을 해주는 것이 책무라고 본다. 인종이나 가난에 대한 편견과 고정관념은 사라져야 한다. 빈부차가 극심한 나라일수록 이런 인식의 정도는 더 심하게 나타난다. 지난해 11월 기준, 국내 거주 외국인은 175만 2000명으로 전체 인구의 3.4%이다. 앞으로 이 비율이 빠르게 커질 수밖에 없다. 한국인 인구는 작년 처음으로 5000만 명 밑으로 떨어졌으며 사회 곳곳에서 일할 사람이 없다고 난리다.

캄보디아 친구들과 한국어와 한국문화를 이야기하면 시간이 빠르게 지나간다. 오늘은 아내가 직접 만든 한국의 전통 과자, 매작과를 캄보디아 산업근로자들에게 선물로 나눠주었다. 호기심 있는 표정으로 그 과자를 맛보는 그들의 모습에서 착한 속마음을 읽을 수 있었다. 수업을 마치고 안산 중앙역에서 근로자들과 헤어질 때 한국에 온 지 일년 반 남짓한 '릿'이 나를 보고 "선생님 요즘 칼부림 조심하세요!"라고 말했다. 그 말이 고맙기도 하지만 한국이 처한 현실이 외국인 산업근로자에게도 걱정으로 비쳐 씁쓸한 기분이 들었다.

저녁 무렵, 집에 도착하자 아내는 매미보다 노래를 잘 못 부르는 나를 반갑게 맞아주고 더위에 빠진 기(氣)를 보충해 주는 삼계탕을 준비했다. 저녁을 먹을 때 양재천 매미소리가 여전히 요란했다.

그럼 됐다

한정희

계묘년 첫새벽, 떡하니 배달 된 선물 보따리. 더러 건너뛰어도 좋으련만 해마다 꼬박꼬박 챙긴다. 받는 이의 입장을 눈곱만치도 배려 없이 극히 일방적이다. 그것을 보낸 이가 누구인지 어이 생겨먹었는지 그림자도 얼씬 않는다. 어찌나 냉철한지 남녀노소 막론하고 공평하게 떠맡긴다. 아무 데도 쓸모없지만 울며 겨자 먹기로 받아야 하는, 그러지 않고 배겨나지 못한다. 게다가 선물이라곤 형체도 없고 무색무취다. 그것이 성에 차지 않는다 하여 임의로 처분할 수도 없다. 문제는, 그것이 쌓일수록 젊음이 시나브로 스러진다는 매우 불편한 진실이다. 그러구러 이 상당한 세월을 어쩌누.

요즈음 '중꺾마'라는 낱말을 자주 듣는다. '중요한 것은 꺾이지 않는 마음'의 줄인 말이란다. 지난해 월드컵 경기(2022년 카타르)에서 우리 대표 팀이 어렵게 16강에 진출하게 되자 한 선수가 외쳤다고 한다. 진작 이 말이 돌았다는 풍문이지만 근래 최고의 신조어인 모양이다. 술자리서도 곧잘 건배사로 오르내린다고 한다. 모 일간지도 각 전문 분야에서 중꺾마 정신으로 이 사회를 빛낸, 큰 성과를 낸 주역들을 대서특필로 보도했다. 그런가 하면 연모하던 두 연인이(드라마 주인공)

부득이 이별을 고하고는, 중꺾마를 잊지 말라고 서로를 당부한다.

새해 벽두에 유독 세 음절에 꽂힌 이유가 뭘까. 그 말에 머리를 끄덕이면서도 마음 한구석이 허전하다. 과연 내게도 해당이 되는 것인지. 나이 70줄에 들어서면 70㎞로 달린다더니 빈말 아니다. 부쩍 세월이 화살 같다는 느낌이다. 어릴 적엔 하루 빨리 나이 들고 싶었더랬다. 밥벌이로 내 수중에 돈을 쥐면 맘껏 영화도 보고 만화책도 실컷 빌려보리라 벼르고 별렀다. 그것이 최상의 소원이었다. 고작 그 꿈을 이루기 위해 어른이 되길 고대하다니. 아마 철이 덜 들었거나 늦된 모양이었다. 아무튼 나이가 차면 무엇이든 내 마음대로 할 수 있으리라 믿었다. 그런데, 정작 어른이 되고 보니 웬걸.

감히 세월 이기는 장사 있을까마는 점점 모든 기능이 쇠해간다. 감정조절이 잘 안되고 자존감도 자꾸 떨어진다. 별일 아니련만 서운하고 야속하다. 때로 나만 따돌림 당하는 듯한 소외감도 없지 않다. 더더욱 젊은이와의 소통이 어렵고 그 틈에 끼어들기가 매우 조심스럽다. 게다가 청춘을 소재로 한 드라마는 신조어나 줄인 말이 많아 이해가 더디다. 젊은이를 겨냥한 상품광고는 말해 뭣하랴. 나이가 들면 절로 성품이 고상하다 칭송이 자자할 줄 알았다. 그런데 느느니 잔소리요 내 고집만 부리다 꼰대를 자초하고 만다. 뿐인가 무관한 일에 발끈하여 외려 내가 더 삐쭉한 경우도 벌어진다. 나이는 숫자일 뿐이라던데, 글쎄?

나이 지긋한 어느 여배우의 수상소감을 옮겨본다. "대단하지 않은 하루가 지나고 또 별거 아닌 하루가 온다 해도 인생은 살 가치가 있습니다. 후회만 가득한 과거와 불안하기만 한 미래 때문에 지금을 망치지 마세요. 오늘을 살아가세요. 눈이 부시게. 당신은 그럴 자격이

있습니다." (배우 김혜자의 백상예술대상 소감 중 일부)

그런가하면 "나이가 드니 마음 놓고 고무줄 바지를 입을 수 있는 것처럼 나 편할 대로 헐렁하게 살 수 있어서 좋다"던, 어느 유명 여류작가의 말이다. 그에 절대 공감을 하면서도 애틋한 여운이 쉬 가시지 않는다.

인생의 성공 여부를 객관적으로 셈할 수 없지만, 누구나 최선을 다했다면 여생을 눈이 부시게 누릴 자격 충분하다는 생각이다. 결코 나이가 자랑은 아닐진대, 나이 듦은 곧 나름 겨를 없이 살아낸 삶의 증표요 발자취 아닐는지. 게다가 헐렁한 고무줄 바지를 입는다 하여 노년의 삶을 포기하거나 염치를 팽개친 게 아니다. 분명 여유롭다는 것은 세월을 부지런히 살아낸 덕분이요 연륜의 대가라고 믿고 싶다. 장담하건대 나이는 결코 거저먹은 게 아니라는 게다. 누가 뭐래도 노년의 꿈 중 으뜸은 자유와 여유를 맘껏 누리는 것이리라. 하여 애먼 나이를 도마 위에 올리지 말지어다. 햇살 화사한 봄날, 한들한들 재래시장에 들러 꽃무늬 몸빼 바지 두엇 장만하리라.

새해 벽두에 이런저런 단상에 들었다. 나이 한 살 더 늘어 괜한 심술이다. 새삼스러운 일도 아니련만 까닭 모를 연민이다. 서릿발 같은 세월과 맞설 수 없음은 삼척동자도 알거늘. 다행히 올해부터 나이를 만으로 따져 무려 한두 살 줄어든다지 않는가. 하마터면 나이 타령만 하다가 그나마 여생을 탕진할 뻔했다. 절실한 하루하루 잘 건사하고, 무슨 일이든 지레 겁먹지 말자. 해가 갈수록 사그라지는 심신 알맞추어르고 보듬어, 안분지족에 들기를 간절히 소망한다. 아무려나, 나는 지금 늙는 게 아니라 익어가는 중이다.

'그럼 됐다.'

손님

조성예

"이리오세요. 그거 버리세요." 사건 현장에 출동한 경찰이 마주친 범인에게 한 말이다. '신림동 묻지마 칼부림 사건'을 저지른 청년치고는 물리력 충돌 없이 순순히 경찰 말에 따랐다. 남들도 불행하게 만들고 싶어서 칼을 휘둘렀고 살기 힘들어 범행을 저질렀단다. 증오를 품고 무고한 인명 살상을 한 청년의 누적된 불만과 분노가 표출된 사건이다. 잊고 살았던 30여 년 전 다가구 주택에서의 일이 생각났다.

이종 시아주버님과 형님이 오셔서 이른 저녁을 드시고 가셨는데 조금 후에 벨이 울렸다, '무엇을 두고 가셨나' 문을 먼저 열었다. 처음 보는 청년이 검은 봉지와 주소를 들고 얼마 전에 이사 온 누나 집을 찾는다고 했다. 동쪽 2층인데 직장에서 퇴근 전이니 들어와서 기다리라 했다. '누나가 선하고 예쁘장한데 동생도 그렇다'고 웃었다. 마침 가족이 먹을 상을 차리고 있어서 식사를 권했다.

안방에서 먹으라 하고 난 거실에서 TV를 보고 있었다. 잘 먹었다며 외투를 입는 청년의 옷 안주머니에 신문으로 싼 게 살짝 보였다. 나는 묵주 팔찌를 주며 한 알 한 알 돌리며 소원을 빌면 이루어진다고 손목에 차고 다니라고 주었다. 고맙다며 허리를 숙이고 계단을 내려갔다. 청년을 보내고, 검은 봉지를 들고 온 생각이 나서 슬쩍 보니 가루비누였다. 계단을 뛰어 내려가 건네려고 하니 아줌마 쓰라고 한다. 하지만 누나 갖다 주라고 손에 쥐어 주었다.

이튿날 아침 술국을 끓이려고 마트에 가는데 전봇대 뒤에 어제 내가 본 검은 봉지의 가루비누와 풀어진 신문과 함께 날씬하고 뾰족한 칼이 보였다. 그때부터 다리가 후들거렸다. 간신히 아침을 해서 남편을 출근시키고 새댁한테 갔다. 새댁은 나를 보더니 잔금은 어제 송금 했다고 의아해했다. 어제 찾아온 남동생 이야기를 하니 여동생뿐이란다.

쇠망치로 맞은 듯 머리카락은 쭈뼛거리고 온몸이 떨리며 불덩이처럼 뜨거워져 어떻게 집에 왔는지 모르고 거실에 쓰러졌다. 그대로 눈을 감고 움직일 수 없었다. 얼마나 지났을까 새댁이 이사 온 날을 곰곰이 생각했다. 세제를 사다주자 새댁이 "말일 날 잔금 드릴게요."라는 말에 알았다며 계단을 내려오는데 검은 모자를 쓴 청년이 나를 힐끔 힐끔 쳐다본 기억이 났다. 이거였구나, 어제가 그 말일인데….

하루 종일 누워서 밥을 먹을 수도 걸을 수도 없었다. 이튿날 마트에 가는 길에 보니 전봇대 아래 있던 물건이 동네 평상에 펼쳐져 있었다. 그 평상에 둘러앉은 할머니들이 수군거리는 말을 들었다. 예로부터 칼은 줍는 게 아니라는데 이걸 가져가도 될까, 액땜으로도 칼을 버린다는데 그런 것일까 싶어 의견이 분분했다. 신문지를 풀어 놓은 칼을 보니 다시 다리가 떨려서 걸음을 재촉하며 계단을 오르다 넘어졌다.

세월이 흘러 우리는 이사를 하고 얼마 후 다가구 주택으로 우편물을 가지러 갔더니 세입자가 어떤 아저씨가 나를 찾아왔다고 한다. 검은 봉지를 들고 예쁘장하다고 하니 그 청년일까 싶었다. 그날은 돈이 급해 어떤 나쁜 마음을 먹었을까. 혹시 부모님 병원비가 필요했던 것은 아닐까, 아니면 또 다른 절박한 이유가 있지 않았을까. 그때 내게 마음을 열어줬더라면 도와주었을 것이다. 그 날카로운 물건을 버리고 갔으니 다시는 잡지 않았을 것이다. 그 청년이 훌륭하게 되었으리라 믿고 묵주알을 돌린다.

'신림동 묻지마 사건' 범인은 마지막으로 할머니를 뵈러 갔다고 한다. "너 그렇게 살지 마라" 위로 받고 싶었던 마음에 그 말이 얼마나 상처가 되었을까. 포근히 사랑스럽게 보듬어 주었으면, '우리 손자 할머니가 밥 해줄게.' 하며 따뜻한 밥상을 차려주고 손을 잡아줬더라면 칼을 버리지 않았을까. 가슴이 아프다.

익은 바람만 불어라

하수옥

봄에는 벚나무의 꽃비가 내리고 가을에는 은행나무의 황금빛 잎 비가 내린다. 물안개가 피어오르는 문광 저수지는 온통 황금빛 세상이다. 빛이 스며든 은행나무에는 황금 동전이 매달려 있다. 바람이 어디에서 해찰을 떨다 이른 아침에 불어와 황금빛 잎을 떨군다. 공기는 사이다처럼 청량감이 있고 방금 깎은 연필 냄새도 난다. 이런 느낌을 맹자의 평단지기(平旦之氣. 이른 새벽에 얻는 맑고 신선한 기운)이라고 하는 걸까. 잔뜩 주눅이 든 마음으로 홀로 가을 속에 서 있다. 황금빛 잎이 부르르 떨며 물속으로 떨어지니 저수지 물속도 황금빛으로 춤을 춘다.

가을이 깊게 여물었다. 저 멀리서 황금색 부챗살 모양의 은행잎이 떨어지니 잎새를 영영 못 보게 되는 것은 아닐까 하는 조바심에서 엄마와 어린 여자 아이가 노랗게 물든 잎을 줍고 있다. 산과 들은 그 속에 있는 이의 마음을 흔든다. 해찰 떨던 바람과 사람들로 이곳은 아침부터 붐빈다.

은행나무는 고고 하여 가까이에서는 오래 지켜볼 수가 없다. 멀리서 한적하게 실눈을 뜨고 은행나무를 마주 보며 얼굴 만찬을 즐겨야 한다. 따뜻한 황금빛으로 그리운 것은 더욱 그립게 하고 슬픈 것은 더 슬프게 하는 강력한 힘이 있다. 엉켜있는 마음을 풀어주고 누구도 방해할 수 없는 꿈을 꾸게도 한다.

기시감이 느껴지며 무채색인 내가 물속에 누워서 떨어지는 황금빛 은행잎을 바라보며 내 마음을 잘게 쪼개어 본다. 빙글빙글 돌며 떨어지는 잎은 춤을 추는 걸까 아니면 몸부림을 치는 걸까. 왜 풀숲이 아니고, 꽃잎 위가 아니고 물속으로 떨어지는 걸까. 한 아름이나 되는 나무는 저리 곱고 예쁜 잎을 왜 떨구는 걸까. 나무가 잎을 모두 안고 살아가기에는 힘이 드는 걸까. 잎이 자립하려는 걸까. 어미 나무의 수고로움을 덜어주려는 속 깊은 마음일까. 때가 되면 어미 나무는 바람의 힘을 빌려 몸을 흔들며 황금빛 종과 앙증맞고 예쁜 잎들이 안식처를 찾아 잘 살아내라고 보내주는 것이겠지.

열예닐곱 살 적에 거나하게 취하신 아버지께서 나를 안고 네가 아들이었으면 내가 덜 힘이 들 텐데 하시며 눈빛이 흔들리시던 때가 있었다. 용기가 없어 마음속으로만 아버지 제가 아들 노릇 해 드릴게요 했다. 아! 이제야 알았다. 아버지가 많이 지치셨다는 것을. 은행나무의 자녀들인 잎은 어떤 모습으로 살다가 어디로 가는 걸까 하고 생각해 본다.

나무도 꺾이고 베이고 비바람에 부대끼며 산다. 인간은 몸이 불편한 것을 장애라고 표현하지만 나무는 꺾인 나무나 잘린 나무를 장애라는 편견을 갖지 않고 주변의 나무와 함께 숲을 이루며 살아간다. 서로 어우러지며 클 줄 알고 서로의 특성을 알아 자기에게 맞는 길과 장소를 택하며 성장한다. 자신의 능력보다 더 크기 위해 욕심을 부리지 않고 싸우지도 않는다. 사람도 자신만의 특성이 있다. 자기에게 맞는 받아들임과 비움이 있어야 하고 매 순간 최대치로 살아가며 서두르지 않는 지혜가 필요한 것은 아닌가. 집값이 비싼 동네. 얼마짜리 차. 명품 옷보다는 어떤 생각을 하고 어떤 정서를 가지고 어떤 가치관으로 살아가야 하는지 물음이 중요하다.

나는 나의 몸과 마음을 리셋하며 산다. 나는 사이보그(CYBORG)다. 과학의 발달로 장애가 있는 사람에게 생활의 질을 높이고 첨단과학의 힘으로 장애인을 사이보그로 만들어진다. 더불어 삶의 질도 높아진다. 사람에 따라 주어진 상황에 따라 한 개인의 삶이 갖는 고유의 의미가 추상적이지 않고 구체적으로 다르다. 왜 살아야 하는지 아는 사람은 어떤 상황에서도 견딜 수 있고 주어진 상황에서 자신의 태도를 취사선택한다. 진정한 삶에 의미를 알고 책임 있는 태도를 갖게도 한다.

오후가 되니 가지에 불던 푸른 바람도 이젠 무겁고 차가워졌다. 짧은 시간에 평온한 자연과 흔들리는 바람 속에 내 인생의 드라마 같고 드라마틱한 나를 돌아보고 성찰하게 했다. 내가 진정 원하는 것은 내가 사랑할 수 있는 사람들을 존경하며 사랑하는 것과 표현 할 수 있는 것을 스스럼없이 표현하고 사는 것이다. 누구도 사랑 없이는 혼자 살아갈 수는 없다. 가까운 이들에게 늘 하고 싶은 말을 오히려 못하고 산다. 너무 잘 알기 때문에 마음속에 있는 진정한 이야기를 쏟아내지 못한다. 부재중 통화에 남아 있는 말들처럼…. 내 사랑이 아름답게 세 들어 살았는지를.

익은 바람이 내 어깨 위에 한참을 머물다 간다. 잘 지내고 있다고 답하는 것 같다. 초신성의 어떤 별처럼 떠나고 싶은 내 마음을 아는 듯이.

좋은 소식

손병미

나에겐 사비나라는 세례명을 가진 친구가 있다. 작은아버지가 신부님이고 집안에 수녀님도 계신다. 신자인 내 눈에는 족보 있는 집안이라는 부러움이 없지 않았다. 물론 친구는 내 말에 동의하지 않았다. 괜찮은 인성의 평신도가 훨씬 낫다면서.

친구에겐 멋진 딸이 있다. 그리고 다운증후군의 아들도 있다. 아들은 어려서 백혈병도 앓으면서 여러 번 죽을 고비를 넘겼다. 그만 놓아주자는 시어머니와 남편의 몰인정한 말에 울기도 여러 차례, 친구는 생명을 지키는 엄마이기를 포기하지 않았다. 아빠 없이 아이를 키울 수는 있어도 죽음의 길로 아들을 보낼 수는 없다고 했다. 온갖 의학서적을 읽고 같은 고민으로 똘똘 뭉친 엄마들과 연대하여 아들을 지켜냈다. 그것도 아주 아주 잘.

딸의 삶도 평안하지는 않았을 것이다. 새 옷을 입을 때마다 붙어 있는 상표처럼 동생은 늘 따라다녔다. 늘 양보해야 하고 보살펴야 하고 동행해야 하는, 사랑하지만 혹 같은 동생이었을 거다. 동생이 응급실로 향한 긴 밤을 혼자 자면서 느꼈을 두려움과 고독을 나는 감히 상상할 수 없다. 동생을 품에 안은 엄마에겐 딸의 자리는 없었다. 그

막막하고 흐릿한 사랑을 난 생각할 수 없다. 살다보면 이해하면서도 섭섭했던 순간들, 상황을 알면서도 느꼈었던 소외감, 스스로 외톨이가 되었던 순간들도 많지만 이렇게 지속적인 외로움은 같이 공감해주기 어려웠다.

친구의 정성으로 아이들은 잘도 커갔다. 내 딸이 고등학교 시절 유학을 가기로 결정했을 때, 친구가 말했다. "내 딸 자리도 같이 알아봐 줘. 한국보다는 미국에서 사는 것이 더 나을 것 같아. 그만 고생시키고 길을 열어 주고 싶어." 그때 내 딸과 친구의 딸은 찐친이 되었다. 친구는 부동산 중계업자가 되어 누구보다 성실히 일을 했다. 가끔 내게 아들을 부탁할 때면 "내가 고맙지? 너에게 봉사할 기회를 주자나." 하며 너스레를 떨었다. 사실 나에겐 굉장히 힘든 일이었다. 이어갈 대화를 찾다가 막히면 책을 읽어 주다가, 간식을 주고, 나는 잠시도 눈을 뗄 수가 없었지만 친구 아들은 나와 눈을 마주치지 않았다. 그렇게 아는 사이인 듯 모르는 사이인 듯 시간은 흘렀고 아들은 어엿한 성인이 되어 카페에서 아르바이트를 하는 생활인이 되었다.

친구의 딸도 서른을 훌쩍 넘겼다. 남친이 생기면 늘 동생 때문에 헤어지곤 했다. 흔쾌히 받아들이기 힘들어 하는 남자 쪽 식구들을 보며 자기는 결혼하지 않겠다고 선언했다. 그러던 그 딸이 결혼을 한다는 소식을 보내왔다. 좋은 집안의 프랑스 청년과의 열애! "동생이 다운증후군이야."라는 말에 "그래서 뭐?"라는 답이 왔고 이렇게 연애가 시작되며 사랑이 익어 갔나보다.

결혼식은 파리 근교의 작은 성당에서 열릴 예정이다. 축복 가득한 일이지만 참석을 쉬 결정하긴 어려웠다. 시간과 경비가 발목을 잡았지만, 나는 누구보다 먼저 달려가 축하해 주고 싶었다. 그래서 난 자유로이 날아가기로 했다.

"정말이야? 정말 올 거야?"

"그럼! 근데 나 결혼식에 뭘 입지?"

"벗어. 벗어. 너 맨날 입고 싶다던 등 파인 드레스, 그거 입어!"

진초록 치마에 하얀 저고리를 받쳐 입은 친구는 주인공처럼 빛날 것이다. 하얀 드레스를 차려 입은 딸도 천사처럼 보일 것이다. 처음 입어보는 양복을 차려 입은 동생도 007영화의 제임스 본드처럼 돋보일 것이다.

인생은 길게 볼 일이다. 힘에 겨워도 내딛는 한 걸음이 인생을 다른 각도에서 해석하게 한다. 가시 많은 선인장이 화려한 꽃을 피우듯이, 눈 덮인 히말라야 산등성이에서도 에델바이스가 피어나듯이 고난 속에서 피어난 꽃은 우리에게 힘과 용기를 전해준다. 꽃들은 아무 말을 하지 않아도 바라보는 우리는 안다. 한 송이의 꽃을 피우고 그 열매를 받아 내는 일에 얼마나 많은 시간과 공이 들었는지.

친구 딸에게 축하 카드를 쓰다가 다른 예쁜 편지지를 찾아 들었다. 친구의 살아온 삶에 '친구야! 너 참 잘 살았다!' 칭찬과 응원을 보내고 싶다.

마음이 설렌다. 좋은 일로 가는 파리에서 에펠탑과 개선문과 샹제리제 거리는 어떤 모습으로 나를 맞아줄까? 큰 딸이 여섯 살 때 같이 걷던 세느강 변을 삼십 년 후에 다시 같이 걷는 그 길은 나에게 어떤 이야기를 남겨줄까?

그리고 이어질 결혼식장에서 나는 얼마나 과감하게 벗을 수 있을까?

청송대에서

조순배

연세대가 자랑하는 청송대 숲을 찾는다.

까치들이 엉덩이를 곤두세우고 한두 마리 또는 여러 마리가 떼 지어 걷기도 하고 날아다니기도 한다. 지난가을 떨어진 갈잎을 소슬바람이 실어 나른다. 까치, 비둘기, 참새, 종달새 소리가 맑고 깨끗하게 들려 깊은 산 속에 앉아있는 듯하다. 뾰족뾰족 돋아나는 상수리 나뭇잎도 벚나무 잎도 새 옷을 입었기에 빛난다. 지난겨울 눈바람에 시달린 소나무들도 이젠 몸을 추스렸는지 생생하게 보인다.

철쭉이 피는 사 월 어느 날 연대에 있는 교수를 찾아뵈려 친구들과 함께 갔었다. 붉게 피어나는 철쭉꽃은 연세대 교정을 불태우는 듯 보였다. 교수님께서 붉은 뜰을 지나 청송대로 안내하셨다. 겨울 내 벗었던 나무들은 연두색 옷을 준비하고 있었다. 우리는 새움이 돋아나는 숲 속에 잠시 서서 주위를 둘러보았다. 아름드리 둥치 한 면을 깎아 만든 의자를 보았다. 다른 곳에서는 본 적이 없다. 여기저기 놓여있는 의자에 사람들이 앉아 있다. 비바람의 흔적이 쌓여있는 의자에 앉아 볼까 그냥 돌아갈까 망설였었다.

오늘 다시 와 청송대 언덕을 오른다. 이곳저곳에 나무의자도, 돌로 된 의자도 눈에 띈다. 나무탁자 옆으로 둥그렇게 앉을 수 있도록 바위 돌을 놓았다. 탁자는 나뭇결이 그대로 선명하게 살아있다. 작은 바위에 앉아 주위를 둘러본다. 숲 속에 있는 젊은이들은 돋아나는 나뭇잎처럼 싱그럽다. 무엇이 그리 재미있는지 고개를 젖혀가며 웃는다. 그 웃음소리는 내게 미소를 짓게 한다. 내게도 저런 날이 있었지. 다람쥐 한 마리가 두 발을 곧두세우다 웃음소리에 놀라 달아난다. 나무 밑에서 운동을 하는 젊은이, 혼자 앉아 생각에 잠긴 젊은이, 책을 읽는 아이, 나이 드신 할머니들도 의자에 앉아 이야기를 나누고 있다. 숲은 젊은이나 나이 든 이나 다 똑같이 편안히 안아 주고 있다.

30년 전 내 모습을 아이들 모습 위에 얹어본다. 나도 돋아나는 연두색 잎이 된다. 가슴 가득 행복감이 고인다. 풀 냄새, 바람소리, 고목 냄새, 새 소리에 저절로 눈이 감긴다.

나무 밑 빈터 여기저기 피어있는 풀꽃을 본다. 가물어서인지 작은 키가 더 작게 땅에 붙어있다. 그래도 꽃망울은 포기마다 맺혀있다. 볼품없으면 없는 대로, 아름다움이 주어지면 아름다운대로, 자기 몫에 충실한 풀꽃을 본다. 늘 갈증을 느끼며 살아가는 내게 무언가 표현하기 어렵지만 가슴을 따뜻하게 데워주는 듯한 느낌이라고 할까.

풀꽃 하나를 꺾어 볼에 대본다. 부드러운 감촉이 내 살갗과 가슴에 진한 감동을 준다. 꽃가지를 들고 일어서서 청송대 언덕길을 걷는다. 나이 먹은 소나무들이 군락을 이루고 있다. 나무 가지 사이를 넘나드는 바람이 싱그러운 솔향기를 나에게 보낸다. 햇볕을 받아 흰빛으로 빛나는 은사시나무도 떡갈나무도 미루나무도 솔 향에 취한 듯 보인다.

자작나무

- 헤르만 헤세

한 시인의 꿈의 덩굴도
더 곱게 가지를 치지 못하고
더 가볍게 바람에 스러지지 못하고
더 우아하게 푸른 하늘로 솟지 못하리.

부드러이, 젊고 가냘픈
너는 밝고 긴
가지를 두려움을 감추며
생기 있게 미풍에 걸친다.

소리 없이 흔들리면서
가늘게 전율하는 너는
내게 정결도록 순수한
첫사랑처럼 보이려느냐.

이 숲이 언제 까지 이대로 일까. 연세대가 없어지지 않는 한 이대로 이리라. 그러나 살아 있는 생물은 다르리라. 청솔모 꿩 참새 까치 그들은 세대교체가 될 것이다. 할아버지 아버지 손자 그 다음 손자 그렇게 세월 따라 이곳을 넘나드는 사람도 달라지리라. 그러나 이 숲 속의 나무들은 변함없이 찾아오는 이들을 지금처럼 말없이 포근하게 맞아줄 것이다.

삼팔선 마을 사람들

황덕중

나는 삼팔선이라는 말을 처음 들었을 때에 그게 무슨 말인지 이해하지 못했다. 나이 어린 나뿐이 아니고 어른들도 그런 것 같았다. 더군다나 우리 마을 송암리 재골 북쪽 안참이 삼팔선이라는 말에는 어리둥절할 뿐이었다. 거기는 우리 집에서 북쪽으로 한 10분쯤 걸어 오르면 '지당골(제당골 祭堂골)'이 있고, 거기서 조금 오르면 형제봉 옆으로 난 고갯길이 있어서, 그 고개를 넘어서 가일리로 천렵을 가기도 하는 곳인데, 거기가 삼팔선이라니, 거기에 무슨 선(線)이 있다는 것인지?

그런데 그때 사실 나는 나의 태가 묻힌 재골에 살지 않고, 가일리를 지나 강(북한강)을 건너서 꽤 큰 마을을 형성하고 있는 신포리에 살고 있었다. 할머니가 사십대 후반에 일찍 돌아가시고 재취 할머니를 모신 할아버지가 내 아버지 식구를 신포리로 세간 내 살게 하신 것이다. 아버지 어머니는 내 누님과 남동생 등 우리 삼남매를 거느리고 신포리에 신접살림을 꾸리셨다. 몇 백 평의 텃밭을 가지고 있는 꽤 널찍한 집과 상답(上畓) 아홉 마지기를 할아버지는 장남인 내 아버지에게 마련해 주신 것이다.

농사도 잘 되고, 밤이면 동네 사람들과 횃불 들고 강여울에 나가

고기 잡아 나누어 먹고, 이랬던 몇 년이 기억에 새롭다.

어느 날 할아버지에게서 전갈이 왔다. 지체하지 말고 며칠 안으로 중요한 짐만 꾸려 재골로 넘어오라는 말씀이셨다. 그 전갈에 아버지는 무표정이셨다. 어쩌면 아버지가 먼저 그런 생각이셨는지도 모른다. 모진강 다리 남쪽에는 미군이, 북쪽에는 로스케(러시아군)가 와 있다는 소문이 돌며, 삼팔선이 굳어지면 그 삼팔선을 넘어서 왕래를 할 수 없다는 소문이 돌고 있었기 때문이었다.

나는 이삿짐 행렬을 따라 걸을 수밖에 없었다. 강원도 춘성군 사북면 신포리에서 같은 면 송암리(松岩里)로 남하(南下)하는 행렬이었다. 나룻배로 강을 건너, 제일 무서운 산골로 알려진 가일리를 거쳐 형제봉 옆 비탈길을 비껴 걸어, 송암리 재골에 사시는 할아버지 댁으로 가고 있는 것이었다. 로스케에게 발각될 수도 있다는 공포심 때문인지 몹시 서두르는 발길들이었다. 묵묵히 걸을 뿐이었다. 모두 숙연하여, 바짓가랑이와 등짐에 나뭇가지 스치는 소리와, 지게에서 나는 삐거덕 소리가 정적을 깰 뿐이었다. 마치 묘지 속으로 걸어 들어가는 행렬 같았다. 나는 그 행렬에 끼어, 행여 이탈되지나 않을까 조바심을 하며 열심히 따라 걸었다. 여덟 살이 채 못 된 나의 보폭이, 어두운 비탈길을 어른들과 보조를 맞추어 걷자니 등허리가 땀에 흠뻑 젖을 수밖에 없었다.

가장 중요한 물건을 챙겨 지게에 진 아버지가 맨 앞에서 걸었고, 역시 옷 보따리, 궤짝, 이불, 곡식 가마니, 항아리 등을 한 짐씩 지게에 진 이웃 남정네들이 그 뒤에 한 줄로 따라 걸었다. 40리라고 하는 그 길을 나는 앞 사람 따라 부지런히 걸을 수밖에 없었다.

음력 5월의 밤공기가 서늘했다.

형제봉을 오른쪽으로 보며 비탈길을 내려가니, 송암리 3반(제골)의 밤 마을이 어둠 속에 보였다. 마을이 보인다기보다 집집마다의 등잔불빛이 어렴풋이 여기저기서 껌뻑이고 있었다. 그리고 우리를 제일 먼저 맞는 것은, 정적을 깨며 끊임없이 울어대는 개구리 울음 소리였다.

마을로 내려서니, 할아버지와 할머니, 그리고 동네 사람들이 어둠 속에서 우리를 맞았다. 별 말들도 없이 우리들의 이삿짐 행렬을 인도하며 내처 걸었다.

우리 집은 마을 한가운데 있었다. 안채와 바깥채가, 북쪽에 ㄱ자, 남쪽에 ㄴ자 하는 식으로 맞물려 배치된, 높직하고 꽤 큰 집이었다. 동네의 노른자 같은 위치여서, 온 동네 집들이 우리 집을 핵으로 하여 빙 둘러선 형국이었다.

우리 일행이 바깥마당을 거쳐 대문을 들어가서 안마당에 지게를 벗어 놓으니, 툇돌 몇 군데에 놓인 관솔불이 우리들의 얼굴을 어렴풋이나마 드러내 주었다. 그제서야 서로 인사들을 나누었다. 그리고 할머니가 나를 품에 안아 주셨다.(졸저 「38과 6·25」의 서두 부분 일부 개작)

안마당에는 멍석 위에 술상이 차려져 있었다. 옹기자배기에 뜨끈한 술국이 그득했고 오지항아리에는 막걸리 위에 쪽박이 띄워져 있었다. 할머니와 어머니가 짐 지고 온 남정네들에게 일일이 막걸리와 술국을 떠서 안겼다.

남정네들은 마른 목을 대충 축이고, 길게 쉬지도 못하고 일어섰다. 그들은 나의 할아버지와 할머니 그리고 아버지와 어머니께 작별의 인사를 했다. 아버지와 어머니는 일일이 손을 잡으며 고맙다는 인사를 했다. 어두워서 잘 보이지는 않았지만 모두들 눈물을 흘리는 것 같았다. 우리들 삼남매도 눈물을 참을 수가 없었다. 인사하고 돌아서는 그들은 서둘러 각자 자기의 빈 지게를 지고, 재골 지당골을 향해 줄지어 떠났다.

상현달이 설핏 서쪽으로 기울고 있었다.

올 때에 어두움을 무릅쓰고 건너온 북한강, 무거운 짐을 지고 가파른 구절양장을 돌부리에 걸려 넘어지지 않으려고 나뭇가지를 휘어잡으며 넘어온 가일리 골짜기와 형제봉 고갯길…. 그들은 이 험한 길을 달빛도 시원치 않은 한밤중에 되짚어 걸어 넘어가야 한다. 뒤도 돌아보지 않고 희미한 달빛을 등지고 줄지어 산골짜기로 사라져가는 그들의 뒷모습이, 75년도 더 지난 지금까지도 눈에 선하다. 흰 바지저고리에 빈 지게를 지고 줄지어 걸어가는 그들의 뒷모습.

그때는 그랬다. 그들은 아무런 보상도 바라지 않고, 우리와 나누며 살아온 정에 얽혀 그 험한 밤길을 한밤중에 무거운 짐을 지고 넘어왔다가 되돌아간 것이다. 농사철이면 함께 품앗이로 밭일을 하고 모를 심고, 그리고 논두렁에 앉아 막걸리 나누며 제누리를 먹고, 타작과 추수가 얼추 끝나면 먼 산에까지 가서 울력으로 농목(農木)을 해다가 집집마다 가리가리 쌓았고, 복지경이면 강변 산그늘에 모여 천렵도 하고…. 이런 정들에 얽혀….

막걸리 한두 잔과 술국 한 그릇으로 허기나 면하였는지….

그들과 그렇게 헤어지고는 곧 이어 시멘트벽보다도 더 굳게 굳어버린 삼팔선으로 해서 다시는 만나지 못했다. 걸어서 한나절이면 갈 수 있는 거리에 살면서도 소식 한 마디 듣지 못하며 살아왔고, 그 뒤로는 생사도 모른다. 그때를 생각할 때마다 가슴이 멍하고 뭉클하다.

헤이, 부라더

이수진

장마의 꽁무니를 태풍이 뒤따라온다. 아직도 장마 기운에 축축한데 비바람까지 걱정돼 창문을 닫고 있으려니 높은 습도에 제습기만 터지기 일보 직전이다. 대형 태풍 '힌남노'는 엉덩이가 무겁다. 태풍 특보 방송은 이미 삼 일째 계속되고 있지만, 태풍은 아직 대만 부근에서 서성대고 있다. 긴장되는 시간은 더디게 간다. 그러다가 태풍 움직임에 속도가 붙자 순식간에 제주도를 통과한다. 우려와 다르게 큰 피해 없이 지났다 생각했다. 며칠 뒤 침수 현장을 발견하기 전까지 말이다.

우리 집 옥상에는 창고로 쓰이는 컨테이너가 한 채 있다. 삼십여 년 바닷바람을 맞아 녹슬고 바닥은 삐걱거리지만, 아직 창고로 쓸 만하다. 창고에는 이 집보다 더 오래된 물건들이 산처럼 쌓여 있다. 한동안 열 일하다 이젠 창고로 몰려나 잠들어 있는 그 많은 물건. 그 창고 바닥에 물이 들어찼던 것이다. 창문이 열렸던 것인지 벽 틈새로 비가 샌 것인지 알 수는 없다. 문제는 나의 정리 못한 이삿짐 상자도 그곳에 있었다는 것이다. 구두와 가방들이 가득 들어있는 큰 종이 상자는 물에 불어 이미 흐물거렸다. 바닥에 들러붙은 상자를 끌어내려 하자 곰팡이 포자를 사방으로 날리며 터져 버린다. 가죽으로 된 클러

치와 구두들이 이미 곰팡이에게 점령당했음을 확인한 나는 참담한 심경이 되었다.

뜨거운 태양 아래 젖은 물건들을 끄집어내 일일이 살피기 시작하자 혈압이 상승한다. 아끼던 클러치 세 개는 이미 사망했다. 그나마 구두 몇은 빛의 속도에 가까운 손놀림으로 곰팡이를 털어내고 햇볕에 말려 가까스로 소생시켰다. 이마에 맺힌 땀을 훔치고 나니 그제야 침수된 다른 물건들에도 눈을 돌릴 여유가 생겼다. 그중 물에 퉁퉁 불어 있는 사과 상자만 한 크기의 낯설지 않은 나무 상자가 눈에 띄었다. 만만치 않은 무게를 자랑하는 그 상자는 '부라더'의 관이었다.

재봉틀 '부라더 B200' 엄마의 농지기인 부라더는 창고에 있는 물건 중 가장 오래된 놈이다. 내 어릴 적 기억 속 부라더의 모습은 지금과 전혀 달랐다. 아방가르드 풍의 근사한 네 개의 철제 다리를 갖고 있었고, 튼튼한 다리 사이에는 더 튼튼해 보이는 철제 발 구름판이 달려 있었다. 다리가 지탱하는 상판 위엔 오묘한 곡선 형태의 밝은 청록색 쇳덩이가 존재감을 뽐내며 올라앉아 있었다. 본체 오른쪽엔 투박한 손 핸들이 달려 있고 여기저기 작은 조작판도 많아 까다로운 기계처럼 보이지만, 노루발 위엔 아름다운 장식이 가면처럼 둘려 있다. 그래서 기계치고는 우아한 매력이 있었다. 마치 우락부락 근육질 몸매에 예쁜 얼굴이 반전이라는 듯이 말이다. '드르륵드르륵' 엄마의 발에 맞춰 내는 낮은 음의 정교한 박음질 소리도 얼마나 듣기 좋았던가!

손재주가 좋았던 엄마는 한시도 손을 놀리는 법이 없었다. 예쁜 옷감을 떼어와 네 자매에게 엄마표 원피스를 만들어 입혔다. 원피스뿐이던가? 보조 가방, 앞치마, 커튼, 무릎과 팔꿈치가 해진 내복 깁기,

찢어진 아빠의 작업복 수리, 큰 옷은 작게, 작은 옷은 크게…, 일일이 열거할 수도 없는 많은 일이 부라더 하나로 마법처럼 해결되었다. 부라더는 딸 부잣집 엄마의 든든한 조력자였음이 틀림없었다.

세월이 지나며 큰 몸집의 부라더는 사용과 보관이 쉽도록 개조되었다. 멋진 다리를 뜯어내고 자동 모터를 단 앉은뱅이 신세가 되었다. 개조를 거치고도 한참을 더 일했던 부라더는 점점 그 사용이 뜸해지더니 아예 옥상 창고에 자리 잡고 눌러앉아 버렸다. 빗물에 젖어 창고 밖으로 끌려 나오기 전까지 그 조그만 관속에 잠들어 있었던 것이다.

뚜껑을 열고 묵직한 쇳덩이를 들어 올리니 삭아버린 합판 나무 상자는 그 무게를 이기지 못하고 주저앉아 버린다. 부서진 나뭇조각들을 걷어내고 실로 오랜만에 부라더를 마주한다. 몸뚱이는 삭아 청아했던 제 색을 잃었고, 색색의 실들이 걸렸던 걸쇠엔 거미줄을 얹고 있다. 녹이 슬지 않은 부분이 하나도 없다. 그 예뻤던 얼굴에도 검버섯처럼 녹이 피었다. 쓰다듬는 내 손길에 부라더 마크가 산산이 부서져 내린다. 어찌할 바를 몰라 한참을 멍하니 바라만 본다.

엄마가 있었으면 이렇게 너를 방치하지 않았을 텐데. 엄마만 있었으면…. 하지만 엄마는 없다. 엄마의 죽음과 함께 잊히고, 버려져 있었다는 사실을 부라더는 이미 알고 있는지도 모른다. 그래서 삶을 포기한 모습으로 숨죽여 잠들어 버린 것인지도. 불현듯 관에 누워있던 엄마의 마지막 얼굴이 떠오른다. 장례지도사는 입관식 마지막에 고인의 얼굴을 쓰다듬고 마지막 작별 인사를 하라 했다. 하지만 엄마의 얼굴을 만질 수가 없었다. 차갑게 식은 엄마의 얼굴을 쓰다듬으면 내가 부서져 내릴 것 같았다. 비현실적인 현실이 두려워 떨림이 멈추지 않았다. 그 두려움 때문에 엄마의 마지막 얼굴을 지금처럼 바라보기만 했다. 관뚜껑이 닫히자 그제야 다시는 볼 수 없다는 생각이 들었지만, 너무 늦었다. 차디찬 그 얼굴 한번 보듬지 못한 나의 미련이 아직도 마음에 얼룩으로 남아 지워지지 않는다. 그래서 부라더를 바라보는 마음이 이리도 아릿한 것일까?

무덤 같은 그 창고에는 엄마의 손길이 닿지 않은 물건이 하나도 없다. 물건 하나하나 엄마가 어른거리며 오래된 영화처럼 기억이 떠올라 미소를 짓다가도 울컥하기 십상이었다. 그러니 창고를 정리하는 것도, 쓸모없어진 물건을 버리는 일도 불가능했다. 하지만 이젠 피할 수 없는 노릇이다. 창고도 이제 제 생명을 다했으니 돌아오는 봄에 철거될 것이다. 온 가족이 함께 울다가 웃다가 하는 이상한 창고 정리가 되겠지. 엄마는 이런 방식으로라도 자신을 잊으라고 하는 것일까? 그래야 산다고. 힘내라고.

관에서 나온 부라더는 이제 골동품 취급을 받겠지만 엄마와 함께한 기억과 의미는 내가 살아있는 한 퇴색되지 않을 것이다.

해가 좋은 날. 말끔히 녹을 털어내고 광을 내야겠다. 온기 있는 엄마의 얼굴을 쓰다듬듯이 엄마와의 추억도 닦아봐야지. 그리고 엄마 사진 옆에 나란히 놓아 주어야겠다. 그러면 내 마음 깊은 얼룩도 옅어지려나….

없는 마음

이명지

밤새 일렁이던 수국 그림자가 보이지 않는다. 무성하게 키를 키우던 목수국이 자꾸 거실을 들여다봐 '관음 수국'이라 이름 붙인 녀석들이 안 보인다. 내다보니 모두 가지런히 고개를 숙이고 있다. 밤새 내린 비에게 무슨 야단을 맞았길래.

"너희들 자꾸 남의 창가 기웃거리다 간밤 빗님한테 야단맞은 거지? 그런 거지?"

고개를 늘어뜨리고 엉켜있는 게 가여운 생각이 들어 머리 무게를 줄여주려고 몇 송이를 꺾어 들여왔다. 무게를 감당할 큰 도자기 화병에 꽂아 식탁 위에 올렸더니 식탁을 절반이나 차지하고 앉았다. 집안을 들여다본다고 타박하던 수국을 아예 안으로 들여 자리를 내주고, 한쪽으로 옹색하게 비켜 앉아 채소 샐러드를 우적우적 씹으며 무심히 바라본다. 한번 꺾인 고개는 쉬 펴지지 않는지 화병에서도 여전히 숙인 모양을 하고 있다. 무게를 감당하는 일은 너나 나나 벅차긴 마찬가지구나! 생각하니 묘하게 위로가 된다.

밀려드는 원고를 감당하느라 며칠째 쩔쩔매고 있었다. 욕심이 낸 무게다. 감당할 수 있으리라 받아든, 교만이 만든 허명의 무게다. 커피를 연달아 마셔대다가, 와인도 마셔보다가 생몸살을 앓는데 그제 내 책 한 권을 가져간 글 선배가 톡을 보내왔다.

"당신 책을 읽는데 아파. 여운이 길어. 당신 삶을 응원해!"

나는 당장 그 응원의 꼬리를 잡고 징징댔다. "글이 안 써져서 미쳐버릴 것 같아요! 욕심을 너무 냈나 봐요. 아무것도 건져 올릴 게 없어요. 텅 비었어요."

"비어있으니 통할 거야. 나는 말이야, 사다리를 타고 어렵게 어렵게 올라가 보니 그 끝이 텅 비어있더라. 비어있어 통하더라. 그래서 다 보이더라!"

파킨슨이라는 남자친구에게 생을 걸고 살아내고 있는 그녀의 목소리가 폐부를 찔렀다. 자신이 앓고 있는 병을 남친이라고 소개하는 선배의 말에 관음보살이 들어 있었다. 글이 안 써진다는 나를 도우려 선배는 황인찬의 시 「없는 저녁」을 보내왔다.

> 혼자 흔들리는 그림자가 있고
> 그걸 보며 밤새 우는 사람이 있고
> 그걸 사랑이라 칠 수는 없겠지요
> 하지만 그러지 못할 것도 없겠습니다.

인생은 없는 마음에 하나씩 이름을 붙여가는 과정인가? 의미를 부여하는 방식이 살아가는 방식인가? 맞다. 그러지 못할 이유 또한 없지 않은가. 텅 비어 아무것도 없는 마음에 하나씩 의미의 이름을 부여한다면 사랑하지 못할 게 없구나. 선배는 파킨슨 씨를 끌어안고 쓰다듬고 비비며 산다. 그러면서 예전보다 더 왕성한 집필을 하며 튼실한 옥동자를 계속 생산해내고 있다. 불친절한 남친이지만 덕분에 행복한 게 더 많아졌다면서….

누구를 위해서 글을 쓰는가? 무엇을 위해 이 창작의 고통을 기꺼이 감내하는가? 누구를 위해 이토록 간절하게 몸부림치는가? 답은 진즉 나와 있다. 누가 나를 위해 울어줄 사람이 필요한, 내 생을 대신 울어줄 곡비가 필요한 것이다. 작가는 작가대로, 독자는 독자대로. 작가는 내 글을 읽고 함께 공감해줄 사람이 필요하고 독자는 내 심경을 들여다보듯 표현해주는 작가에게서 위로를 받는 것이다. 그것은 서로의 생을 대신 울어주는 힘이 된다. 속 깊은 친구가 된다. 시인의 말대로 그걸 사랑이라 칠 수는 없겠지만, 그러지 못할 것도 없지 않은가.

찻잎이 혼자 선다거나
멀쩡한 그릇이 혼자 깨지기도 하지만
해가 길어진 여름 저녁
거실 벽에 생긴 그림자를 보고도 이제는 놀라지 않습니다

한 송이가 한 아름인 목수국 꽃송이가 부처의 머리를 닮았다. 불두화라는 꽃도 있지만 우리 집 라임라이트 목수국은 불두화의 열 배 크기로 비슷한 모양새다. 3년 전 여름 전원주택으로 이사 오면서 친구의 이사 선물로 네 그루를 심었다. 내 마당에서 네 번째 여름을 맞은 수국은 풍성하게 몸집을 불리고 키를 키우더니, 올해는 급기야 반 층 계단 위 거실 창가를 기웃거리도록 키를 키웠다. 저녁 달빛에 그림자로 넘실대는 게 자꾸 감춰둔 내 안의 외로움을 건드려대 '관음증 수국'이라며 미운 이름을 붙이고 꽃송이가 다 피면 꺾어버려야지 벼르던

참이었다. 그런 수국이 하룻밤 새 일제히 창가에서 사라졌다. 간밤 비에 제 무게를 못 이겨 고개를 떨군 게 꼭 야단맞은 아이 같다. 속으로 고소해하며 몇 송이 꺾어 들여놓고 보니 꽃송이가 남김없이 활짝 피어있다. 작은 고깔 송이들이 피어 큰 송이를 이루는 수국의 만개. 더는 부족함이 없는 상태로 만개해 부처의 상을 하고 고개를 숙인 수국이었다. 가슴이 철렁하도록 겸허한 모습이었다.

아, 너는 관음증이 아니라 관음보살이었구나! 자꾸 나를 들여다본 것은 텅 빈 것을 못 견뎌 하는 나를 살펴주려 한 것이었구나. 내 마음을 살핀 것이었구나….

오늘 내가 기댄 어깨는 참 따뜻했다. 선배의 파킨슨 씨가 오늘 정중했기를, 사랑스러웠기를 기도하게 했고, 없는 마음에 이름 하나 얹은 우리 집 관음 수국도 마음으로 끌어안게 됐다. 이걸 사랑이라 말하지 못할 이유도 없지 않은가!

속주름

이문자

딸아이한테서 재촉이 빗발친다. 이마 주름살을 어찌 해보자는 얘기다. 내 나이에 이만하면 봐줄만 하지 않느냔 말을 그냥 해보는 소리로 안다. 그럴 생각이었음 진작 나섰을 거란 말에 엄만 여자가 아니냐고. 세월에 헐리고 있는 어미를 읽어 주는 걸로 족하다. 그보다는 늘그막을 공감해주는 것이 더 고마운 거라고 대답을 대신한다.

망가지는 게 어디 얼굴뿐일까만 진화하는 의술 앞에서 여인네들 호들갑이 무성하기만 하다. 잡티를 지운다느니 주름을 편다느니 법석인 여심들. 그런다고 환생이라도 된다는 것인지. 하기야 누굴 흉볼 일인가. 이 대열에 끼기가 마뜩찮은 나 같은 사람이 정상이 아닐지도 모른다.

늙은 여자가 더 아름답다고 함은 질곡의 삶을 겪는 여인의 숙명을 두고 하는 말일 게다. 살아온 흔적을 지우고 말고는 각자도생일 터. 옛날을 찾겠다는데 무슨 수로 말릴까. 문제는 외양(外樣)이 아니라 마음의 주름인 것을….

남이 뿌려댄 오물에 상처를 입고 사는 세상이다. 스스로 만들어버린 얼룩을 어쩌지 못해 번뇌하는 이들이 있다. 그 무게에 눌려 보이는 것 들리는 것조차 가슴 속 흉터가 되는 현실. 지우지 못해 옹이로 박혔던 것들이 매듭으로 불거지고 진즉 날려버렸어야 할 고뇌의 통증에 절규하는 이웃들이 불면의 밤을 이어간다. 마음 둘 곳을 몰라 방황하는 젊음 또한 부지기수다, 문명에 역행하는 인간의 정서가 참담한데 사람이 만신창이가 될 수는 없는 것이니 마음의 치유가 절실할 수밖에 없다.

살아온 날들을 한 줄 실오라기로 친다면 끊어질듯 말듯 그러다가는 다시 이어졌을 터이다. 생의 실타래를 제대로 감고 사는 주인공들이야 오죽 기꺼울까만, 헝클어진 삶의 타래를 어쩌지 못해 포기해버린 삶들이 숱하지 않은가.

이제껏 내가 꾸려온 실꾸리 하나를 살살 풀어본다. 쾌재를 부를 만큼은 아니지만 그럴싸하다고 최면을 걸어본다. 얽히고설킨 실 뭉치를 내동댕이치지 않은 덕분이랄까. 꼬인 인연도 순리라는 잣대를 들이대면 용서도 화해도 가능한 일이었으니…. 모질게도 엉키어 도저히 풀리지 않을 것 같던 매듭도 먼저 손 내밀 수 있어서 얼마나 다행이었는지. 조여졌던 매듭이 점차 느슨해지는 것도 같은 이치가 아니었던가.

전설의 인물 알렉산더 대왕이 단칼에 잘라버렸다는 '고르디우스의 매듭'을 자주 논하곤 한다. 세인은 이를 두고 난제를 해결한 놀라운 결단이며 발상이라고 말한다. 허나 광활했던 그의 정복지가 졸지에 분열이 되고 만 것은 알렉산더의 성급함과 독선 때문이었다고 해석하기도 한다. 매듭을 순리로 풀지 않아 해결 방식이 정도(正道)가 아니었다는 뜻일 게다. 사람 사이에 생긴 매듭을 어찌 풀어야할지 알게 하는 이야기가 아닌지.

관계는 노력이라지 않는가. 아름다운 사람끼리의 엮임은 곱기나 하지. 누구의 과오든 가슴에 똬리를 틀고 앉은 매듭은 아픔이기 마련이다. 그게 힘들다고 싹둑 잘라버린다면? 하나였던 것이 둘로 되고 말아 영영 결별이 되고 만다. 다시 이으려면 애간장은 또 얼마나 녹을 거며 흘러간 시간 계산에 상심은 얼마나 클 것인가. 모진 응어리는 가해자 편에서 먼저 풀어줌이 마땅하지만 실마리를 찾아 함께 풀어가는 것이 더 아름답지 않을까.

응어리는 누르려고만 말고 보듬어 안으라고 하였다. 지고 가야 할 짐이 없을 때가 인생에서 가장 위험한 때라고 가르친 선자가 있으니 말이다. 물위를 걷는 것이 기적이 아니라 땅을 밟고 걸을 수 있어서 기적이라 했듯 진실로 소중함이란 멀고 힘든 곳에 있지 않음을 믿는다. 굴레를 벗어던지면 무겁지도 괴롭지도 않음을 누구든 알 테니까. 남을 용서한 만큼이 내 삶의 깊이라는 말. 안아준 만큼이 사랑의 온도라는 말. 내 심장이 다른 사람으로 따뜻해질 수 있으니 감사가 아닌가. 고마움만 기억하고 사랑할 일만 생각하기로 한다.

스스로를 치유하는 신통한 묘약이 있기는 하다. 고뇌를 씻어낼 샘터 하나씩 심중에 파놓는 일이다. 주인장의 발자국 소리를 듣고 수시로 터지는 샘 줄기마냥 양심 전용(專用)인지라 묵혔던 앙금까지 씻어준다. 이는 맑은 샘을 파놓은 사람에게만 허락된 복. 티끌 하나 끼어들 틈이 없어 '언제나 맑음'이다. 스스로 행복해지는 치유가 이처럼 신통할 수 있으랴. 단 심연에 고인 샘을 두루 살펴 막힘이 없도록 할 일이다. 이 샘으로 남의 상처도 씻길 수 있다면 금상첨화일 것인즉. 넉넉한 가슴에서 솟아나는 사랑이 모두 그러하다.

머물고 떠날 때를 알게 된 나이에 왔다. 오고 가야 할 것들이 제 길로 가기 마련이니 늦기 전에 가슴을 열어놓는다. 더 많은 것들을 품어 행복해지기 위해서다. 나잇값을 하느라 어이없는 몽니도 그러려니, 볼썽사나운 투기도 그러려니 웃어넘긴다. 뭐니 해도 겉모습에 연연 않는 노경(老境)이 편안해서 좋다.

얼굴을 바꾼다고 돌려질 시간이 아님을 모를 리 없는 자식이다. 조금만 더 살아보면 세월이라는 정체에 나보다 더 관대해질지도 모른다. 팔자주름 어쩌고 하던 주문에 도리질은 했지만 어미의 세월을 읽어준 것이 고맙기만 하다.

이 나이에 마음 여미는 일이 수월해졌으니 걱정 말라고 한다. 이만하면 제대로 사는 거라고. 문제는 얼굴이 아니라 속주름을 지우는 거라고….

맥놀이의 촉감

박연숙

'학교종이 땡땡땡 어서 모이자' 초등학교 운동장과 선생님 모습이 보인다. 외국영화 '노틀담의 곱추'에서 성당 종지기 안소니 퀸의 모습과 한국영화 '워낭소리'에서는 소의 눈물방울이 보인다. 생거진천(生巨鎭川)에서 맥놀이와 걷고 걷는다.

범종을 치거나 충격을 가할 때, 종 내부에서 파동이 발생하여 그 파동이 종의 명동(鳴動)을 통해 증폭되어 소리가 나는 것을 '맥놀이' 현상이라 한다. 즉 범종의 소리가 일정한 주파수와 리듬을 울리면서, 주파수의 차이에 따라 다른 음높이를 가지는 현상을 말한다. 이 소리는 깨끗하고 맑은 음색을 가지고 있어, 음의 권위감과 아름다움을 살리는데 큰 역할을 한다. 또한 이 현상을 이용하여 범종은 명상이나 기도 등 마음을 안정시키는데도 큰 도움을 준다. 전통적인 국악에서도 중요한 악기로 사용된다.

맥놀이를 들으며
'김유신길'을 걷는다
보탑사에서

비구니의 법문 낭독이 법고와 범종을 깨우고
그 소리에 여의주를 문 목어도 졸지 않는다

-중략

여기 생거진천(生居鎭川)
김유신과의 맥놀이는 시간의 뼈를 발라내는 비밀번호인가

졸시 「맥놀이를 들으며」에서 발췌

2005년 9월에 개관한 국내 유일의 충북 진천에 있는 종박물관이다.

오전 10시 서서히 영역을 넓히는 햇살 아래 야외에 설치된 대형 범종의 타종체험을 했다. 생각보다는 당목(종치는 나무 도구)이 길어서인지 무거워서인지 큰소리 내기가 여간 쉽지 않았다. 몇 번을 시도해서 겨우 소리를 냈다. 마음을 안정시키고 위안을 주는 맑고 투명한 울림으로 소리를 만지며 한동안 거기에 서 있었다.

12월 마지막 날 카운트다운으로 새해를 맞이한다. 보신각 33번 타종 모습과 그 맥놀이가 지금도 가슴에 맴돈다. 하늘과 땅, 모든 생물과 우주 삼라만상의 염원을 나에게 너에게 전하는 소리다. 잡념을 버리고 새로운 마음으로 새롭게 출발해야겠다고 나를 만지며….

하심(下心)

김형도

내 어릴 적 동녘하늘이 희붐히 밝아올 때면 어머니께서는 장독대 위에 깨끗한 생수를 담은 하얀 사기그릇을 올려놓고 연신 고개를 조아리며 두 손을 비비곤 하셨다. 70여년이 지난 지금도 그 하얀 사기 그릇과 어머니의 영상이 눈앞에 아른거린다. 내 집은 서울 도편수가 지었다하여 서울 한옥이라 불렀는데 대지 백 평에 방이 아홉 개나 된다. 본채와 누마루 쪽에 각각 방이 셋이 있고 대문 옆 사랑채에 방이 둘이고 도로변 가게에 방이 하나 있었다. 누마루 쪽에 창이 남쪽으로 나 있는 내 방에는 햇볕이 잘 들었다. 방문을 열면 바로 축대로 곁에 장독대가 있고 꽤나 큰 감나무가 있었다.

장독대에는 큰독, 중간독, 작은독 등 열대여섯 되었는데 맨 앞줄 가운데 큰독 위에 정한수 사발을 올려놓았다. 새벽에 눈만 뜨면 어머님께서 손을 비비며 주문을 외는 소리가 들려왔는데, 하루도 빠짐없이 기도를 드리는 어머님의 모습은 많은 세월이 지난 지금도 눈에 선하다. 어머니께서는 왜 그렇게 온 정신을 쏟아 기도드리는지는 그 당시는 알 수 없었다.

집에서 서쪽의 산청군 방향으로 십리쯤 가면 버디골이란 동네가 있었다. 버들(버드나무)이 많다하여 버들골(버드나무골)이라 했는데, 이름이 버디골이 되었다가 지금은 행정구역이 유곡동(柳谷洞)이다. 성철스님과 동문수학한 서씨 할아버지께서 산신당을 운영하고 계셨는데, 그 산신당에서 기도하면 소원이 이루어진다고 소문 나 있었다. 어머니는 버디골 산신당에 가서 열심히 기도를 드렸다.

당시 우리 집은 딸만 셋이고 아들은 없었다. 그때는 아들 선호 사상이 뿌리 깊어서 어머니는 산신당 신령님께 아들을 낳게 해달라고 지극 정성으로 빌었다. 산신당의 서씨 할아버지는 아들만 넷을 두었기에 그곳이 신령(神靈)님의 가피가 내린다고 알려져 있었다. 어머니께서 네 번째 낳은 자녀가 아들인 바로 나였다.

나는 어릴 때부터 어머니를 따라 그 산신당에 자주 다녔는데 그곳에 가면 맛있는 떡을 먹을 수 있었다. 제를 지낼 때는 제물로 항상 떡을 준비했었다. 날 귀여워한 산신당의 서씨 할아버지는 어머니에게 집에서도 청수를 떠놓고 정성껏 빌라고 하셨다. 기도의 가피를 받아서 인지 남동생 둘을 더 나아서 내 형제는 3남 7녀가 되었다.

독실한 불교신자인 어머니는 '박 보살'로 알려졌는데 보살은 깨달음을 구하고 중생을 구제한다는 존재이다. 위로는 깨달음을 구하고 아래로는 중생을 교화하는 보살에게는 먼저 남을 위하는 이타행(利他行)이 강조되어 왔다. 이는 보살이 카리스마의 존재라기보다는 봉사의 삶이라는 걸 시사하는 것이다. 어머니는 가끔 절에 가시면 부처님에 인사드리고는 반드시 산신각에 들르셨다.

카리스마하면 종교 지도자, 통치자, 장군의 이미지가 먼저 떠오른다. 하지만 과학이 발달하고 인간의 이성이 고도로 합리화되면서 초

자연적・제사장적 능력이나 권능보다는 높은 덕성으로 지도자의 카리스마를 찾는 경향으로 변화되었다. 덕성은 어질고 너그러움을 뜻하는 바 신성 혹은 권위와는 사뭇 다르다. 마음이 넓고 이해심이 많다는 의미로, 다른 사람위에 군림하기 보다는 자신을 낮추고 타인을 위한다는 의미다. 하심이 바로 이러한 뜻을 내포하고 있다.

옛적에는 가장이나 직장의 장, 기관의 책임자의 권위가 절대적이었지만 요즘은 장의 카리스마는 과거와는 달리 초극의 권위가 많이 배제되었다. 현대사회는 권위가 사람들 위에 군림하는 게 아니라, 하심의 카리스마로서 봉사하는 방향으로 변화되고 있다. 하심이란 자기를 낮추고 남을 높이는 마음이다. 현대적인 권위도 카리스마가 아닌 이런 하심에서 나오는 경향이다. 그러고 보면 내 어머니는 자녀에게는 물론 이웃에게도 봉사하기 위해 태어나신 것 같은 삶을 사셨다. 양주동 선생님의 '어머니의 마음'을 들을 때마다 어머니를 떠올리게 되며 가슴에 짠하게 다가온다.

> 나실 제 괴로움 다 잊으시고 기르실 제 밤낮으로 애쓰는 마음
> 진자리 마른자리 갈아 뉘시며 손발이 다 닳도록 고생하시네.
> 하늘 아래 그 무엇이 넓다 하리요 어머님의 희생은 가히 없어라.

가곡 '어머니의 마음'은 자식을 위해 희생하는 하심의 삶을 사신 어머니의 마음을 잘 표현한 아름다운 시로서, 감미로운 멜로디가 어울려 어린이로부터 장년에 이르기까지 누구나 애창하는 곡이다. 4분의 3박자인 이 곡은 전편이 잔잔하고 평범하게 흐르다가 마지막 8소절 중 앞 네 마디의 멜로디는 강력한 호소력을 지닌다. 부르는 사람은

물론 듣는 이의 마음을 뜨겁게 해준다.

모두가 누군가의 자식이고, 그 누군가는 자식을 낳을 것이다. 자식을 낳으면 그 자식은 부모의 인생에서 큰 비중을 차지하게 된다. 모든 부모들에게 자식이란 나이를 먹어도 어린아이인 존재로서 부성애와 모성애가 향하는 대상이다. 부모 앞에서 자식을 욕하면 큰일 나는 이유이기도 하다. 품 안의 자식이란 어렸을 때는 부모의 뜻을 따르지만, 자라서는 제 마음대로 행동한다. 그런 자녀들이 철이 들어서 바르게 행동하면 좋지만 사고나 치고 다니면 부모의 속이 타게 된다. 하지만 자식은 부모에겐 언제 어디서나 어린아이 같은 존재가 아닌가.

어머니는 여장부였다. 어릴 적엔 동네 아이들의 중심이 되어 애들을 포용하고 이끌었다. 나이가 들어감에 따라 예의가 바르고 동네의 궂은일도 마다 않으며 매사에 솔선 하고 앞장을 서셨다. 동네 나이든 분들은 그런 어머니를 예쁘게 보며 위해주지 않는 분이 없었다. 또한 동네 아이들도 어머니를 존경하고 따르게 되었다. 장년이 되어서도 장부의 위엄에 항상 어른들을 먼저 생각하고 그분들의 인격을 존중하는 겸양이 몸에 배어 있었다. 그러니 동네 사람들이 어머니를 따르지 않을 수 없었다.

혹자는 하심이 일반적으로 모성(母性)이라고 하지만, 당시 내 어머니는 모성을 뛰어넘는 하심이 강하게 작용하고 있었다는 걸 느낄 수 있었다. 지극정성으로 자녀들의 안위를 빌던 내 어머니의 마음이 바로 양주동 선생님의 가사(歌詞) 속의 '어머니의 마음'이 아니었을까? 내가 장년이 되고서야 자식을 생각하는 어머니 마음과 집념의 강도를 다소나마 알게 되었다. 아마도 내 형제 자매들에게는 그런 어머니는 신(神)과 같은 존재였던 것 같다.

어머니께서는 가끔 하심을 말하신다. 자기를 낮추고 남을 높이는 겸양을 보이면 아무런 탈이 없거니와 그게 바로 자신을 위하는 일이라고 하셨다. 그 말씀은 많은 세월이 흐른 지금도 내게는 하나의 진리로 다가온다. 6·25직후 잿더미 속에서 십남매를 서울로 공부시킨 어머니의 마음은 지금 우리들로선 상상조차 할 수 없다. 평생 새벽 일찍 일어나 정한수를 떠놓고 자녀들의 안위를 빌던 철인 같은 집념, 하심이 아니고서야 어떻게 그렇게 할 수 있었겠나? 하심의 극치인 양주동 선생님의 가곡 '어머니의 마음'을 다시 읊어본다.

붓끝에서 피어나는 난향

장순월

난을 치다 보면 난 잎이 내 마음 따라가지 않는다. 난초 잎은 풀이나 나뭇잎에 흐른 초록색과는 다르다. 막 목욕하고 나오는 소녀처럼 향기롭고 단아하며 순수한 표정이랄까. 간결하면서도 심오하고, 화장이나 치장하지 않은 고결한 품위를 지녀야 하기 때문이다.

인적 없는 산골짜기에서 묵묵히 자라나 꽃을 피우며, 그 향을 드높이는 속기(俗氣) 없는 고귀함에서 연유된 말이기도 하다. 한편, 난초는 두터운 우정을 상징하기도 한다. 역경(易經)에서는 두 사람이 마음을 같이 하면 그 이로움은 금속도 끊는다고 하였고, 마음이 같은 사람의 말은 그 향기가 난초와 같다(同心之其臭如蘭)고 하였는데, 여기서 두터운 우정이란 뜻에서 금란지교(金蘭之交)라는 말이 유래 되었다.

몇 년 전, 어느 신문에 실린 기사에 난초는 좌란 30년, 우란 30년 걸린다는 글을 읽은 기억이 난다. 좀 과장된 기사였지만 그만큼 어렵다는 말이다.

요즘 사군자 배우러 오는 수강생들을 보면 30여 년 전, 내 모습을 보는 것 같다.

"왜(?) 이렇게 난 잎이 선생님처럼 안 될까요?"

"이 사람아, 내 서력이 40년일세. 꾸준히 연마(硏磨)하고 난 화도 일만 번 치게나."

30여 년 전 선생님께서 하셨던 그 말씀을 나도 똑같이 우리 회원들에게 하고 있다.

남자 회원 한 분은 "사업을 해서 돈을 벌라면 많이 벌 수도 있는데, 난초 잎 하나 제대로 치기가 훨씬 어렵네요." 또 다른 여성 회원은 "우아하게 한복 입고 난치는 모습을 상상하며 배우러 왔는데, 언제쯤 그렇게 될까요?"

각자 느끼는 대로 30년 전 나처럼 질문을 한다.

붓만 들면 난 꽃이 피어나는 줄 알았던 그 시절, 시작이 반이라고 하지만….

난을 친다는 것은 오랜 시간 꾸준히 연마하는 길이다. 마음이 급하다고 빨리 갈 수 있는 길이 아니다.

처음 사군자에서 난치는 법을 배울 때, 설레던 그 마음이 우리 회원들도 영락없이 똑같다.

묵향에서 살아 있는 난초의 숨결을 느끼듯, 묵향과 난향은 오랜 세월 사랑하다 보면, 고운 선(線)으로 맺어진다는 사실을, 먼 훗날 30년이 지나면 알게 될 것이다.

놋주발 도시락

조동란

며칠 전, 오빠의 반가운 전화를 받았다. 심장수술 후 두 달 만에 검진결과가 아주 좋다는 내용이다. 성공적인 수술에 나의 공이 컸다고 함께 식사하자고 한다. 남매간에 고마운 인사는 무어냐고 했지만, 오빠는 한사코 성공적인 수술과 회복에 너의 격려와 안심하게 한 덕이 컸다고 사양하지 말라고 하는 것이다.

수술 전 오빠의 집도의가 어떤 사람인지 알아봐 달라고 나에게 부탁을 했었다. 나는 속으로 웃음이 났지만 수술을 앞두고 얼마나 걱정이 되랴 싶어 내색은 하지 않았다. 사실 알아보나 마나 대한민국의 일등 병원이라는 그 곳의 의사는 누구나 검증되어 있다고 보아도 틀림이 없을 것이어서, 나의 대답은 너무나 뻔할 것이기 때문이었다.

그래도 먼저 그 병원의 간호사에게 물어 보았더니, 그 의사는 오빠가 받을 수술을 일 년에 천 건 씩이나 하는 분이라고 한다. 나도 더 힘을 얻어 자신 있게 조금도 걱정하지 말라고 그 분야 최고의 명의이니 믿고 맡기면 된다고 전했다. 오빠는 그렇게 확실하게 믿도록 전달해 주어서 안심하고 수술을 받게 된 것이 좋은 결과를 가져 오게 했다고 생각된다는 것이다. 치료할 때 의사와 환자간의 신뢰만큼 중요한 것이 없는데 바로 그 점이 입증된 것이라는 생각이 든다.

아무리 동생이라도 고마움을 표하고 싶고, 기왕이면 남매간의 추억이 어린 장소로 가고 싶다고 해서 일부러 휴가를 내어 어렸을 적에 살던 강경으로 가서 점심을 먹고 왔다. 돌아오는 길에 고향 서천에 있는 부모님이 사시던 집도 둘러보고 부모님 산소에 성묘를 하며 오빠의 다시 찾은 건강을 고하였다. 보람 있는 하루였다.

오랜만에 나들이를 하는 남매들의 이야기는 자연스럽게 생활고로 고생하셨던 부모님과 어린 시절의 추억 속을 거닐며 오빠의 일화로 이어졌다. 오빠는 한국전쟁 중인 초등학교 3학년 때 처음으로 도시락을 싸가기 시작했다. 어머니께 내일부터 도시락을 싸가야 한다고 말씀드렸더니 알았다고 하셨다. 내심 도시락에 대한 기대가 부풀었던 모양이다. 그런데 다음 날 아침 어머니가 싸놓으신 도시락은 실망스럽게도 놋주발에 꽁보리밥을 담고 그 안에 종지를 박아 새우젓을 넣은 거였다.

오빠는 창피해서 안 가지고 가겠다고 하였다. 어머니가 처음에는 지금은 도시락 살 돈이 없으니 다음 주 아버지 월급날까지만 참으라고 달랬다. 그래도 고집을 피우고 그냥 가겠다고 하니까 정색을 하면서 오빠에게 물으셨다. "너 도시락을 먹을 때 겉을 먹니 속을 먹니?" "물론 속을 먹지요." "그런데 겉이 알미늄 도시락이면 어떻고 놋주발이면 어떻다는 말이냐?" 오빠는 어머니의 그 말씀에 아무 소리도 못하고 놋주발 도시락을 들고 학교에 가던 모습이 기억 속에 아른거린다고 했다.

오빠는 그 도시락을 숨기고 싶어서 학교에 가자마자 책상 안에 깊숙이 넣어 놓았다. 점심시간이 되자 선생님이 첫 날이니 다 같이 도시락을 먹자고 해서 할 수 없이 꺼내어 책상위에 올려놓았다. 대전의 중앙에 위치한 비교적 부자동네인 그 학교에서 그런 도시락을 가지고 온 사람은 오빠 밖에 없었다고 한다. 짝이 밥도 먹지 못하고 박장대소했을 뿐 아니라, 모든 학생들이 놋주발 도시락을 구경하러 삽시간에 오빠 주위를 에워싸는 소동이 벌어졌다. 선생님이 무슨 일인가 하여 옆으로 오셨다.

그때 오빠가 의연히 "너희들 도시락을 먹을 때 겉을 먹니 속을 먹니?" 하며 어머니의 말씀을 그대로 옮겼다. 선생님은 고개를 끄덕이며 옳은 말이라고 속을 먹는 거지 겉이 무슨 상관이냐고 오빠의 손을 들어주었다. 오빠는 그렇게 일주일동안 당당하게 놋주발 도시락을 가지고 다녔다. 그 선생님의 안부를 물으니 얼마 후 자원입대하여 전사했다고 한다. 훌륭한 선생님의 죽음이 애석하다.

돌이켜 보면 참으로 가난했던 시절. 자식들의 자존심을 상하지 않게 하면서도 바른 길로 가게 이끌어주신 지혜로운 어머니. 평생 당신의 겉을 호화롭게 가꾸지 않으셨지만 속에서 배어나오는 기품이 서리던 모습이 눈에 어린다.

신의 미끼

최석호

어느 날인가 친구와 식사 중인데 친구 부인으로부터 친구에게 전화가 왔다. 그런데 친구가 많이 긴장하는 느낌이다. 몇 마디 통화하더니 스피커폰으로 돌리면서 인사를 하란다. "안녕하세요? 잘 지내시지요? 오랜만에 함께 운동하고 식사 중입니다. 늦지 않게 보내드리겠습니다." 내 목소리를 확인하고 나서야 친구 부인도 말투가 변하면서 부드럽게 전화를 끊었다.

친구가 그동안 고생하고 있는 사정을 털어놓는다. 5년 전쯤 오십대 후반의 얘기다. 별일 없이 잘 지내던 친구네 가정에 문제가 생기기 시작한 건 그로부터 3년 전쯤 아내의 갱년기가 시작되면서부터란다. 처음에는 생리가 불안정해지면서 시도 때도 없이 땀을 많이 흘리기도 하고 정서적으로 불안해지고 짜증도 많이 내고 여러 가지로 삶에 의욕을 많이 잃더란다. 같은 말도 여느 때와는 다르게 신경질적으로 받아들이고 오해를 많이 하고 그러면서 차츰 말싸움하는 빈도가 높아지고 점점 대화는 줄어들고 보이지 않는 벽이 생기기 시작했다. 부부 싸움은 칼로 물 베기라고, 애정 행위를 하려고 가까이 다가서면 그나마도 원만하게 이루어지지 않는단다. 부부생활을 할 때도 고통을 호소하고 갈등만 키우게 되니 점점 몸도 마음도 멀어져 가고 서로 간에 불신만 커졌다.

친구네는 좋은 위치에 제법 규모 있는 모텔을 운영하고 있었다. 경제적으로도 넉넉하고 애들도 다 커서 집안에 하등 걱정거리가 없었는데, 부부간의 갈등이 시작되면서 그늘이 생기기 시작했다. 부부생활이 원만치 않으면서 친구의 일거수일투족에 신경이 곤두서기 시작하고 다른 여자들과 웃으며 대화라도 하면 눈초리가 변하고 불안한 증세를 보이고, 어쩌다 여자 동창일지라도 통화라도 하는 날이면 어김없이 한바탕 난리가 나고야 만단다. 의부증이 분명해 보였다. 모텔을 운영하다 보니 허구한 날 불륜으로 들락거리는 사람들을 보게 되니 눈에 보이는 모든 게 불륜처럼 느껴지는 모양이었다.

그럼에도 갱년기가 시작되기 전에는 이런 일이 없었다. 원만한 부부생활에 불륜은 단지 남의 일이었고 그 이상으로 생각할 이유가 없었다. 그런데 자신이 받아주지 못하는 상황이 되자 그때부터 의심하기 시작하더란다. 남자는 다 똑같다, 어디 가서든 욕구를 풀어야 하는, 짐승 같은 사내로 동일시하고, 의심의 강도가 심해지고, 온갖 상상으로 스스로를 피폐하게 만들었다. 이날도 알리바이를 증명하기 위한 차원에서 나를 전화에 끌어들인 것이다.

그로부터 몇 년이 지나 친구를 다시 만난 자리에서 이제는 갈등이 거의 해소되었다고 했다. 2년 전에 모텔을 처분하고 가능하면 같이 있는 시간을 늘려서 오해의 소지를 줄이고 아내의 갱년기도 어느 정도 극복이 되면서 안정화가 되어가더란다.

그랬었는데 지금은 나의 아내가 갱년기를 지나고 있다. 아내의 갱년기가 늦어진 건 나와 나이 차이가 십 년이 넘기 때문이다. 아내는 요즘 땀도 많이 흘리고 무기력하고 몸이 붓기도 해서 한약을 먹고 있는데 한약도 먹을 때뿐이어서 장복을 하게 된다. 아내가 힘든 것 외에 우리는 아무런 갈등도 없이 잘 지내는 편이다.

내가 갱년기 증세를 보인 건 칠팔 년 전이다. 무기력해진 일상에 성욕도 저하되고 남성의 힘도 예전 같지 않음을 느끼기 시작하고, 친구들이 비아그라를 소지할 때, 차츰 그게 남의 일이 아닌 것처럼 느껴지기 시작했다. 같이 골프를 하던 오륙 년 정도 연상의 선배들이 가끔 "최 사장 젊은 부인과 사니까 좋지? 이담에 나이 들어봐!" 했다. 그 말이 무슨 뜻인지 차츰 이해가 가기 시작했다. 그러면서 많은 생각을 하게 됐고 그 시점을 기준으로 건강과 갱년기에 관해 초점을 맞추고 내 특유의 장기인 집중력을 발휘하기 시작했다.

많은 시간과 노력을 기울여 공부하며 "기 수련"이라는 특별한 수련을 했다. 갱년기의 근본 원인은 성호르몬의 불안정이다. 여성은 여성호르몬이 줄어들면서 여성성을 잃어가고 많은 문제가 발생한다. 남성은 성 능력 저하와 함께 근육의 상실과 골밀도 저하가 시작된다. 서로가 중성화되어 가면서 문제가 시작되는 것이다.

부부가 동시에 갱년기를 지나면 성적 문제가 없을 수도 있다. 동시에 같이 무기력해져서 서로 시큰둥해지면 문제가 안 생긴다. 그런데 나처럼 나이 차이가 크거나, 체력적으로 서로 다른 친구네처럼, 한쪽만 갱년기를 심하게 겪는 경우는 분명 그 영향을 받을 수도 있다. 만일의 경우를 대비해 많은 공부를 했고, 그것이 나에게 기 수련의 차원을 한 단계 높여주는 계기가 되었다. 그 공부로 인해 새로운 관점에서의 삶에 대한 안목도 높였다.

갱년기의 원인이 성호르몬의 불균형과 저하에서 오는 것이라면 부부간의 성 문제를 떠나 건강과 회춘을 위해 무엇을 해야 하는가의 답을 얻은 것이다. 답을 알고 나니 그것을 해결해 가는 과정에서 나는 또 하나 삶의 환희가 느껴졌다. 그러면서 많은 사회문제, 특히 성으로부터 발생하는 많은 갈등과 가정의 문제 등 사건들을, 매스컴들이 지적하고 비난하고 이슈화하면서도, 사회가 근본적으로 그 문제를 파헤치고 교육하지 못하는 현실에 안타까움을 느꼈다. 성 문제를 터부시하고 묻어두는 한 그 해결 방향을 찾는 건 쉽지 않다.

신이 인간을 창조할 때 성적인 쾌감을 준 것은 종족 번식을 위한 미끼였다. 종족 번식의 행위가 고통뿐이라면 개체의 번성을 기대할 수 없기에 쾌락을 미끼로 준 것인데, 인간이 미끼만을 탐하면서 거기에서 비롯된 문제들로 인해 성을 터부시했다. 그것이 오히려 성의 고결하고 성스러운 면을 훼손하게 된 것이다.

나이에 따라서 다르긴 하지만, 성은 생명을 잉태하는 성스러운 행위로 창조되었다. 신은 그 성이란 것에 생명 창조의 능력을 부여했고 인간이 살아가는데 가장 강력하고 원천적인 힘을 부여했다. 따라서 정력은 모든 에너지의 기본이며 원천이다. 결국 성을 다스리는 것이 생명을 다스리는 것이며 건강을 지키는 시작이며 끝이다. 성을 바로 볼 때 삶도 바로 보인다. 다행히 친구네도 평화를 찾았고, 우리 집도 별문제 없이 잘 지내고 있다. 평화는 저절로 얻어지지 않는다. 노력과 대가를 치른 후에야 얻어진다.

4.

또 다시 청춘

더 늦기 전에

박춘자

퇴직 후 서울을 떠나 신도시에 자리 잡은 지 23년이 되어간다. 어머니도 떠나시고 큰 집에서 둘만 살자니 휑한 느낌이다. 단출하게 살고 싶다. 그런데 지금 다른 곳으로 이사를 한다면 이 많은 짐들을 어떻게 해야 하나? 걱정이 앞선다. 남편과 내가 한창 바쁘게 일을 하고 아이들을 기르던 집. 그곳에서 삼형제 다 결혼시켜 살림 내보내고 이곳으로 이사를 할 때는 정말 많이 버리고 왔다. 그리고 이사할 때 되도록 짐을 줄이고, 꼭 필요한 것이 아니면 사지 않기로 했다. 그런데 한 자리에서 이십여 년 넘게 살다 보니 한겨울밤 소리 없이 쌓이는 눈처럼 또 구석구석 짐이 둥지를 틀고 있다.

얼마 전, 가방 하나씩 달랑 들고 미국에 사는 아들네 가서 한 달 반을 살다왔다. 물론 아들네 주거 공간에서 해주는 밥 먹고 잠시 머무는 생활이니 그렇기도 하겠지만 사는데 꼭 필요한 것은 가방 하나면 해결이 된다는 것을 새삼 느끼며 놀랐다.

강원도 산골에 있는 남편의 작업실에도 최소한 생활 용품만 비치되어 있어도 일 년 열두 달 사는데 지장이 없다. 실상 우리가 살아가는데 그렇게 많은 것이 필요치 않다. 젊어서는 살림을 늘리는 것을 자랑스럽게 생각했던 때도 있었다. 하나, 둘, 살림을 장만하며 행복했던 시절도 있었다. 이제는 모두 무거운 짐에 불과한 것들. 정리할 때다.

같은 아파트 아래층에 홍여사가 살았다. 그분과 나는 이웃으로 친하게 지냈다. 당신이 화가라는 것에 자부심이 강했고 어디서나 당당했으며 멋쟁이라 누구도 나이를 짐작할 수 없을 정도였다. 그 댁 역시 40평대 아파트가 짐으로 꽉 차 있었다. 옛날 사람은 버리는 것에 익숙하지 않다. 또한 그분은 그것들을 누가 선물한 것이며 얼마나 귀한 것인지를 자랑하는 것을 즐기셨다.

아침 산책할 때 자주 만나던 분이 어느 날부터인가 보이지 않았다. 여행 가셨거니 했다. 후에 남편 분을 만났는데 그 사이에 홍여사가 돌아가셨다고 한다. 너무나 큰 충격이었다. 채 두 달도 안 되는 사이에 벌어진 일이었다. 짠한 마음이 오랫동안 지워지지 않았다.

어느 누구도 떠날 때를 모른다. 홍여사는 봄에도 미술 경연대회 심사하러 간다며 발걸음도 가볍게 서울로 향했다. 그 해 가을에 그렇게 빨리 유명을 달리할 줄 누가 짐작이나 했겠는가. 노인은 건강하다고 장담할 수 없다. 노구(老軀) 어느 구석에 어떤 복병이 숨어 있을지는 누구도 모른다.

그러던 어느 날 아파트 앞에 산처럼 쌓여있는 짐을 보고 놀랐다. 홍여사가 자랑하던 그림 액자, 대형 사진들, 버리기 아까운 부엌살림들 까지. 부모가 소중하게 여기던 것들이 자식들에게는 아무 의미가 없는 물건들이었다. 쓰레기가 되어 대형 화물차에 실려 나가는 것을 보니 가슴이 먹먹했다. 남의일 같지가 않다. 홍여사가 자랑하던 말들이 화물차에 실려 버려진 물건과 겹쳐진다.

마침 그때 며느리의 안부전화가 왔다. 며느리의 전화는 늘 나를 기쁘게 한다. 화물차의 충격 속에 있던 나는 "예야, 이제부터 짐을 줄이려고 하는데 가져가고 싶은 것 있으면 말해라."

"어머니 전 아무것도 필요 없어요." 단호한 거절이다. 요즘 젊은 애들은 다 그런다더니 내 며느리 역시 요즘 젊은 애들이다. 나는 맥이 탁 풀린다.

우리가 젊었을 땐 모든 행사를 집에서 치렀다. 생일잔치, 돌잔치, 집들이, 남편이 승진하면서는 송년 파티도 집에서 했다. 교자상, 은수저 세트, 한창 도자기가 유행할 땐 생활도자기로 싹 바꾸기도 했다, 한 번에 살 수 없을 때는 계를 들어 장만하기도 했다. 이래서 내 물건엔 나의 역사가 담겨있고 애정이 있어 소중한 것이다. 그래서 쉽게 정리할 수가 없는 것이다. 하지만 자식들에게는 그냥 짐일 뿐이다.

어머니는 평소 남에게 주는 것을 좋아하셨다. 그래서 살림정리를 더 잘하셨는지도 모른다. 우리 집에 오실 때 단출하게 오셨다. 어머니가 돌아가신 지 3년이 지났다. 어머니의 물건은 친척 중에 가져가고 싶은 사람에게 주고 요긴하게 입을 수 있는 옷은 헌 옷함에 넣었다.

이제 우리 부부도 팔십이 훌쩍 넘었다. 유한한 시간 속에 말년을 어떻게 마무리를 할 것인가를 생각할 때다. 나도 어머니처럼 저 세상으로 이사할 때 자식들이 힘들지 않게 어서 서둘러야 한다.

더 늦기 전에 소유와 집착에서 벗어나 집안의 물건부터 하나 둘 과감하게 내어놓고 정리하는 시간을 가져야겠다.

꽃수레

정 정 연

어느 날 외출했다 돌아오니 헌 유모차가 마당 한쪽에 있다. 난 왜 이런 것을 주워다 놓았느냐고 구시렁대며 내다 버렸다. 남편은 쓸 곳이 있다며 다시 가져왔다. 헌 유모차는 어느 날 꽃수레로 변신했다. 포개어 실을 수 없는 화초들을 위하여 각목으로 삼층을 만들었다. 칭찬에 익숙하지 않은 나지만 내심 구상이 좋다고 생각했다. 어떤 사람은 잘 만들었다며 아저씨 머리가 좋은가 보라고 한다.

남편은 이른 봄부터 옥상을 오르내리며 산에 가서 흙도 퍼오고 열심히 꽃나무를 삽목 하더니 여러 가지 꽃들이 옥상으로 가득하다. 지난겨울에 들여놓을 곳이 없다고 줄이는 것이 좋겠다고 했는데 여전히 많이 번식해 놓았다. 꽃은 해마다 저마다의 색과 아름다움으로 새롭게 피어난다. 늦봄에 백합이 다투어 피어 향기를 날리더니 여름이 되자 보라색 도라지꽃과 뜨거운 태양을 사모하는 대왕꽃기린이 피기 시작했다. 목수국도 소담하게 피었다. 몇 년을 취미로 길러 지인들에게 나누어 주고 성당에 기부도 하더니 판매를 해볼 모양이다.

식물이 뿌리내리고 자라는 것을 남편은 재미있어 한다. 꽃을 기르며 흙에서 자라는 생명과 교감하고 자연과 시간도 감지한다. 손과 발을 움직여 좋은 에너지를 얻고 나눔도 할 수 있으니 좋은 취미이다. 온실에서 기른 꽃들보다 더 싱싱하고 뿌리가 튼실하다. 가끔 올라가 보면 아름다운 꽃들이 나에게도 위안을 주고 기쁨을 준다. 누가 자기를 바라보든 바라보지 않던 아름다움을 발산하는 꽃들이 사랑스럽다. 만들어 놓은 꽃수레에다 화분들을 스티로폼 상자에 담아 실으니 훌륭했다. 흩어져 있을 때보다 꽃들을 모아 놓으니 아기자기하고 더 예쁘다. 근사한 장식품도 될 것 같다.

꿈속에 꽃수레를 밀면 길몽이라고 하던데 마당 한쪽에 그냥 두고 보아도 좋을 듯하다. 꽃수레에다'가정에서 재배한 꽃이라 죽지 않아요' 하고 팻말을 붙여 놓았다. 꽃수레를 밀고 어디로 갈까 고민하는 남편을 따라나섰다. 쑥스러웠지만 건강해서 이런 것도 하니 축복이라 생각하고 용기를 내었다. 앞에서 끌고 뒤에서 밀면 어려서 불렀던 노랫말이 떠오른다. 그리고 남편이 대학 다닐 때 포장마차 수레를 끌던 생각이 난다. 늦은 나이에 고학해서 동생들과 함께 어렵게 공부한 그다. 그래, 인생이 꽃수레처럼 늘 화려한 것만은 아니야, 빈 수레도 있고 슬프고 아픈 수레도 있고 무겁고 힘겨운 수레도 있는 거야, 앞에서 끌고 뒤에서 밀어 우리가 여기까지 온 거야, 세 딸 모두 결혼시키고, 남미, 아프리카까지 배낭여행하고 그것이 나에게는 선물이고 꽃수레였어.

며칠 꽃수레를 멀리까지 밀고 가서 삼복더위에 꽃을 팔았다. 그러면서 남편은 먹고살기 위해서 이런 것을 한다면 얼마나 서글프겠냐고 하면서 더위도 잘 견딘다. 나는 좋아서 하지만 당신은 집에 들어가라고 한다. 어느 날은 꽃수레가 가다가 고장이 났다. 연장을 가져오라고 해서 가지고 갔더니 꽃을 모두 내려놓고 바퀴를 살피고 있다. 그리고 연장으로 고장 난 곳을 수리했다. 우리의 삶도 때로는 고장도 나고 치료도 하고 그렇게 살아온 거야.

밖에서 꽃수레가 돌아오는 소리가 난다. 주말이라 집에 놀러왔던 다섯 살 손자가 아빠하고 나갔다가 꽃수레를 밀고 들어온다.

대적골 제철 유적지의 소고(小考)

조한금

장수군 장계면 명덕리 산 154-1번지. 동네를 벗어나 야트막한 산길을 한참 오르다 보면 대적골 제철 유적지가 나온다. 백두대간의 고봉인 덕유산(1492m)에서 서남쪽으로 뻗어 내린 산줄기 사이에 계곡이 있고, 그 계곡 내부에 평탄한 넓은 대지와 수량(水量)이 풍부한 계곡천(川)이 있었던 곳. 군산대학교의 역사 고고학자인 곽장근 교수가 인솔한 유적답사팀은 학술 사료를 수집하는 전문가들이 아닌 민간인들로, '장수 가야' 때의 유물이 발굴된 현장의 궁금증만으로도 전주와 군산에서 달려온 현직 교사와 공무원 등, 곽 교수와 친분이 있는 분들이었다.

장수팀은 곽 교수의 수제자가 현직 교육감과 우리 부부를 초대해 각각 5, 6명씩 세 팀이 서로 초면인 채 장계면사무소 앞에서 함께했다. 그동안의 발굴 현장 사진과 유적지 지도를 면사무소 정자에 임시로 걸어 놓고 산에 들기 전에 곽 교수가 사전 브리핑을 했다. 2018년 5월 28일부터 그해 11월 14일까지 재단법인 전주문화유산연구원팀이 허가받아 조사하고 발굴한 '가, 나, 다, 라' 지구의 상황과 앞으로 발굴할 위치도.

삼한시대에 백제와 신라가 마한과 진한을 가라국으로 통일할 때, 변한은 불목으로 인하여 제국으로 통일하지 못하고 부족 사회를 그대로 유지하고 있었다. 육가야는 김해의 '금관가야' 함안의 '아라가야' 고령의 '대가야' 함창의 '고령가야' 성주의 '성산가야' 고성의 '소가야'인 경상도를 말한다. 경상도가 아닌 전라도 그것도 장수에 가야가 있었다는 기록이나 문헌은 교과서나 그 밖의 어디에도 없었다. 그런데 5세기 가야 때의 유물을 아무것도 모르는 장수의 한 농가가 출토하면서 장수에도 가야가 성업으로 존재했다는 사실들을 차츰 밝혀가는 중이다.

일설에 의하면 주민이 자기네 밭을 갈다가 출토한 가야토기 등을 보관하고 있었는데 그 지역을 탐사하러 온 학자에게 출토한 그릇을 선물하자 가야 역사를 확신하고 그때부터 정확한 위치를 추적 발굴 출토하면서 퍼즐 맞추듯 지금에야 역사를 거꾸로 짚어가는 중이다. 그런 이 지역에 문화재청이 빨리 관심을 쏟아 예산을 집중 투입해주지 않으면 지방 예산만으론 묻힌 보물들이 얼른 빛 보기 어려운 실정이다.

장수는 평지라도 해발 400m의 고랭지다. 얼마 오르지 않은 7.8백m 고지에서 유물의 파편들을 만날 수 있었다. 5세기 때 철기를 제조한 흔적이 지금도 '슬레그'로 여기저기에 깔려있어 그 규모가 방대했음을 쇳조각들이 말해준다. 이미 발굴한 지역이라 울창한 삼림이 아닌 자잘한 잡목들 아래 1.500여 년 전에 철기를 제조했던 화로의 파편들이 녹물이 배어난 채로 여기저기에 나뒹굴고 있다. 완성된 철기를 꺼내려면 반드시 화로를 깨야 해서 철기마다 주조 틀로 썼던 화로의 파편들이 많다는 것. 로마다 쇠의 불순물이 빠져나갈 통로를 두었는데 쇳물과 함께 통로를 빠져나간 마지막 쇳물이 다 흐르지 못한 채 쇳조각 위에 동글동글 굳은 채 녹물이 배어 나와 그야말로 오래전의 쇠똥이었음을 입증해주었다. 쇠를 녹이려면 고열을 내는 참나무 숯이 필요하고 달군 쇠를 두드려 만드는 대장간이며 사람들이 마시는 식수며 달군 쇠를 식힐 많은 수량(水量)이 필요했을 터, 그런 조건의 최적지가 바로 철산인 대적골의 깊은 산중이었던 것.

철은 부(富)를 상징하는 최상의 부가가치로서 완성된 철기는 물물교환의 수단으로 유통되어 비단이나 보석 그 밖의 값나간 물품들과 교환하여 소장하면서 큰 마을을 이루고 부자로 잘살았을 텐데 어찌 소멸됐으며 그 기록은 후대에 하나도 전해지지 않은 채 페루의 공중도시 마추픽추처럼 잊힌 채로 1,500년이나 지났을까? 산을 오르는 길목의 안내표지판에는 당시에 기와집을 짓고 살았던 기와도 발굴했다며 표지판 옆에 기왓장을 쌓아두었다. 그 옛날에 기와집을 짓고 하인들을 거느리고 번창하며 부자로 살았던 마을이었을 것을 유추하기 어렵지 않았다.

납작하고 작은 검은 돌 하나를 주워 손바닥에 올려놓고 무게를 가늠해본다. 제법 무겁다. 그대로 쇳덩이다. 쇳물이 녹아 불순물과 함께 흘러내린 것의 파편들은 1500년 동안이나 땅속에 묻혀 있다가 발굴 후에 버려진 조각들이다. 그간 천재지변이나 악천후로 수없이 떠내려갔을 유실이 아까웠다. 내 눈에는 모두 돈으로 보여 마음이 조급해진다. 지금이라도 더는 유실되지 않도록 보존하고 잘 관리해야 하는데 허술한 관리가 신경이 쓰인다. 별 신통찮은 역사와 유물로도 관광객을 끊임없이 불러들이는 세계 여러 나라를 돌아본 나로서는 그런 파편들만으로도 기념품이 되고 관광 상품이 되어 재화가 되는데 활용하지 못하는 안목들이 몹시 아쉬웠다.

미국의 버지니아주 콜로니얼 윌리엄스버그는 미국에서 가장 큰 살아있는 야외 역사박물관이라고 자랑하며 끊임없이 관광객을 불러들인다. 16세기 영국의 식민지였을 때의 모습들, 식당이며 대장간 민가 등의 생활상을 그대로 재현해 놓고 그 시절의 복식으로 살면서 관광객을 맞는다. 마치 타임머신을 타고 과거로 돌아간 느낌으로 참 신선했다. 관광지에서 현대와 고대가 공존하는 예전의 생활 모습을 보는 것은 신비롭고 색다른 매력이던 30여 년 전이 불현듯 떠오른다.

장수는 대적골의 유적지뿐만 아니라 수많은 봉화를 올렸던 봉화대며 고분이며 왕궁터가 우리 집에서 가까운 곳에 많이 있다. 그것들을 죄다 엮어 빨리 상품화한다면 세계인의 이목을 금방 끌 것이다.

산에서 내려와 가마솥의 불을 끄지 않고 4대째 운영하는 장계장터의 돼지머리 국밥집 '양지식당'에 모여 점심을 먹었다. 지금도 장수에 철이 많았음을 입증할 수 있는 것은 물에 철분이 많은 경수(硬水)라 돼지고기가 다른 지역보다 훨씬 맛있고 상추가 맛있다고들 한다. 그러기에 피부를 씻는 세안 용수로는 좀 아쉽다. 또 다음날을 기약하고 헤어졌지만, 장수는 앞으로도 해야 할 일이 많고 급하다고 다 같이 입을 모았다.

'잊혀진 도시' 뜻의 페루의 마추픽추. 340년을 잊힌 채로 묻혀 있다가 1911년에야 미국 청년 '하이람 빙검'이 등정하다 발견해 붙인 이름이다. 마추픽추의 오두막 전망대에 서서 사방을 둘러보고 아래를 내려다보노라면 왜 한창 성업 중이던 이 넓은 터의 공중도시가 갑자기 사라져 340년간이나 묻혀있었을까 몹시 궁금해진다. 우르밤바강을 끼고 번성했던 도시는 침략자들에 의해 역사 속으로 사라져 묻혀있었지만, 그 역사의 현장을 발굴해 보존하면서 지금은 전 세계의 관광객을 불러들여 먹고산다.

장수도 잃어버린 5세기 때의 역사와 문화가 사방에 널려있으니 제철의 슬레그를 이용, 각종 기념품을 만들고 목걸이 팔찌 반지 등의 장신구를 만들어 팔면서 예전 복식과 생활상을 그대로 재현해 박물관 식당 기념품 가게 등을 운영한다면 군 전체가 먹고 살 만큼의 고부가 가치가 창출될 것임을 확신할 수 있었다.

그동안 출토된 가야유물은 장수 한누리 전당의 조그만 전시 공간에 골고루 전시해 놓고 관심 있는 분들만 어쩌다 들러 구경하는 정도로 존재하고 있지만, 유네스코 세계문화유산의 가치가 충분한 이 물품들이며 이 지역이 통째로 세계문화유산으로 지정되어 관광자원으로 높은 부가가치를 창출할 수 있었으면 참 좋겠다.

세계는 하나다. 보존할 가치가 있는 귀한 자료나 유물들을 유네스코 세계문화유산으로 지정하여 세계가 공유하고 보존하며 사는 이때, 장수의 역사도 빨리 발굴해 유네스코 세계자연유산이나 문화유산으로 등록 세계가 공유하길 바라는 마음 간절하다.

저 푸른 창공으로

양혜원

남편이 오지 않았다. 이렇게 늦으면 미리 문자라도 하는데. 근 한 시간이 지나갔다. 전화도 받지 않는다. 무슨 사고가 난 걸까 불안이 커질 때 남편이 집에 왔다. 왜 이리 늦었냐고 다그쳤다. 물 한 컵을 청해 마시더니 천천히 이야기를 시작했다.

남편이 퇴근하려고 사무실을 나서자 무엇인가 퍼드덕 스쳐 갔다. 참새였다. 인기척에 놀란 참새는 미끄러운 유리창에 부리를 콕 콕 쪼아대며 허둥거렸다. 복도 창문을 열어 보니 바깥은 방충망으로 빙 둘러쳐 있었다. 아주 난감한 상황이었다. 게다가 주말이라 월요일까지 인적 없는 건물에서 유리창에 부리 질을 계속하다 주둥이가 상하고 종국에는 위태로운 몸짓을 시도하게 될지도 몰라 그냥 못 본 체할 수가 없었다고 한다. 참새가 들어왔던 1층 출입구로 훌쩍 나가준다면 좋으련만 그 가능성은 희박해 보였다. 방법은 옥상 문으로 나가는 것 뿐이다. 혼자서는 어림없어 경비아저씨에게 도움을 구했다.

두 사람이 우왕좌왕 끝에 3층까지 내려간 참새를 복도 끝 계단까지 유인에 성공했다. 다음 단계는 참새를 3층에서 6층까지 몰고 마지막 옥상 문까지 데려가야 한다. 왜냐하면, 그 건물의 계단은 3층에서 옥상까지 세로의 길쭉한 형태라 단번에 쫙 날아올라야 겨우 옥상까지 갈 수 있는 구조였다. 이러는 사이 시간이 지체되어 사람도 참새도 기진맥진한 상태였다. 하늘의 도움도 필요했다. 하지만 제일 중요한 참새 스스로가 생에 결의로 솟구쳐야 가능한 날갯짓이 남았다. 제발 마지막 힘을 내어주길 바라는 마음을 알아챈 듯. 다행히 참새는 온 힘을 다해 한 번에 쭉 날아올랐다. 드디어 참새는 해냈다! 저 푸른 창공을 향해 훨훨 날아갔다. 평화가 깃든 아름다운 자신의 보금자리로 돌아갈 수 있었다.

그날은 유난히도 화창한 5월의 봄날이었다. 아들과 단둘이 소풍 가기로 약속했던 날이었다. 크게 선심 쓰듯 아들 유치원까지 빼먹고 신나게 서울대공원에 갔다. 배낭에는 아들이 좋아하는 맛있는 먹거리로 가득 채웠다. 관람객도 적은 평일이라 마음마저 여유로웠다. 한껏 들뜬 우리가 대공원에 들어가 처음 본 것은 핑크빛 홍학 무리였다. 기념사진을 찍으려는 바로 그때 전화가 왔다. 딸아이 학교에서 사고가 나 병원으로 급히 옮기는 중이라 했다. 허겁지겁 병원에 도착하니 딸아이의 얼굴과 교복은 피범벅이었다. 얼굴 옆에 뼈가 보일 만큼 상처가 깊었다.

아이는 얼마나 많이 울었는지 눈까지 퉁퉁 부어있었다. 교실에서 남학생 두 명이 장난을 치다 사물함에서 물건을 꺼내는 딸아이를 밀쳐 사물함 모서리에 얼굴이 찢어진 것이다. 수술 전, 의사 선생님은 조심스럽게 상처나 흉터보다 걱정인 것은 찢어진 부위가 뇌신경이 지나는 자리라 했다. 당시에 바로 이상이 나타나지 않아 방심하고 있었다. 상처가 아무는 시점에 아이는 앞이 잘 안 보이고 눈을 뜰 수가 없다고 했다. 대학병원으로 가니 뇌신경이 마비돼 눈에 이상이 온 것이었다. 그리고 시작된 길고 긴 투병 생활.

일 년 가까이 마비된 한쪽 눈은 안대를 낀 상태였다. 대학병원 입원 후 치료도 별 차도가 없었다. 지푸라기라도 잡는 심정으로 온갖 병원을 찾아다녔다. 그러던 와중에 지인의 소개로 한의원을 찾아갔다. 아이도 나도 지친 마음에 별 기대 없이 찾아간 병원이었다. 한방에서 이 분은 여느 의사 선생님과 달랐다. 아이 무표정 속에 가려진 슬픔을 먼저 알아봤다. 대학병원에서 퇴원 후 학교로 돌아갔을 때, 안대 낀 아이를 쫓아다니며 장애인이라 놀린 아이 중에 사고를 낸 가해자도 있었다. 부모인 우리도 분노가 치밀었는데 놀림당하는 딸아이는 어떤 마음이었을지. 우리는 치료에 급급해 아이의 굳게 닫힌 마음을 미처 헤아리지 못했다. 아이는 병에 지쳐 희망 없어 보이는 자신을 무표정으로 버티어 내고 있었다. 딸의 마음을 알아주는 한의사 덕분에 아이는 조금씩 밝은 표정을 찾기 시작했다. 선생님은 이런 치료에 경험이 없지만, 최선을 다하겠다며 우리를 위로했다. 그 말에 통곡이라도 하고 싶을 만큼 고마웠다.

그러나 한방 치료에 시간이 꽤 흘렀는데 차도가 없었다. 내 마음은 다시 캄캄한 어둠으로 다 뒤덮여 버렸다. '앞으로 어떻게 하나?' 하는 불안함이 나를 삼켜버릴 듯했다. 그러던 중에 선생님께서 안대를 그냥 풀어보자 하셨다. 다소 과감한 제안이었다. 아이의 신체가 반응하도록 자연이 스스로 가진 복원력을 믿어보자 하셨다. 말이 쉽지 그게 가능할까 싶었다. 딸아이 역시 처음에는 완강히 거절했지만 두려움에 맞서듯 안대를 벗어보겠다 했다. 드디어 안대를 풀었다! 아이의 절박한 마음이 하늘을 움직인 것인지. 기적처럼 서서히 눈이 치료되기 시작했다.

살다 보면 뜻하지 않게 엄청난 사고를 당하기도 한다. 눈 깜짝할 순간에 참새의 처지가 되기도 한다. 내 딸처럼 불의의 사고로 가족 모두 힘든 처지가 되기도 한다. 힘든 상황에 부닥치면 앞이 보이지 않기에 길이 없다고 생각한다. 나도 그랬다. 절망적인 상황에서 참새는 어쩔 수 없이 캄캄한 계단 통로를 날아 올라가며, 마지막에 알았을 것이다. 거기가 길임을. 우리가 두려움과 불안으로 힘든 그때, 선생님의 정성 어린 도움과 치료 덕에 안대 없이 살게 된 것처럼. 남편도 꼼짝없이 갇힌 참새를 보며 아마 딸의 사고를 떠올렸을지도 모른다. 내 가슴에 박혀 있던 대못처럼, 그때의 아픔도 이제는 푸른 하늘에 날려 보내련다.

인류학자 마거릿 미드는 인류문명의 첫 신호를 '부러졌다가 다시 붙은 흔적이 있는 대퇴골'이라고 말했다. 1만 5천 년 된 화석에서 그걸 발견했다. 그 시대에 대퇴골이 부러진 사람은 맹수의 먹잇감이 되거나 굶어 죽을 수밖에 없었다. 그것은 넓적다리뼈가 부러진 사람을 최소 6주 이상 곁에서 누군가 도와준 흔적이며, 어려움에 처한 사람을 돕는 것이 문명의 신호로 보았다. 그렇다. 한 치 앞도 모르는 인생길에 참새의 처지가 되기도 하고 반대로 참새를 도와야 하는 처지가 될 수도 있다. 도움을 주고받는 길, 그것이 인생길이라면 괜찮다. 어떤 어려움도 견딜 수 있다.

또 다시 청춘

남 상 태

지난 15일 날 3년 만에 고향친구 모임을 가졌다. 격월제로 만나던 모임이 코로나 펜더믹으로 인해서 3년 동안 만나지 못하다가 모처럼 만나서 매우 반가웠다. 그동안 타계한 친구도 있었지만 오늘 참석한 친구들은 모두 얼굴이 맑고 건강해 보였다. 그중 한 친구는 우리들을 딴 세계로 안내하는 듯한 느낌을 주었다. 그 친구는 금년에 90세, 서울사대출신으로 영어교사로 근무하다가 적년 퇴임하고 등산을 즐기던 친구다.

반갑게 악수를 하면서 보니까 살이 좀 빠졌다는 느낌이 들었는데 그 친구 왈 체중이 줄어들더니 까만 머리가 나오더란다. 식욕도 좋고 소화도 잘 되고 건강에 이상 없다고 하고 기가 살아나는 기분이라고 했다. 예수는 죽어서 부활했지만 이 사람은 인간으로서 최초로 죽지 않고 부활하는 기적적인 인간으로 직접 보여 주지 않을까 기대가 됐다. 그 자리에 모여 있던 모든 회원들이 서로 간에 대화를 나누면서도 시선은 그 사람에게 쏠려있었다. 나처럼 그분이 부활할지도 모른다는 생각하는 사람도 있겠지만 실제 부활이 이루어진다 하더라도 우리 평생에는 보지 못할 것이고 먼 훗날 기록으로 남지 않을까 상상해 봤다.

나 자신도 요즘 기적 같은 느낌 속에서 살고 있다. 지난 3월 중순에 안면마비(구안와사)가 와서 치료를 받았는데 그 증세를 치료를 받던 중에 90평생 세파에 시달려 굳어 있던 안면 근육이 함께 펴져서 맑게 보인다고 하고도 하고 젊어졌다는 등의 기적 같은 말을 듣기도 했다. 또 하나 오래전에 오른쪽 눈이 중심성막망염을 앓던 자국이 눈의 중심부분을 거의 차지하고 있어서 그쪽 눈은 포기하고 살아왔는데, 이번에 시력검사를 하면서 눈 동공에다 아주 비싼 주사를 한 방 맞았더니 그 검은 자국이 2/3는 걷히고 밝아지면서 회춘이 이런건가 하는 기분이다. 거기다가 며칠 후에 예약이 되어 있는 그 주사 한 방 더 맞으면 완전 복구되지 않을까 기대된다. 돈으로 눈알 하나 사게 될 것 같아서 희망에 들떠 있기도 하다.

거기다 또 하나 나를 흥분케 하는 것은 교통사고를 두 번씩이나 당해서 하체를 거의 쓰지 못하고 지팡이 짚고도 비틀비틀 하면서 겨우 움직이고 있는데 샘표간장 고 박승복 전 회장의 식초의 효능에 대한 이야기를 듣고 인터넷으로 검색해서 2달 전부터 실천에 옮겼더니 그 식초효과인지 신체에 생기(生氣)가 돋아나고 정신이 맑아지는 듯한 느낌이 들고 있다.

지난 2018년 2월부터 효력이 발생하는 사전연명의료의향서에 대해서 반기면서 작성한 기억이 있다. 관계기관에 접수가 됐는지 늘 궁금했는데 약 한 달 전에 전격 접수하고 며칠 전에 확인카드까지 전달받았으니 이제 모든 숙제가 다 끝난 것처럼 몸과 마음이 가벼워졌다.

나이가 나이인 지라 모든 것을 받아드리고 여생을 감사하는 마음으로 살아가겠다고 생각하지만, 사회생활에 청력부족은 자존심 깎인다. 내 나이 또래 많은 분들이 보청기를 끼고 있음을 확인하면서 남은 과제는 청력 보충을 위한 보청기 확보다. 현재도 끼고 있기는 하나 소리는 크게 들리나 말소리가 울려서 똑똑히 알아들 수 없어 실망을 하면서도 별 기대 없이 끼고 있다. 그런데 현재 변호사 생활을 하고 있는 나의 한 친구는 귓속에 쑥 들어가는 보청기로 생활하는데 불편이 없다는 말을 듣고 보청기에 대한 기대가 달라졌다. 관심을 갖고 노력하면 청력까지 확보할 수 있을 것 같고, 시력은 주사로 회복되고 육신은 식초로 활기가 더해지면 그야말로 재생이 아닌가.

교통사고 2회로 반신불수(半身不隨)가 되기는 했으나 이렇게 경사(慶事)라기보다 길사(吉事)가 겹치면 남은 인생 맑게 밝게 오래 살지 않을까.

고독도 병이라고 하는데 나는 어릴 때는 어머니를 여의고 '울밑에 귀뚜라미 우는 달밤에 가럭기럭 기러기 날아갑니다. 가도 가도 끝없는 넓은 하늘로 엄마 엄마 찾으며 날아갑니다.' 이 노래를 부르면서 한 없 울었는데 그때 고독은 슬픔이 몰고 가 버렸을 것이다. 청소년기에는 주어진 환경에서 헤쳐 나가기 위한 투쟁 속에 고독 같은 것은 찾아들 틈이 없었고 중・장년기에는 가족 부양과 사회 활동으로 고독이 찾아둘 틈이 없었다. 지금은 사랑하는 가족들에게 둘러싸여 있고, 게다가 마누라의 지극 정성스런 보살핌으로 고독 같은 불량품은 범접을 못하는 삶을 영위하고 있다. 고독이란 인생의 불행의 한 단면이고 희로애락 중에 애(哀)에 해당할 것이다. 고독을 모르고 살아가고 있는 사람은 애의 한 부분을 감면 받는 행복한 사람이다. 지금 나는 수필문학을 접하면서 고독은 없고 하루가 길고 1년도 길게 살아가고 있다.

그러나 강릉 산불 불씨가 100m밖에 살고 있는 사람에게 태풍을 타고 날아가서 상처를 주고, 인도를 편하게 걷고 있던 나를 승용차가 덮쳐 사경을 헤매게 했던 일도 있었다. 적을 평정하고 백마 네 마리가 끄는 마차를 타고 들어오는 로마의 개선장군이 시민들의 환호에 취해 손을 흔들고 있는 장군 뒤에서 "memento morie!" 하고 외치는 사람이 있고, 나의 등 뒤에서는 "하체불안 넘어지면 죽는다!" 하고 외치는 소리를 듣는 듯하다.

조심하면서 내일은 내일에 맡기고 오늘에 주어진 모든 행복을 만끽하면서 웃으면서 살아가고 있다.

홍촌천엔 너구리가 산다

복진수

봄비가 장마처럼 내렸다. 일 년 내내 거의 건천이던, 과거 남양 홍씨 집성촌이 있던 홍촌천도 제법 하천의 모습을 드러냈다. 금슬 좋은 청둥오리들이 여남은 마리의 새끼들을 거닐고 수초 사이를 유영한다. 우리 가족이 반려견과 함께하는 가장 좋아하는 산책로 중의 하나이다. 특히 토요일 오후이면 마음까지 여유로우니 주변 경관이 연필로 그린 세밀화처럼 하나하나 속살을 보여준다. 시냇가 둔덕에 물가 쪽으로 비스듬한 개나리들이 노란꽃잎들의 무게를 내리고, 사이사이 하얀 미선나무 별꽃들이 반짝인다. 자전거 도로 마른 땅 한쪽으로는 새단장 이사를 하는지 셀 수 없이 많은 개미들이 검고 긴 띠를 이루며 산 쪽으로 긴 여정을 떠나고 있다. 벚나무들은 큰 망울로 봄 축제를 준비하고, 은행나무 가지마다 올라온 움들은 청명한 하늘을 캔버스 삼아 기하학 도형들을 그려낸다.

홍촌천엔 유달리 보가 많다. 2.5킬로미터 남짓에 콘크리트로 무장된 넘을 수 없는 장벽이 최소 열개는 넘는다. 게다가 도로 쪽이나 산 쪽으로도 90도로 축성된 인공제방은 청계천 그것의 반 이상 되는 높이니 거의 어른 키쯤 되어 보인다. 계절마다 강수량이 너무 달라서 수생동식물을 보호하려는 인간의 속 깊은 배려인지, 미약하나마 일년 내내 물을 좀 보고 싶어 하는 우리네 욕심인지는 좀 따져봐야 할 것 같다.

어젯밤 비로 하천은 보마다 작은 폭포소리를 내고, 손바닥만한 모래톱에 뿌리를 내린 잡목들과 철지난 마른 풀들도 순응하듯 물결 방향으로 편안히 누워있다. 물가 쪽으로는 청색 왜가리와 청둥오리, 산책로 쪽에서는 산비둘기와 청설모, 특히 등산객들에게 호의적인 들고양이들을 만날 수 있는 것도 일상과 다른 즐거움들이다. 시멘트 보 아래 청둥오리 한 쌍은 먹이활동이 한창이다. 산쪽 수직 제방과 맞닿은 보의 구석에 검고 작은 움직임을 우리는 거의 동시에 목격했다. 걸음을 멈추고 한동안 숨을 죽였다. 갑자기 보 아래 부분을 가로질러 우리 쪽으로 오다가 보를 향해 뛰어 기어오르려 했으나, 반도 못가 미끄러져 내려왔다. 몇 분 사이 수차례 반복되었고, 우리 쪽으로 더 가까이 도움닫기를 할 때 뒷다리에 물이끼와 범벅된 핏자국이 보였다. 아내가 사진과 동영상으로 찍고 나서야 너구리임을 알았다. 늘 가던 곳까지 올라가지 못하고 급하게 유턴해서 너구리를 만났던 자리로 돌아왔다. 아이는 탈진된 듯 구석에서 가냘픈 미동만 있을 뿐이다.

인터넷을 검색하여 야생동물 구조단체에 연락을 했다. 토요일 늦은 오후다. 당직자로 예상되는 분이 전화를 받았다. 자기네는 본부이고 지역 구조 활동은 별도로 구성되어 있고, 주말이라 어려울 것 같다는 답변을 받았다. 가까운 과천동물원에 전화를 넣었다. 첫 번째 전화와 비슷한 얘기를 하면서 혹시 모르니 과천시청에 연락해보라고 했다. 시청 담당자의 조치 방안도 크게 다르지 않았으나, 너구리의 처지에 공감했고, 내 연락처를 묻고, 어떤 처리를 하던 결과를 알려 주겠다고 했다. 저녁 약속이 있어서 일단 집으로 돌아가야 했다. 도로 모퉁이에서 있던 경찰 순찰차에게 다가갔다. 동영상과 사진을 보여주고 혹시 119구급대가 도울 수 있는지 물었다. 자기네들도 소방서에 연락을 해 보겠지만 시민이 직접 하시는 게 더 효과가 있을 것 같다고 조언을 주었다. 119에 도움을 청했다. 중간에 누군가가 전화를 바꾼 것 같았다. 생태계는 자연 그대로 두는 것이 구조의 원칙이라는 식의 설득이 들어왔다. '콘크리트 보는 누가 쌓았으며, 양쪽 수직으로 올라온 시멘트 인공 제방은 자연인가? 그나마 낮은 부분 산쪽 제방은 고등학교 경계로 녹색 철제 펜스로 빈틈없이 채워져 있는 것 역시 생태계의 일부인가?' 이렇게 묻고 싶었으나 대신 이렇게 말했다. "안전한 포획 도구만 있으면 잠깐 가면 구조할 수 있을 것 같습니다. 부탁드립니다." 구급대원이 최선을 다해 보겠다고 했다. 순찰차 경찰관과 연락처를 주고받고 결과를 공유하기로 했다.

약속시간이 촉박하여 아내와 주차장을 나오면서 관악산쪽 홍촌천 방향으로는 마음만 향했다. 친구들과의 모임 시작부터 대화보다는 휴대폰만 자주 바라보게 된다. 드디어 경찰관에게서 전화가 왔다. 전화를 받으려고 자리를 비우는데 아내와 눈이 마주쳤다. 홍촌천 너구리는 구급대가 안전하게 구조하였다고 했다. 과천동물원에 일단 수용하여 치료 후 자연으로 돌려보내질 것이라고 했다. 너구리는 원래 겨울잠을 자는 동물인데 조금 일찍 나와 먹을 것을 찾다가, 보 아래에 갇혔던 것으로 추정된다고 했다. 서로 참 다행이라고 서로에게 감사하다고 하며 전화를 끊었다.

아내가 SNS 가족 대화방에 너구리의 동영상과 사진을 올렸고, 아이들도 홍촌천에도 너구리가 사는 것을 알게 되었다. 오늘도 청둥오리와 왜가리, 산비둘기. 청설모는 산책길에 자주 만난다. 너구리는 보와 인공제방이 있는 한 다시는 볼 수 없을 것이다. 아니 보지 않았으면 좋겠다. 그가 안전한 숲 속을 달리고 어느 아늑한 굴속에서 행복하기를!

마지막 꽃 한 송이

권예자

꽃이 떨어졌다.

하나, 혼자, 마지막이란 단어를 껴안고 한 달여를 버틴 호접란 한 송이가 오늘 투신했다. 날마다 안타까워하며 저를 돌보아준 내게 작별 인사도 하지 않고, 깊은 밤 소리 없이 제 어미의 품을 떠났다. 수명이 다해선지 외로움이 사무친 탓인지는 알 수 없지만 스스로 벅찬 무대에서 물러난 것이다.

지난해 팔월 삼복더위가 기승을 부릴 무렵, 커다란 축하 화분이 우리 집 초인종을 눌렀다. 여덟 개의 주 꽃대에 곁 꽃대도 여러 개가 달린 노란 호접란 화분은 크고 당당하며 품위가 있었다. 보통의 호접란보다 송이도 큰데다 빛깔도 화려해 가정집에 놓기엔 민망스러울 정도의 화분이었다.

그동안 이런, 저런 일로 크고 작은 축하 화분을 받은 적이 많았지만, 이렇게 큰 화분은 처음이라 당황스럽기까지 했다. 화분의 무게가 무겁지는 않았지만, 꽃이 담긴 그릇은 물론이고, 꽃대의 키만도 일 미터에 이르니 혼자 들다 꽃이 상할까 염려되어 둘이 조심조심 들어 거실 한쪽에 옮겨 놓았다.

그런데 어울리지 않는다는 우리의 선입견과는 달리 화분은 들어서자마자 이 집의 주인 자리를 차지해 버렸다. 누구나 우리 집에 오면 꽃에 먼저 인사를 했고, 꽃도 당연한 듯 그를 맞고는 했다. 결국 나는 화분의 비위를 맞추며 시중을 드는 도우미가 되었다.

꽃송이 안의 꽃술만 본다면 수많은 맹수가 날카로운 이빨을 드러내고 달려드는 듯 살짝 무섭게도 보였다. 연약한 꽃들은 자신을 지키고자 몸 안에 맹수의 모습을 담아둔다고 들었는데 이 꽃에서 그 모습을 보게 된다니 참 신기했다. 힘없는 자들이 내보이는 뻔한 객기도 같았지만, 날카로운 맹수의 입모습도 예사롭지는 않아 보였다. 그래봐야 사람들 눈엔 그저 꽃일 뿐인데 말이다.

내 일곱 번째 작품집 축하로 우리 집에 온 이 화분은 그 여름을 지나 가을, 또 겨울 세 계절을 넘나들며, 연달아 꽃을 피웠다. 여섯 달 동안 보낸 이의 당부대로 아름다운 메신저 역할을 톡톡히 한 것이다. 그리고 올해 이월, 초봄의 문턱에서 꽃송이가 다 떨어지고 빈 몸이 되었다. 화려함이 컸던 만큼 허전함이 큰 것은 당연했다.

그런데 꽃대를 정리하다가 곁 꽃대에 다시 곁은 낸 오 센티 정도의 짧은 꽃대에 참깨만큼 작은 심지 세 개가 쪼르륵 달린 것이 보였다. 이미 시기도 놓쳤고 필 가능성도 없어 보였지만 핼쑥한 그 모습이 가여워 윗대만 자르고 살펴보기로 했다.

며칠 후에 보니 참깨 같던 꽃망울 두 개가 콩알만큼 자라났지만, 한 개는 노랗게 변색하여 말라버렸다. '차라리 그때 같이 잘라 버릴걸. 괜히 남겨서 신경을 쓰네.' 중얼거리면서도 유튜브를 더듬어 달걀껍데기를 볶아 가루로 만들어 끓는 물에 우려 분무해주고, 당근 주스도 곱게 걸러 뿌려 주었다. 또 바나나를 삶은 물이나 쌀뜨물에 담가 보는 등, 화려했을 적엔 때맞춰 물이나 주던 내가 남은 두 송이에 정성을 쏟았다.

필 시기를 한참 넘긴 것이라 꽃을 볼 가능성은 별로 없다고 여기면서도 이렇게 정성을 들인 탓인지 십여 일이 지나니 기울었던 꽃대가 위로 솟으며 제법 길어졌다. 꽃봉오리도 밝은 초록을 띠며 엄지손가락 한 마디 크기로 자랐는데, 그 모습이 마치 팔십년 대의 가로등처럼 등을 맞대고 있어 새로운 볼거리가 되었다.

'저 둘은 서로 도우면서 같이 꽃을 피울까? 아니면 한 송이가 욕심을 내어 저만 피거나, 다른 송이라도 잘 피도록 양보해줄까?' 나는 기대인 듯 아닌 듯 어느 쪽 편도 들지 않고 살펴보기만 했다.

가로등이 된 지 일주일 후 매달렸던 줄기가 누렇게 변한 봉오리 한 개가 포기한 듯 몸을 떨구었다. 끝까지 피어보려고 입술을 달싹거리다가 떨어진 꽃이 허공에 슬픈 표정을 남겼다. 그때 그냥 함께 가게 둘 것을 괜한 욕심으로 고생만 시킨 것이다.

그나마 다행인 것은 친구를 잃은 슬픔 속에서도 나머지 한 개가 다음 날 작은 입술을 열었다. 나는 남은 꽃봉오리를 들여다보며 할 줄도 모르는 최면을 걸고 또 걸었다. 너는 꼭 피어서 이 화분의 마무리를 예쁘게 지어야 한다고. 힘들겠지만 네 속에 살고 있을 옛 기억을 찾아, 네 어미가 뒤늦게 너를 잉태할 때의 소망을 생각해 보라며….

친구가 떠난 일주일 동안 조금씩 입술을 연 그는 힘이 모자란 탓인지 샛노랗게 활짝 피지는 못하고, 노랑에 가까운 연두로 반쯤 피어 한 달을 버텼다. 그동안 꽃은 어땠을지 모르지만 나는 쓸쓸하게 행복했다. 얼굴이 무거워 고개를 숙이면 받쳐주고 기울면 버팀목으로 세워주면서.

축하는 마음만으로 충분하다는 내 거절에도 친구는 왜 이렇게 분에 넘치는 큰 화분을 보내주었을까? 앞으로는 이런 축하를 해줄 기회가 없을지도 모른다는 생각에서였을까? 그도 나도 다음 작품집을 장담하기는 어려운 나이에 이르렀으니까.

억지로 핀 꽃 한 송이는 나에게 적지 않은 가르침을 주고 떠났다. 제힘으로 된다면 끝까지 최선을 다해라. 그러나 기운이 다해 자꾸 숙어지는 고개를 주인이 매어준 버팀목에 기대어, 여러 날을 산 듯 죽은 듯 견뎌 낸 일은 결코 자랑할 일이 아니라는 것을….

내일은 가족의 반대로 아직 하지 못한 '연명치료 거부신청'을 하러 가야겠다. 가서 오래 사용해서 쓸모가 있을지 모르겠지만 더 필요한 것도 있다면 주겠다고 약속하고 싶다. 마지막 호접란 한 송이가 내 손전화에서 쓸쓸히 웃고 있는 삼월, 흰 구름 한 점 동동거리는 하늘이 애처롭게 맑다.

별똥별 둥지

김 익 래

새벽 동틀 무렵 전투기 두 대가 활주로에 올라섰다. 두 줄기 붉은 불꽃을 뿜어내며 로켓처럼 하늘로 치솟았다. 육중한 굉음이 하늘 공기를 뒤흔들며 어둠을 거둬 갔다.

매일 새벽 같은 시각에 출동하는 이 초계비행 이륙 소리는 비행장 별똥별 둥지 사람들의 하루를 열어준다. 무게가 실린 이 음파의 울림은 멀지 않은 곳 조종사 아파트로 스며들어 조종사 가족들에게 살아 숨 쉬는 존재의 메시지를 전해준다. 그것은 어긋남이 없는, 빗나감이 없는 온전한 하루 시작의 안도감을 주는 메시지다. 그들에게 비행기 소리는 한 편의 생동과 생존의 소나타이기도 하다.

도심을 조금 벗어난 변두리, 나지막한 언덕진 산을 뒤로하고 아파트 10여 동이 아담한 마을을 이루고 있다. 마을 외곽 둘레에는 높은 펜스가 처져있고 입구에는 초병이 경비를 서고 있어 외부인의 마을 출입이 엄중히 통제되고 있다. 마을 바로 오른쪽에는 나인 홀(Nine hole) 골프장이 인접해 있고 왼쪽으로 돌아가면 꽤 오래된 운전학원이 자리 잡고 있을 뿐, 주변 어디에도 상가나 편의 시설이 없는 고독하고 신비스러워 보이는 까치둥지 같은 마을이다. 입구에서 10분 정도 걸어 나오면 시가지로 통하는 간선도로가 있고 그곳에 가끔 이 둥지 마을로 찾아드는 버스정류장이 있다.

이곳에 둥지를 튼 공군 조종사 가족들은 별들이 창공에 둥지를 틀 듯, 그들만의 분리된 하늘 공간을 품고 하나의 푸른 색깔을 공유하며 독립된 시공간을 빚어내고 있다. 옆 동에 사는 김 중위의 딸내미도 위층에 사는 박 중령의 노모도 모두에게 딸이요 모두에게 노모였다. 일찍이 하늘이라는 용매(溶媒)에 녹아 새로운 동질의 생명체로 분화된 탓일까. 아니면 독립된 위성체에 갇힌 공동 운명체여서일까, 그 마을 사람들은 크고 작음, 길고 짧음, 높고 낮음, 둥글고 모남도 없는 그저 은하수의 별들처럼 어우러져 반짝이고 있을 뿐이다.

김 소령이 이 마을에 둥지를 튼 지 8년 여가 되었다. 그는 이곳에 대한 애정이 남다르다. 하늘 출입 자격증, 빨간 머플러를 두른 후 첫 부임지여서일까. 이곳에서 가정을 꾸리고, 골프도 배우고, 운전면허도 따고, 사회입문의 첫발을 내디딘 곳이다. 어쩌면 미래가 하늘이요 젊음의 모든 열과 정을 쏟아 도전과 희망을 빚어내던 꿈의 무대가 바로 이곳이기 때문이리라.

김 소령은 베란다로 나가 남쪽으로 향한 창문을 활짝 열었다. 비행장 전경이 한눈에 펼쳐졌다. 곧게 뻗은 두 개의 활주로가 하늘과 땅을 하나의 생명체로 이어주는 대동맥처럼 붉게 밝아오는 동녘 하늘을 향해 꿈틀거리고 있다.

하늘길로서는 최전방 부대라서 활주로는 팽팽한 긴장감과 활기를 뿜어낸다. 비행장 상공에 머물러 있는 공기와 바람은 냄새도 색깔도 다르다. 온종일 뜨고 내리는 전투기들의 잔상이 푸르름 속에 담겨 있고 그들이 울리는 녹색 소음은 생존의 음파로 공기 속에 배어있다. 눈을 감아도 귀를 막아도, 부엌에서도 화장실에서도 도화지 없는 풍경화가, 반주 없는 기악의 울림이 일상에 녹아있다.

머리 위 상공에서 비행기 소리가 들린다. 방금 이륙한 초계비행이 돌아오는 모양이다. 하늘을 쳐다봤다. 두 대의 항공기가 떠오르는 햇살을 받아 은빛을 튕기며 선명하게 그 모습을 드러낸다. 임무를 마치고 귀환하는 모든 항공기는 반드시 이 아파트 마을 상공을 지나쳐서 활주로로 진입해야 한다. 이삼십 분 간격으로 때로는 이삼 분 간격으로 두 대씩 혹은 네 대씩 날개를 반짝이며 온종일 아파트 상공에 모습을 드러내는 저 비행기에는 누구에게는 남편이, 누구에게는 아빠가, 누구에게는 아들이 둥지 마을 가족들에게 귀환의 소식을 알려준다. 심술궂은 구름이 그 모습을 가리는 날이면 소리가 대신하여 구름 속을 비집으며 둥지 마을로 스며들어 안방으로 부엌으로 소식을 전해준다. 그 소리는 깊은 계곡의 물소리 같이 멈춤 없는 평온한 울림으로 가족들의 마음에 담아진다.

뭉게구름이 뭉게뭉게 피어있는 어느 날 오후, 상공에 반드시 나타나야 할 비행기 모습이 보이질 않았다. 비행기 소리도 들리지 않았다. 하늘이 호흡을 멈춘 듯했다. 둥지 마을이 술렁이었다. 아이도 어른들도 일손을 멈추고 숨을 죽였다. 이글거리던 활주로가 덩그러니 맥없이 누워있다. 오전 비행을 끝내고 테니스 코트에 있던 김 소령은 나름의 촉으로 불길함을 예감하고 즉시 작전실로 향했다.

작전 현황 전광판에 사격임무로 이륙한 박 소령의 착륙 시간이 공란으로 남아있다. 이륙한 지 2시간이 지났는데도…. 채워지지 않은 저 공란! 네모진 조그만 저 빈칸이 꽉 막힌 동굴 속처럼 어둠이 엄습했다. 순간 박 소령의 부인과 딸애의 모습이 머리를 스쳤다. 가슴이 꽉 막혀왔다.

둥지 마을 가족들 가슴속 깊은 곳에 떨어진 저 돌아오지 않는 별똥별! 슬픔을 먹고 아픔을 이겨내며 또다시 빛을 얻어 새로운 별로 승화되리라. 지금쯤, 하늘 높은 곳에 자리 잡아 다른 별들과 함께 반짝일 테지.

새벽 동틀 무렵, 오늘의 초계비행 임무를 담당한 김 소령은 김 대위와 활주로에 올랐다. 활주로가 다시 꿈틀거렸다. 애프터 버너(After burner)를 터뜨리며 새벽하늘을 갈랐다. 굉음의 포효가 둥지 마을을 덮쳤다. 새벽이 활기차게 열렸다.

별똥별 둥지 마을 그들에겐 하늘이 있다. 정의와 진리를 빚어내는 창공이 있다. 늘 함께 숨 쉬는 별들이 있다. 성림(星林)의 가족들은 날마다 침묵 속에 빛을 발할 뿐이다.

운동화

박정분

초등학교 때 나는 고무신을 신고 다녔다. 가방보다 책보자기를 더 많이 들고 다닐 때다. 그때는 학교를 걸어 다녔다. 고무신을 신고 다녀서 맑은 날은 괜찮은데 갑자기 소나기라도 내리게 되면 고무신은 여지없이 벗겨진다. 고무신을 살 돈을 아끼려는 부모님이 신발 문수를 꼭 하나 더 큰 것으로 사 주시기 때문이다. 고무신만 벗겨지면 다행이다. 매번 벗겨진 신발을 밟으면서 미끄러지는 일이 다반사(茶飯事)였다.

고무신을 신고 다니는 게 불편한 것만 있는 건 아니었다. 그때는 비가 오면 붕어나 미꾸라지들이 길에 많이 나타났다. 그 고기들을 보면서 비오는 날은 하늘이 바다가 되는 줄로 착각할 정도였다. 시골이라 농로로 많이 걸어 다녀서 붕어나 물고기를 신고 있던 고무신으로 건져낼 수 있어서 좋았다. 고무신의 맨 앞에 달린 고무신코가 한 몫을 한 셈이다. 그 코 안으로 고기가 들어가면 죽은 척하고 가만히 있었다. 그때는 그게 너무 재미있고 또 신기했었다.

어찌나 고무신이 질기던지 2년을 신어도 작은 구멍조차 나지 않는다. 고무신이 찢어져야 만 바꿀 수 있는데 고무신이 살짝 싫증이 나면 고무신의 귀퉁이를 살짝 찢기도 했다. 찢어지면 행여나 꽃고무신으로 바꿔주실까 싶어서 헛물을 켰던 게 여러 번이다. 그런 이유로 가끔 고무신을 면도칼로 찢어놓았다. 고무신이 두 동강이가 나던지 뒤꿈치가 아예 없어지지 않는 한은 부모님은 고무신을 바꿔주지 않으셨다. 조금씩 찢어지는 고무신은 아버지가 촘촘하게 다시 꿰매주셨기 때문에 꽃고무신을 신고 싶은 내 속마음은 늘 수포로 돌아가고 말았다.

어느 날 서울에 묘목을 구입하러 출장을 다녀오신 아버지가 선물로 빨간색운동화를 사다 주셨다. 운동화의 밑창은 우레탄고무로 되어있고, 발등은 천으로 된 폴리운동화였다. 색깔도 예쁘지만 만져보니 촉감도 너무 좋았다. 내가 원하던 꽃고무신보다도 백배는 더 좋고 마음에 들었다. 사이즈도 딱 맞았다. "아버지는 어찌 내 발 사이즈를 알았대." "딸이 하나니까 알지 여럿이면 내가 어찌 알겠냐?" "잘 신어라."

평소에는 고무신이 너무 싫증나서 신발을 바꾸고 싶은 마음이 굴뚝같았다. 하지만 막상 빨간색운동화를 선물로 받고 보니 신고 다니기는 너무 아깝다는 생각이 들었다. 그래서 방에서만 신어보고 머리맡에 두고는 매일 저녁마다 쓰다듬어 주었다. 그렇게 한 계절을 보내고서 이제는 운동화를 신고 학교에 가야겠다 싶어서 신어보았다. 세상에 매일 인형처럼 만지작거리며 한 번씩 신어보던 사이에 발가락이 조금 더 자랐던 모양이다. 운동화를 신어보니 발가락이 살짝 구부러졌다. 며칠을 울며 보냈다. 그렇게 오매불망하며 기다리던 생애 첫 운동화는 살짝 상견례를 한 게 전부가 되었다.

요즘은 요통을 앓고 있어서 구두보다는 운동화를 즐겨 신는다. 여러 가지 운동화를 신어보고서야 내게 딱 맞는 운동화를 찾았다. 동상이 걸렸던 발가락이 변형이 생겨서 한 사이즈를 크게 신어야만 한다. 나는 사계절 내내 운동화를 신고 다닌다. 여름철에 발가락에 패디큐어를 예쁘게 하고 샌들을 신고 다니는 사람들이 조금은 부럽기도 하다. 하지만 못생긴 내 발가락을 굳이 남들에게 보여주고 싶지는 않다. 건조한 내 발을 보호하기는 운동화만큼 좋은 것도 없는 것 같다. 이것은 온전히 내가 경험을 하고 나서 얻은 결론이기 때문에 지극히 개인적인 생각이다.

며칠 전, 신발가게를 지나다가 가슴속에 고이고이 묻어둔 내 빨간색운동화랑 비슷하게 생긴 운동화를 발견하였다. 가슴이 뭉클했다. 지금은 빨간색운동화를 선물로 받아도 신고 다닐 수가 없는 나이가 되었지만, 그래도 한 번 만져보았다. 만지는 것만으로도 가슴속에 맺혀있던 응어리가 풀어지는 느낌이다. 얼마나 아끼고 또 아꼈는지 모른다. 발이 그렇게 쉽게 크는 줄 알았더라면 매일 밤 머리맡에만 두고 보지는 않았을 것이다. 요즘은 작은 신발을 늘려주는 기계도 있고 참 편리한 세상이 되었다. 하지만 그때는 그 어떤 방법도 쓸 수가 없었다. 그저 운동화를 해바라기하다가 심장이 끊어지는 심정으로 옆 집 동생에게 물려줬다. 운동화를 신고 단 한 번도 땅을 밟아보지 못한 채로. 50년도 더 지났는데 지금 생각해봐도 참 애련하다.

미몽(迷夢)에 잠긴 친구

김정의

친구와의 시간이 뉘엿뉘엿 저물고 있다. 또 하나의 나였던 70년 지기지우(知己之友), 이제 그는 지나온 날들을 까맣게 잊고, 하얗게 웃고만 있다. 아침 해 떠오르듯 입술에 달고 살던 '정의야' 부름도 끊겼다. 오랜 세월 귀에 익었을 친구 목소리도 모른단다. 그토록 다감하고 총명하던 친구는 어디로 사라지고, 한 마리 순한 양이 되어 집 안에서만 맴돌며 먹고 자는지. 몸의 통증은 없다니 그나마 다행이다. 때때로 미몽에 잠긴 듯 멍하니 창 밖에 시선을 던지고 무얼 생각하는가. 심우에게도 말 못할 어느 피안(彼岸)을 헤매는가. 아직은 이 땅에서 함께 숨 쉬고 있건만 전혀 마음을 줄 수도 받을 수도 없으니….

아득한 세월 저쪽, 추억의 앨범을 펼쳐본다. 중학교에 갓 입학한 애송이들이 무엇이 통해서 대번 눈이 맞았을까. 붉은 명자꽃처럼 토실하고 키 나직한 너는 조곤조곤 이야기도 잘 풀었지. 싱그러운 연둣빛 향기 따라 절로 서로의 마음이 스몄다. 운동장 가의 키 높은 플라타너스 밑 클로버 위에서 행운의 네 잎을 찾아 건네며 깔깔댔다. 너는 기차통학을 했고, 나는 8㎞의 들길을 걸어 다녔다. 네가 가방에 살짝 넣어준 마른 오징어다리를 씹으며 걷던 석양 길은 어찌 그리도 맛이 있던지.

어느 겨울방학, 너는 눈 쌓인 시골길 물어물어 찾아와 빨간 포인세티아와 촛불 두 자루가 그려진 카드를 내밀었다. 그건 난생처음 받아본 성탄 카드로 오랫동안 간직했다. 우린 곧잘 서로의 집을 오가며 밤을 지새워 앞날의 희망을 나누며 장밋빛 꿈에 설렜다. 우리의 추억 속엔 서울 소년도 끼어 있다. 오빠의 대학교 은사님은 사변 중 아내를 잃고, 아들 하나를 데리고 우리 집으로 피난을 왔다. 키 훌쩍 크고 얼굴 하얀 소년은 우리보다 한 학년 위였지만, 영어도 잘하고, 『알프스의 소녀』『어린 왕자』 등의 이야기도 실감나게 들려주었어. 훗날, 우리 둘 다 영문학을 전공하고 글쓰기에 관심이 많았던 건 아마 그 소년의 영향도 컸을 게다.

여고 졸업 후, 넌 서울로 가고 나는 전주에 있었지만, 우린 끊임없는 손편지로 마음을 이었어. 우리의 우정은 보이지 않는 끈으로 단단히 묶여 있었을까. 네가 전주로 내려와 중학교 영어교사로 근무할 당시, 나는 어설픈 신혼에 아이 까지 딸린 몸이 신장결석 대수술로 무척 힘들 때였어. 교사직도 잠시 휴직할 수밖에 없던 중, 너는 영어 과외 생들을 내게 보내주었지.

남편의 서울 전출로 내가 상경할 무렵, 너는 운명적인 사랑의 함정에 빠졌지. 상대는 같은 학교의 선배 교사로, 상처한 오남매의 아버지. 평소 존경하던 분의 끈질긴 열애에 순정한 넌 매료됐던가 봐. 우린 함께 고민도 했지만 세상 물정 모르는 낭만의 시절이었으니, 어린 오남매의 순한 눈망울에 연민을 느끼며 나도 동조하고 말았다. 네 부모님은 애지중지 키운 딸의 결혼식에 끝내 참석을 거부하셨지. 그 심정이 얼마나 아렸을지 나이 들면서야 아프게 깨쳤어. 너는 시모님이 전실 손주들을 감쪽같이 품어 며느리 교직생활에 지장 없도록 배려했다고 늘 좋은 소식만 전했을 뿐, 세세한 이야긴 함구했어. 여러모로 무던한 너였기에 평안한 가정을 꾸렸다고 믿는다.

친구는 전처 아이들 모두 출가시키고, 교장 직을 끝으로 정년퇴임하여 교수직 퇴임한 부군과 경기 일산으로 이사했다. 친구의 소생인 세 딸도 예쁘게 자라 출가했고. 우린 인생 2막을 여유롭고 보람차게 보내자며 소녀처럼 설렜다. 상담사 자격증을 가진 그는 상담사로 봉사하려는 마음을 내비쳤다. 나의 첫 수필집이 출간되던 2004년 봄 친구를 수필교실로 인도했다. 그는 많이 망설였지만, 다채로운 경력이 글로 남겨지길 바라는 나의 간절함에 순수하게 수긍을 하고 따랐다.

2007년 4월, 친구와 나는 오랫동안 별러오던 둘만의 여행길에 올랐다. 북유럽 5개국 여행을 떠날 때, 남편들은 손을 흔들며 우리의 여정이 즐겁고 무사하길 빌어주었다. 그 감격스럽고 감미롭던 여행기를 「우정 여행」이란 수필로 써서 친구는 신인상을 받았다. 그리고 10년 후, 「내 마음의 쿠션」이란 수필집을 세상에 내놓았을 때 나의 감회는 참으로 벅찼다.

남편들이 앞서거니 뒤서거니 먼 하늘 길로 떠나자, 우리는 만추의 외로움을 함께 풀면서 보내려니 마음했다. 하지만 언제부턴가 그는 기억력 상실을 호소하며 하차할 전철역도 곧잘 지나쳤다. 일상 모두를 메모에 의존하지 않고는 불안해했다. 빈틈없는 성격에 귀까지 어두워진 부군의 잔소리도 스트레스라더니, 별세 후 되레 긴장이 풀렸던가. 그는 갑자기 말수가 줄고 우울증세까지 보였다. 남은 길 우정으로 도란거리며 가려던 열망이 한갓 포말로 스러지다니, 안타깝기 그지없었다.

친구여, 이제 우리는 서로 고독해져야겠구나. 네가 잊어버린 나, 내가 통할 수 없는 너, 어찌하면 좋으냐. 나는 나 스스로를 친구로 삼자고 애써 달래본다. 네가 모른 체해도 더는 슬퍼하지 않으마. 네 영혼 초롱초롱 반짝이는 별빛 되어, 저 본향에서 우리 함께 끝없는 이야기 소곤거릴 테니….

어머니, 꽃길 따라 아버지 곁으로

이용섭

3년간 우리의 일상을 통제하게 만든 코로나19가 한풀 꺾이며 요양원 면회와 외출이 허용된 날. 오랜만에 어머니를 모시고 안성맞춤랜드를 찾았다. 안성시 테마공원이기도 한 그곳에는 때마침 벚꽃이 만개해 있었다. 바람이 불 때마다 꽃잎이 이리저리 흩날렸고, 바닥에 떨어져 쌓인 꽃은 길이 되어 말 그대로 꽃길을 이루었다. 아직 4월 초순임에도 갖가지 꽃들이 한꺼번에 피어나 계절의 여왕 5월을 무색하게 했다.

휠체어에 앉아 소녀처럼 해맑은 웃음을 지으며 감탄사를 연발하는 어머니. 길가에 피어있는 민들레, 제비꽃, 꽃 잔디, 몽우리 진 수선화 하나하나에 눈 맞춤하며 인사를 건네시는 어머니. 이처럼 기뻐하는 모습을 뵌 지 얼마 만이던가. 4년 전 요양원에서 함께 지내던 아버지 돌아가신 후 웃음을 잃다시피 하신 터라 어머니의 환한 표정이 무척이나 반가웠다.

두 시간의 산책에 지친 기색을 보이는 어머니를 모시고 평소 어머니가 즐겨 찾던 식당으로 갔다. 식사하는 동안 어머니가 예전과 많이 다르다는 느낌을 받았다. 앉아 계시는 모습이 힘들어 보였으며 수저

질마저 서툴렀고 드시는 양도 예전의 절반에 못 미쳤다.

아기처럼 작아져 버린 어머니를 안고 작별인사를 건네며 앞으로 더 자주 찾아와 꽃구경을 시켜드리겠다고 했다. 그런데 품에 안긴 어머니께서 뜻밖의 말씀을 유언처럼 하시는 게 아닌가. "아범아, 내가 아무래도 오래 살지는 못할 것 같구나. 그렇더라도 너희 가족 지금처럼 행복하게 잘 살아다오."라고. 좀처럼 하지 않으시던 약한 말이었기에 돌아오는 내내 그 말씀이 귓전을 맴돌아 마음을 아프게 했다.

그런지 꼭 1주일 만이다. 새벽 3시 반. 안성에 사는 동생으로부터의 전화다. 한밤중에 어머니가 침대에서 떨어졌다는 연락을 받고 응급실로 모셔 왔다는 것이다. 골반골절로 입원수속을 하는 중 갑자기 심정지가 발생하여 심폐소생술 후 지금은 자가 호흡을 하신다 한다. "한동안 꼼짝없이 누워 지내야 하니 걱정이구나, 아우님이 계속 살펴주시게." 그렇게 통화가 끝나고 설핏 잠이 들었을까. 다시 휴대폰이 울린다. "형님, 다시 심정지 증상이 나타나 의료진이 더 강력한 조치를 하겠다는데 어떻게 할까요?"라고 묻는다. 잠시 통화를 멈추고 자는 아내를 깨워 의논하려는데 갑자기 동생의 울먹이는 소리가 들린다. "어머님이, 어머님이 방금 숨을 거두셨다 합니다!" 이처럼 어머니는 너무나도 짧은 순간에 갑자기 허망하게 세상을 떠나셨다.

어머니의 고향은 강원도 임원이다. 그곳에서 나고 자란 어머니가 1949년 겨울. 도민증 발급을 위해 사진을 찍었는데 근덕에서 과외지도를 하던 아버지께서 우연히 사진 속의 어머니를 보고 마음에 들어했다 한다. 사진사의 도움으로 주소를 알아낸 아버지께서 임원으로 찾아와 청혼하셨다는 것이다. 그러나 곧이어 6·25가 터지고 며칠

만에 인민군이 임원항으로 상륙하자 어머니 가족은 황급히 피난길에 올랐다 한다. 그런데 어머니를 향한 사랑으로 아버지는 인민군이 지키는 삼엄한 곳을 통과하여 피난지인 울진까지 찾아오셨다는 것이다. 이에 감동한 어머니는 그곳에서 정화수 한 그릇을 놓고 아버지와 결혼식을 올렸다 한다. 지금 같은 시대야 뭐 그리 대단한 일도 아닐 것이다. 그러나 73년 전, 사진 한 장을 들고 생면부지의 여성을 찾아가 청혼하고 전쟁 통에 목숨을 걸고 찾아가 결혼을 한 일은 드라마에서나 있음직한 사건이 아닐 수 없었다. 그래서인지 아버지는 전쟁 중 초라하게 치른 결혼식 때문에 어머니에 대해 미안해하는 말씀을 자주 하셨다. 우리는 부모님의 결혼 50주년 금혼식을 맞아 서울 유림회관에서 많은 친지를 모신 가운데 전통혼례의 예를 갖추어 결혼식을 치르며 두 분의 오래 된 숙원을 풀어드렸다.

아버지 집안은 몹시 가난했다 한다. 묵호에서 사업을 하다 실패한 할아버지는 고향 근덕으로 돌아가지 못한 채 가족을 이끌고 궁촌이라는 산간 마을로 들어 가셨다는 것이다. 할아버지는 술과 노래로 시름을 달래다 돌아가시고 아버지가 교사생활을 시작했지만 가난의 굴레를 떨치기는 어려웠다 한다. 신혼 초 어머니는 혼수로 장만해 온 패물을 처분하고 미역바위를 사서 채취한 미역을 말려 장에 내다 팔면서 억척스레 사셨다. 어린 나이의 나도 어머니를 따라 사방공사 일을 하고 타온 밀가루로 국수와 수제비를 해 먹던 일, 누에를 키우고 고치를 팔아 보리쌀을 사 먹던 일 등을 어제처럼 생생하게 기억한다.

큰형님이 중학교를 졸업하던 해 어머니는 특별히 공부를 잘한 형님을 위해 "내가 장사라도 해서 보탤 터이니 저 애를 5년제 전문학교 대신 고등학교에 보냅시다."라며 아버지를 설득하셨다. 그리고는 산간 마을을 떠나 아버지 고향이기도 한 근덕으로 들어와 문구점을 차렸다. 부족한 돈을 채우기 위해 여기저기 돈을 빌려 어렵게 시작한 문구점은 어머니의 타고난 친절함과 부지런함 덕분에 등교 시간이면 문전성시를 이루었다. 오랫동안 가난으로 찌들었던 집안에 비로소 온기가 돌기 시작했다. 그 덕분에 우리는 큰형을 따라 차례차례 시골에서는 드물게 오형제 모두가 대학에 진학하는 행운을 누릴 수 있었다.

자녀들 교육 뒷바라지를 마친 어머니는 문구사를 정리하고 동네 부녀회장을 맡아 가난한 이웃 돕는 일에 앞장서셨다. 이후 유아원을 설립하여 미래의 새싹을 키우는데 열정을 쏟는 한편, 자수와 서예, 동양화를 배우고 익혀 전시회에 참여하는 등 당신의 숨어있던 재능을 한껏 발휘했다. 그러던 어느 날 삼척시청에서 어머니를 신사임당 후보로 추천하고자 했다. 위로는 부모공경 아래로는 자녀교육, 남편에 대한 훌륭한 내조, 그 밖에 자기 수양 등 여러 조건이 갖추어졌다고 보았던지 마침내 강원도가 제정한 제25대 신사임당으로 탄생되셨다.

어머니 85세이던 해, 치매이신 90세 아버지의 수발을 들다가 쓰러져 병원에 가셨다. "약간의 휴식만 취하면 괜찮아진다니 걱정하지 마라."며 오히려 우리를 위로하던 어머니는 뜻밖에도 내시경 검사 중 장이 천공되는 사고를 당하셨다. 큰 병원으로 이송하여 응급 수술로 목숨을 건졌지만 장루술(인공항문)을 한 어머니는 더 이상 아버지를 모실 수 없는 상황이 되었다. 시설등급을 받은 아버지는 요양원으로 가게 되고 어머니는 병상에 누운 채 가는 한숨을 쉬셨다. 그러던 어머니는 고마운 아내의 권유와 도움으로 불가능할 것이라는 장루 복원술을 받은 후 기운을 차리자마자 아버지를 따라 요양원에 들어가셨다. 요양원 내 서로 다른 층에 기거하면서도 어머니는 틈틈이 아버지를 찾아 간식을 건네고 옷매무새를 챙기며 돌아가실 때까지 살뜰히 보살피셨다.

이런 어머니께서 모처럼 요양원의 면회와 외출 허용으로 만나 뵌 지 꼭 1주일 만에 우리를 떠나 하늘로 가셨다. 누구나 가야 하는 그 길을, 벚꽃 잎이 흩날려 수북이 쌓인 꽃길을 따라 아버지 곁으로 가신 것이다.

오늘은 어머니 49재일. 어머니의 속 깊은 사랑을 받아온 아내가 정성스레 장만한 음식, 평소 어머니 좋아하던 음식으로 차례 상을 올렸다. 예를 마치고 발길을 돌리는데 앞산의 뻐꾸기와 산비둘기가 우리의 아쉬운 마음을 달래준다. '뻐꾹, 뻐꾹.' '구구 구구우….' 두 분 나란히 누운 산소를 내려와 귀경하는 이 순간, 벌써 어머니가 그리워진다. 어머니, 부디 그곳에서 아버지와 함께 행복하게 지내세요. 저희가 많이 사랑합니다.

눈물 젖은 빵

신혜경

독일의 문호 괴테는 '눈물 젖은 빵을 먹어보지 않은 사람은 인생의 참맛을 모른다'고 말했다. 인생의 쓰라린 맛을 알고 있는 사람이야말로 진정한 기쁨과 즐거움, 웃음, 설렘을 알 수 있는 것이다. '눈물 젖은 빵'은 가난이나 고통을 의미하며 힘든 시기를 버텨내며 같은 빵을 먹어본 사람만이 이해할 수 있다는 뜻이다.

눈물 젖은 빵으로 성장한 제자들과 만남은 의미가 남다르다. 함께 만나기로 한 K선생님의 입원으로 스승의 날 모임이 미루어졌다. 6월 중순, 약속 장소로 가기 위해 준비하는 중 스마트 폰이 울린다. "선생님 움직이지 마시고 기다리고 계세요 시간 맞추어 모시러 갑니다." 만나는 것 자체로 기쁨이고 감사인데, 집으로 데리러까지 오겠다니…. 제자 W의 말대로 정시에 현관 벨이 울린다. 지하 주차장에서 연락해도 되련만 굳이 집까지 올라오는 정성에 할 말을 잃는다. 굴지의 제약회사 상무임에도 진솔하고 심지 굳은 제자가 듬직하다. 잘 자라 멋지게 성공한 그가 참으로 대견스럽다. 40년 교직 생활 중 엄청나게 성공한 제자가 많지만 유독 자랑스러운 이유가 있다.

목적지 강남의 모 호텔 레스토랑 주차장 도착, 나를 내려놓고 뒤쪽

트렁크에서 꺼내온 엄청난 크기의 꽃바구니에 놀란다. 둘이 들어도 묵직하다. 엘리베이터를 타는 순간 사람들 시선이 큼직한 리본이 붙은 꽃바구니와 나에게 번갈아 향한다. '스승님 은혜 감사합니다. 사랑합니다. 축복합니다. 제자 드림' 쑥스러워 고개 들기 민망한데 "축하합니다. 좋은 제자 아름다운 스승의 모습이 너무 좋네요." 인사와 박수, 생면부지의 사람들이 축하해준다. "최고 은사님들 중 한 분이시죠." 한마디 툭 던지는 제자의 말에 할 말을 잊고, 레스토랑 직원과 손님들의 축하 인사를 받으며 마음이 안절부절. 세종, 수원, 송도에서 달려오는 제자들을 기다리며 옛일을 회고한다.

1985년 대전 근무 8년 후 전출할 즈음, 출퇴근이 가능한 K여고에 할당받고 여유 부리다 부딪친 현실에 아연실색. 전혀 예측 못한 홍성군 작은 면소재지 K고교에 발령받았다. 교사라면 어딘들 어떠랴만 너무도 충격이다. 신설 3년차, 학생이 교내에만 있으면 출석으로 인정하고 다그치지 말라던 체육과 출신 교장 선생님 말씀처럼 열악, 그 자체였다. 난감을 떠나 절망. 학업 의지와는 거리가 먼 학생들. 밤새워 타 교과 수업 준비하여 수업에 들어가면 반응 없는 학생들로 좌절 교직을 그만두고 싶은 충동이 다반사였다.

비바람이 치면 많은 학생이 조퇴를 신청한다. 수업보다는 쓰러진 고추 모, 오잇대를 세워야 하는 학생들의 현실에 절망하는 나와는 달리 신설 때부터 근무한 국어, 사회, 역사, 함께 발령받은 영어, 수학, 생물, 교련 등, 내로라하는 충남 교육의 선두 주자들의 어려운 학생들 잘 키워보자고 나를 독려하는 열정에 승복했다. 난생 처음 먹어본다는 빵을 비롯하여 각종 간식을 제공하고, 당시에 유행하던 'ㄲ 일곱 가지', 곧 '꿈, 끼, 꾀, 깡, 꼴, 끈'을 강조하며 영어 말하기대회, 웅변, 연극을 통해 외국어 자신감을 심어주고 투철한 국가관과 인성교육, 경시대회, 전시회를 개최하며 자존감과 학업 동기부여를 위해 밤늦게까지 씨름했다. 열정의 열매만을 생각하며….

식사 중에 도란도란 쏟아지는 이야기들, 지금은 홍성 공업고등학교로 교명이 바뀐 모교에 대한 추억담이다. 자신들은 행운아라며 대전에서 한꺼번에 전근 오신 선생님들에 대한 거부감이 존경심으로 바뀌었고, 성장 동기를 마련해준 것에 대한 감사가 쏟아진다.

갓 구운 마늘바게트를 든 W가 갑자기 대전 성심당, 서울 태극당 빵 맛을 기억하느냐 묻자, 이구동성으로 그 맛은 죽어도 잊을 수 없다고 한다. 나는 눈시울을 적신 채 생각에 빠진다. 다시 노량진 학원가 칠판지우개 털기를 아느냐 묻는 W. 6형제 중 막내로 형편이 어려워 조용히 지우려던 아이였지만 끈질기게 생존, 어렵게 고교 졸업한 후 학업을 지속하라는 선생님들 말씀에 부모 몰래 상경, 노량진 학원가에서 칠판 지우기 아르바이트로 학원 수업료 대신 수업을 받아 대학 진학하고 성공한 스토리를 담담히 풀어낸다. 함께 아르바이트 했던 D는 당당한 자수성가 사업가로.

반장 S 차례. 중학교 졸업과 동시 5남매 맏이인 딸을 아버지는 전남의 어느 방직 공장에 취업시켰다. 고모가 고등학교는 졸업해야 한다고 아빠 몰래 학비를 주어 맏이답게 아픔을 표현하지도 않고 꿋꿋이 이겨냈다. 신앙의 힘으로 4명 동생을 대학까지 공부시키고 늦게 신학 공부 선교사로 전도사로 목회자의 아내로 활발하게 활동한다. 능력이 아까워 학비를 보태가며 학업을 독려하던 B. 그의 아버지는 아들도 못 보낸 대학 공부를 딸에게 시킬 수 없으니 끝까지 책임지지 못할 거면 선동하지 말라고 화내셨다. 대학 입학금을 마련해 주었는데 휴학하고 학비를 벌어 당당히 멋진 교사로 성장했다. J는 간호대학 졸업 후 20년 넘게 서울 대형 W 병원에 근무, 현재는 관리부장이다.

저마다의 사연을 풀어내는 제자들. 모든 공을 선생님들에게 돌린다. 끌어주던 열정과 사랑이 없었다면 현재의 자신들은 없을 거라는데, 나에게도 눈물 젖은 빵의 추억이 있다. 갑자기 아버지가 돌아가시며 찾아온 학업 위기에 주변 대다수가 휴학을 권해 서러웠다. 주임교수의 배려로 국비 대여 장학금과 친구의 도움을 받으며 각종 아르바이트를 하며 설움을 겪었다. 학과 특성상 실습재료비, 특별히 서양 의복재료비가 큰 부담이었는데, 얄미울 만큼 소재에 따라 평가하던 K교수 덕분에 흘린 눈물을 어이 잊으랴. 고급만 강조한 교수님 때문에 그 강의가 싫어지기까지 했다.

내 이야기에 공감하는 모습을 보며, 그들이 이루어낸 저마다의 아름다운 삶에 박수를 보낸다. 열정적인 교장 선생님을 비롯하여 그들의 꿈을 키워주신 선생님들이 그립다. 어느새 하늘나라 여행하며 여전히 커다란 응원과 박수를 보내고 계실 아홉 분 선생님들.

활짝 웃자. 행복은 웃는 자의 몫이다. 아픈 상황 속에서 활짝 웃는 것이야말로 진정 값진 웃음이 아닌가.

우리에게 소중한 것

김대수

평소에 너무나 소중한 공기의 고마움을 모르고 아프기 전까지는 건강의 소중함을 느끼지 못한다. 살아보니 세상의 모든 것이 소중하고 고맙지 않은 것이 없다.

활발하게 활동했던 젊은 시절에는 전문 직업인으로서 전국이 좁다 하고 출장을 다녀야 했으므로 자동차는 필수품이었다. 서울에서 아침 일찍 출발하여 강원도 속초 현장을 조사하고, 다음의 목적지를 향하여 동해안 해안도로를 따라 포항시를 지나 늦은 밤에 경남 합천군청 소재지에 도착한 일도 있었다. 초행인 데다 야간이라 어려움이 있었으나 무사히 도착하였으니 얼마나 고마운 일인가. 다음 날 약속한 대로 동료와 함께 현장 조사를 할 수 있었다.

세월이 흘러 자격자 수가 늘었고 지방에 감정평가사무소가 많아졌다. 사정이 이러하니 지방에 출장 갈 일이 거의 없어졌고, 주로 수도권에서 활동하게 되었다. 사회 각계각층에서 활발하게 활동하던 친구들이 꽤 오래전에 정년퇴직하고 나름대로 소일하거나 투병하고 있는데, 적극 활동은 아니더라도 무리하지 않는 범위에서 전문 직업인으로 당당하게 활동하고 있음은 고마운 일이다.

한국 전쟁으로 참담하게 황폐해진 나라가 우수한 우리 국민의 피나는 노력으로 70년 만에 원조 받던 후진국에서 유일하게 원조를 주는 선진국으로 올라섰으니 얼마나 자랑스럽고 자긍심이 생기는 일인가. IT 강국으로 웬만한 일은 인터넷으로 처리하고 각종 인프라 시설이 잘되어 생활이 편리한 살기 좋은 나라가 되었다. 도로망도 잘 되어있고 관리도 잘하고 있으므로 대중교통을 이용하여 일을 하는 데 별 지장이 없게 됐다. 통계에 의하면, 노년 세대는 젊은 세대에 비해 교통사고율이 낮으므로 운전면허를 반납할 필요가 없다는 의견도 있으나 굳이 차를 가질 필요가 없다고 생각되어 반납하였다. 오랜 기간 전국을 누비면서 나의 발로 헌신적으로 봉사해 줘서 고마웠고, 막상 헤어지니 서운한 마음을 금할 수 없었다.

섬 지역에 소재하는 두 필지를 평가할 일이 생겼다. 옛날에는 배편을 이용하였으나 섬을 연결하는 교량이 건설되어 자동차로 갈 수 있으니 얼마나 편리하고 다행한 일인가. 공공사업 시행으로 인한 보상은 보통 복수로 평가하나 소유자가 추천하는 경우에는 세 사람이 평가하는 경우도 있다. 보상액은 산술평균치로 한다. 감정평가는 부동산의 경제적 가치를 판정하여 그 결과를 가격으로 표시하는 작업으로 전문가의 판단이자 의견이라 표현한다. 평가자마다 가격에 차이가 있을 수 있고, 그 차이는 오차의 범위 이내여야 할 것이다. 소유자 등이 평가자를 추천하려면 규정에 의해 절차를 밟아야 하는데 사업시행자에게 문의하면 친절하게 안내를 받을 수 있다.

평가 대상 토지는 인접되어 있고, 공부상 지목이 '유원지'와 '도로'인데 확장하는 도로에 편입되는 것이다. 지목이 도로지만 보상받지 않고 도로로 되었다면 도로가 되기 전의 이용 상태를 기준으로 평가하여 보상한다. 보상평가를 하는 경우에, 상대 평가사와 현장에서 만나 사업시행자와 소유자 등의 안내를 받고 의견을 듣는 것이 보통이다.

사회생활에서 약속을 지키는 것은 신용과 직결되므로 매우 중요하다. 약속 시간에 늦지 않기 위해 세심한 계획을 세워야 한다. 집에서 출발하여 우선 만날 장소까지 교통편을 알아보고, 미리 인터넷 지도를 이용하여 단계마다 소요 시간을 개략적으로 계산하여 약속 시간보다 조금 일찍 도착할 수 있도록 여유시간을 고려한다.

이번 일은 토지만의 평가이고 별다른 문제가 없는 것으로 판단되었다. 상대 평가사님이 인근 지역의 물건을 평가할 일이 있어 본건의 현장 조사까지 끝낸 상태였으므로 단독으로 조사하게 되었다. 약속 시간에 얽매이지 않고 자유롭게 움직일 수 있으니, 부담이 없어 마음이 편안했다.

당해 지역 버스터미널까지는 대중교통을 이용하고, 현장까지는 택시를 이용하기로 했다. 현장에 가기 전에 인터넷 지도에서 평가대상 토지의 위치, 이용 상황, 주위 환경 등을 일반지도, 지적편집도, 위성지도 등으로 조사하고, '거리뷰'로 주변의 상태를 현실감 있게 확인하였다. 위성지도 촬영 이후에 형질변경 등이 있을 수 있고 주변 환경을 조사해야 하므로 현장 확인은 필수사항이다. 보통 버스터미널에 도착하면 택시가 대기하고 있으나 만약을 대비해서 몇 개의 택시회사 전화번호도 조사했다.

버스터미널에 도착하였으나 대기하는 택시가 없었다. 도로변에서 지나가는 택시를 잡으려 하였으나 손님을 태운 차만 지나갔다. 할 수 없이 대합실에서 준비했던 택시회사에 전화하기 시작했다. 택시마다 바빠 갈 수 없고 시간이 되면 연락하겠다고 하여 실망이 컸다. 다행히 한 곳만이 두 시간 이후에 가능할 것 같다고 하였다. 택시 잡기가 이렇게 어려울 줄은 생각지도 못했다. 택시의 소중함을 새삼스럽게 느끼게 되었다. 순간적으로 운전면허를 반납한 것이 후회되고 아쉬움이 있었다.

혹시나 하고 매점 주인에게 아르바이트하는 차를 구할 수 있느냐고 물어봤더니 휴일 같으면 가능할 수도 있으나 평일에는 일터에 가서 어렵다는 씁쓸한 답변만 들었다. 어쩔 수 없이 시간을 말해준 택시회사에 행선지와 간단하게 현장 조사를 하고 바로 되돌아오면 된다고 말했다. 요금은 운행 거리에 따른 것이 아니라. 정액제라면서 금액을 알려주었다. 다른 택시에 연락하지 않고 버스터미널의 택시 타는 곳에서 기다릴 테니 일이 끝나는 대로 빨리 오셨으면 고맙겠다고 말했다.

막연하게 기다리니 지루하기 짝이 없다. 여유 있는 마음으로 느긋하게 기다리기로 하였으나 답답하기는 어쩔 수 없었다. 카카오톡을 보면서 조금이라도 빨리 와 주기를 기도하는 심정으로 기다렸다. 보통 때는 화살처럼 빨리도 가는 시간이 답답할 정도로 느리게 움직이고 있었다. 얼마나 기다렸을까? 택시가 나타나니 그렇게 반가울 수가 없었다. 오랜만에 사랑하는 사람을 만나는 심정이라고 할까?

우리는 소중한 것에 대하여 무심하게 지나치며 살고 있는 것 같다. 공기, 물, 가족, 이웃, 친구, 직장, 숲, 도로, 강, 바다, 공공시설, 국가, 각종 서비스사업 등 모두 소중하다. 이들에 대하여 아끼고 고마움을 가져야겠다. 택시 기사님께 진심으로 고맙다는 인사를 하였다. 덕분에 오늘 일을 무사히 끝낼 수 있었습니다. 고맙습니다!

얼굴바위

이 봉 길

인왕산 자락길을 걷는다. 한낮의 무더위를 피해 저녁나절의 산책이 편안하고 한가롭다. 산마루에는 엷은 햇살이 걸려있지만 숲이 우거진 좁은 오솔길은 어둑어둑하다.

산길을 걸으면 어린 시절 함께 놀았던 친구들이 생각난다. 그때는 동네 아이들과 마을 뒤편 나지막한 산에서 놀았다. 그 산에는 그늘이 될 만한 큰 나무는 없었지만, 내 키만큼 자란 관목이 산등성이를 덮고 있었다. 우리는 산딸기도 따 먹고 웃자란 풀을 헤치며 시간 가는 줄 모르고 뛰놀았다. 해가 설핏하면 온몸이 땀에 젖은 채 마을이 내려다보이는 널찍한 바위에 나란히 앉아 노을이 익어가는 걸 지켜보았다.

나는 얼굴이 뽀얗고 소녀같이 생긴 아이와 시골에서 이사 온 키가 크고 피부가 검은 아이 셋이서 자주 어울렸다. 그중 한 명은 초등학교 5학년 때 이사 갔고 한 명은 서로 다른 중학교에 입학하면서 같이 놀지 않게 되었다. 생각해보면 초등학교 졸업 후에는 해질녘까지 종일 풀숲에 뒹굴며 놀았던 그런 친구가 없다.

요즘 들어 문득문득 유년시절 같이 놀았던 친구들이 그립다. 그럴 때마다 그들의 얼굴 생김새나 표정을 떠올려보려 하지만 선명하지 않다. 오늘도 인왕산 자락길을 걸으며 아릿하게 눈앞에 어려 오는 친구들을 생각한다.

산자락길에는 갈참나무, 산수유, 팥배나무 등 잎이 무성한 나무들이 꽉 차 있어서 고개를 들어 올려다봐도 성긴 나뭇가지 사이로 간간이 하늘이 보일 뿐이다. 성벽길이 시작되는 갈림길이 나왔다. 산봉우리 쪽을 쳐다보니 능선을 타고 쭉 뻗어 올라가는 성벽이 한눈에 들어오고 그 끝자락에 인왕산 봉우리가 우뚝 솟아있다. 그 아래로 8부 능선쯤 성벽 바깥으로 덩그러니 허공에 걸린 듯 튀어나와 있는 검은 바위 하나가 눈에 들어온다. 이 바위는 사람의 두상을 닮았다고 하여 얼굴바위라고 부른다.

산봉우리에만 남아있던 햇살도 떠나고 도심의 불빛이 여기저기 드러나기 시작한다. 나는 성벽을 따라 올라간다. 가파른 성벽 계단을 쉬지 않고 오르다 보니 등은 축축하게 땀에 젖고 이마에도 땀방울이 맺힌다.

얼굴바위는 가까이 다가가면서 조금씩 다른 모습을 보여준다. 멀리서 볼 때와는 다르게 눈은 푹 들어가고 코는 납작하다. 이마는 벗어지고 낮은 검버섯이 피어 있는 중년을 훌쩍 넘긴 내 나이 또래같이 보인다. 또 입술을 죽 내밀고 있는 듯이 보이는가 하면 고개를 위로 젖히고 하늘을 보며 사색하는 모습을 보여주기도 한다. 평소 무심코 봐왔던 바위에 옛 친구의 얼굴 윤곽이 오버랩 된다. 어릴 때 산에서 놀았던 친구 옆모습이 꼭 그랬다. 그의 얼굴 윤곽이 조금씩 그려진다.

가슴이 뭉클해진다. 자세한 얼굴 생김새나 표정은 그려지지 않지만, 까마득하게 잊고 지냈던 친구의 옆모습을 떠올렸다는 것만으로도 자

못 흥분이 되고 옛 시절로 돌아간 듯한 기분이다.

아버지가 공장에 취직해서 도시로 나왔던 친구는 커서 돈 많이 벌어 시골에 가서 방앗간을 차릴 거라고 했다. 홀어머니와 오누이가 같이 살면서 시장에서 일하는 어머니를 기다리느라 저녁 늦게까지 골목어귀에 앉아있던 친구는 아버지 이야기만 나오면 눈물을 글썽였다. 그들도 지금은 아버지가 되고 할아버지가 되었을 텐데….

산은 얼마나 많은 이야기를 숨겨놓고 있는 것일까. 오늘 인왕산 얼굴바위가 내게 큰 선물을 준다. 산자락에서 우연히 마주친 바위 하나가 까맣게 잊었던 어린 시절의 기억을 되살려주고 옛 친구를 가슴으로 만나게 한다.

곶감과 그녀

손수자

껍질 모두 깎이고 배꼽 떨어진 감을 처마 밑에 매달았다. 노란색 고운 옷 벗긴 알몸에 햇살 박히고 바람이 수분을 다 걷어가도 초연하다. 생감이 곶감으로 변신하는 과정은 역경을 이겨내는 사람들의 삶 같아서 숙연하기까지 하다.

해마다 가을이 무르익으면 감을 깎아 곶감을 만든다. 고향 집 가을 풍경을 불러들이는 연례행사이기도 하다. 우리 집 터줏대감 키 큰 감나무와 귀촌하여 심은 대봉감나무 세 그루에서 감을 딴다. 감이 조금 무르거나 모양이 바르지 않은 감은 홍시로 앉히고 단단하고 모양이 반듯한 감을 선별하여 곶감을 만든다. 감을 깎을 때면 고향 감나무골 옛집에서 사촌 언니, 동생들과 감을 누가 예쁘게, 감 껍질이 끊어지지 않게 길게 깎나를 시합했던 일이 아련하다.

감을 깎아 처마 밑에 줄줄이 매달아 놓으니 가을이 온통 내 품 안에 안기는 듯하다. 옛 고향 집 곶감 덕장에 비하면 초라한 풍경이지만 어린 시절 감나무에 얽힌 추억이 되살아나 고향으로 내닫는 마음이 동심이다. 싸릿대에 꿴 감을 빼먹던 미완성 곶감, 곶감 접을 때 불량품을 대체하려고 여유분을 둔 것을 어른들 몰래 빼먹던 그 맛이란…. 요즘은 깎은 감을 싸리나무 꼬챙이가 아닌 빨간 플라스틱 고리에 끼워 처마 밑에 줄줄이 매달아 놓으니 편리하고 질 좋은 곶감을 만들 수 있다. 하지만, 누가 빼먹으면 그 자리가 휑하게 드러나니 옛적 그 비밀스러운 맛을 어찌 볼까.

탱탱하던 감이 시간이 흐를수록 수분들이 어디로 날아가고 헐렁해지기 시작한다. 햇살과 바람이 따사롭다가 부드럽다가 때로는 빨판처럼 달라붙어 진액을 계속 빨아댄다. 감이 말라가는 모습이 안쓰럽다. 홍시로 선택되었다면 이 긴 고통을 겪지 않을 것을….

껍질 깎인 감은 나날이 탄력과 윤기를 잃는다. 더러는 물컹거리다가 떨어지거나 곰팡이가 핀다. 병약하거나 의지가 부족한 사람의 모습인 듯하여 안타깝다.

햇볕과 초겨울 바람에 시달리면서 잘 견디어 온 감은 표면이 쫀득거리고 속은 말랑말랑해진다. 주황색이던 몸이 검붉은색으로 변한다. 잔주름도 많이 생긴다. 처마 밑에 매달려 점점 야위는 그 모습을 아랑곳하지 않고 나는 달짝지근한 맛을 주문한다. 건조기에서 속성으로 말린 곶감의 맛보다 더욱 감칠맛 나길 기대한다. 겪은 고통만큼 농익는 맛을 낸다며 어르고 달랜다.

곶감도 한껏 부풀던 시절이 있었다. 초록 잎새에서 햇살과 숨바꼭질을 했다. 캄캄한 밤이면 곱게 핀 사랑을 마당에 하얗게 뿌려 놓던 감꽃! 가슴에 십자가 그으며 푸른 날을 키웠고 젊음이 무르익으면서 가을 하늘을 맘껏 품었다. 터질듯한 완숙미를 뽐낼 즈음, 감은 각각 홍시, 곶감, 감말랭이, 감식초 등등의 길로 운명처럼 떠났다.

문득 곶감 같은 그녀의 얼굴이 떠오른다. 통통하고 윤기 나던 그녀의 얼굴은 거칠어졌고 같은 연령대 여인보다 주름이 굵었다. 황소라는 별명을 가진 그녀가 남편의 박봉으로 어린 시동생과 시누이를 키우다시피 하여 결혼시켰고 당신이 낳은 삼 남매 양육도 벅찬데 아픈 시누이의 아들을 데려와 중학교를 보냈다. 그녀는 모자라는 생활비를 마련하려고 돈이 되는 일이면 몸을 아끼지 않았다. 남다른 고난을 겪으면서도 가족들에게 헌신했다. 요즘 같은 세상에서는 보기 드문 여인이다. 그녀도 뒤란 큰 감나무에서 장대로 감을 따서 곶감을 잘 만들었다. 명절 차례나 제사 때 돌아가신 어르신들이 즐겨 잡수시던 곶감을 올려야 한다며 정성을 들였다. 그러던 그녀도 세월에 생의 탄력을 잃었다.

얼마 전, 요양병원에서 암 투병을 하는 그녀와 영상통화를 했다. 그녀의 딸이 면회하러 오자 내가 보고 싶다며 전화 통화하게 해달라고 했단다. 영상통화로 연결해준 덕분에 그녀의 얼굴을 만날 수 있었다. 그녀는 부쩍 야윈 얼굴에 주름이 예전보다 많았다. 말하는 입가 주름이 유난히 쪼글쪼글했다. 눈물이 왈칵 솟았다. 그녀의 눈에도 눈물이 그렁그렁했다. 코로나 19의 방해로 면회 한 번 못 가고 스마트폰 화면으로 마주 보고 나누는 대화가 애틋했다. 그녀는 간간이 가쁜 숨을 쉬면서도 이야기를 이어 갔다. 그리고 며칠 후, 이승을 뜨셨다. 형편상 시부모님 기일을 우리 집에서 치를 때마다 손수 만든 곶감을 잊지 않고 가져오시던 형님! "동서, 서방님 잘 모시고 자네도 건강해야 혀~." 영상통화를 하면서 충청도 토박이 맏동서가 내게 남긴 마지막 당부다.

깎은 감이 적당히 마르자 모두 내려 손질한다. 위생장갑을 끼고 조물조물 주물러 굳은살을 풀고 주름살도 살살 펴준다. 곶감에 가하는 마지막 괴롭힘이다. 아니 애정이다. 손질한 곶감과 잘 말린 감 껍질을 오지항아리에 번갈아 켜켜이 담는다. 그동안 긴 여정을 묵묵히 오느라고 애썼다며 다독거려준다. 비로소 안식에 드는 곶감이다. 애잔한 마음으로 곶감이 되는 과정을 지켜보았던 내 시선도 휴식이다. 곶감이 시설柹雪로 분단장하고 완숙된 모습으로 다시 우리 곁에 오기를 기대하면서 항아리 뚜껑을 덮는다.

곶감은 쫀득쫀득하고 달짝지근한 생(生)이다. 떫은맛을 단맛으로 숙성시킨 곶감처럼 인고의 삶을 향기롭게 발효시킨 우리 맏동서! 곶감은 그녀의 일생과 같은 것이기도 하다.

신발에 관한 성찰

유 영 숙

코로나19와 긴긴 장마에 어디로 피서도 못 가니 시원한 백화점에서 만나 점심이나 먹고 놀자는 친구의 꼬드김에 퇴고하던 원고를 접고 달려 나왔다. H백화점, 약속 시간보다 조금 일찍 도착해 7층 식당가까지 에스컬레이터로 이동하며 힐끗힐끗 진열된 상품들을 눈요기한다.

벌써 여름 상품은 할인에 들어갔다. 하긴 벌써 절기로는 입추가 지났으니 발 빠르게 재고정리를 하자는 것이리라. 주얼리(jewellery) & 코스메틱(cosmetic) 층을 지나 다음 층으로 오르기 위해 발을 막 내딛으려는데 저만치 맘에 드는 디자인의 샌들이 눈에 확 들어온다. 게다가 언뜻 보니 가격도 거의 절반 가까운 할인을 한단다. 얼른 뒤돌아 신발 매대로 간다. 앞은 막히고 뒤만 트인 차분한 하늘색의 샌들. 발볼이 좁고 발가락이 긴 내게 안성맞춤이다. 멋 좀 내보려고 앞 트인 샌들을 신으면 유난히 가늘고 긴 발가락이 샌들 앞부리를 넘어 땅에 떨어질 것처럼 삐져나가 신을 수가 없다. 그런데 지금 눈앞에 있는 샌들은 앞이 막히고 색상도 맘에 쏙 든다. 신고 걸어보니 발도 편하다. 직원이 다가와 "고객님, 발볼이 좁아 참 잘 어울리십니다."라고 칭찬까지 곁들인다. 그 바람에 얼른 카드를 꺼내 계산하려다가 "아차! 잠깐만요!" 하고는 미안하다는 인사를 하고 얼른 돌아서 나왔다.

나는 신발을 좋아한다. 여북하면 여동생이 우리 집 신발장을 열어 보곤 "언니는 '이멜다'가 아니라, '유멜다'구나!"라고 놀릴 정도로 신발이 많은 편이다. 이 말은 마닐라 시장을 지냈으며 필리핀의 제10대 대통령 페르디난드 마르코스의 부인 이멜다 마르코스의 사치를 빗댄 말이다. 그녀는 사치의 대명사로 알려져 있다. 최고급의 명품 핸드백, 옷은 물론이고 그녀가 지닌 구두만도 무려 3천 켤레가 넘었다는 기사가 한동안 화제가 됐었다. 나는 그에 견주기엔 어림 턱도 없지만 유난히 신발에 욕심이 많은 건 사실이다.

이렇듯 신발에 집착이 많은 내가 최근 신발을 사지 않기로 굳은 결심을 했다. 막연하게 사지 않겠다는 것이 아니라, 적어도 2년간은 구매 욕구를 절제하겠다는 각오를 다졌다. 막연하게 사지 않겠다는 것보다 구체적 기간을 정해야 나름 자신과의 약속을 무너뜨리지 않을 것 같아서다.

신발을 사지 않기로 결심한 계기가 있다. 자주는 아니지만 성당에 성체조배를 하러 가면 늘 성체조배실 문간에 전동휠체어가 세워져 있고, 그 옆에 어김없이 다 낡은 구두 한 켤레가 놓여 있었다. 닳아서 상표도 지워진 구두. 어느 땐 너덜너덜한 안창이 개 혓바닥처럼 길게 삐져나와 있기도 했다. 안으로 들어가 보면 언제부터 와 있었는지 행색이 남루하고 머리가 허연 형제님이 무릎을 꿇고 깊은 묵상에 잠겨 있다. 늦게 들어가지만 조배실에서 나오는 건 늘 내가 먼저다. 나오다 신발의 치수를 좀 확인해 보려 해도 구두가 워낙 낡아 글씨마저 다

지워져서 확인할 수 없었다. 그렇다고 "형제님, 신발 치수가 어떻게 돼요?"라고 물을 수도 없었다. 조배실을 나올 때마다 다음에 올 땐 줄자를 가지고 와서 치수를 재봐야지 하곤, 정작 다음에 갈 때는 또 까마득히 잊고 가기를 반복했다. 그러던 어느 날이었다. 그날은 성당엘 가다 보니 그 형제님의 휠체어가 박살이 난 채 횡단보도 옆에 널브러져 있는 것이 아닌가. 그날 이후 형제님이 보이지 않는다.

나는 어렸을 때부터 어머니에게 무얼 사달라고 조른 기억이 없다. 여러 형제 중 중간에 끼었으니 옷은 늘 언니들의 작아진 옷을 내려 입고, 새 옷을 입은 기억이 별로 없다. 신발은 내려 신지 않았던 걸로 기억된다. 왜냐하면 예전 엄마들은 아이들 발이 크는 것을 고려해서 꼭 맞는 신발을 사주지 않고 조금 큰 걸 사줘서 떨어질 때까지 신게 했기 때문이다. 나는 우리 마을에서 제일 늦게까지 고무신을 신었다. 다른 아이들은 모두 학교에 들어가면서 고무신을 졸업하고 미키마우스 그림이 그려진 운동화를 신었는데 나만 고무신을 신고 다녔다. 운동화를 신고 싶은 마음은 간절했다. 하지만 어린 마음인데도 어머니에게 운동화 사달라는 말이 나오지 않았다. 운동화를 신고 다니는 친구들이 부러웠다. 운동화를 신으면 달리기도 잘할 것 같고, 겨울엔 발도 시리지 않을 것 같았다. 하지만 난 어머니가 사주실 때까지 꾹 참고 운동화를 신고 다니는 친구들을 부러워만 했다. 그래서일까. 유독 신발에 대한 집착이 강한 편이다. 어느 땐 나 자신도 신발장을 열어보곤 움찔 놀랄 때가 있다. 신발이 너무 많아서.

형제님에게 신발 한 켤레 사드리고 싶었다. 하지만 이래서 미루고 저래서 미루다 기회를 놓치고 말았다. 매우 후회스럽다. 그 성찰의 의미로 내 신발도 사지 않기로 결심한 지 이제 만 1년이 지났다. 그런데 가끔은 나도 모르게 여전히 신발 소유 욕구가 발동해 맘에 드는 신발이 보이면 달려가 만지작거리다 "아~ 참!" 하며 가만히 내려놓는다.

오늘은 맛있는 점심을 먹고, 친구에게 예쁜 신발을 골라주는 것으로 대리만족하곤 신발가게 문을 밀고 나온다.

5.

어머니의 노래

내 마음속의 금지곡

서주린

밤 10시가 좀 지나 무심코 TV채널을 돌린다. '가요무대' 시간이다. 노래에 심취해 듣던 중 모 가수가 '꿈에 본 내 고향'을 부른다. 참으로 오랜만에 듣는다. 흥얼거리며 따라 부르다 보니 지나온 세월이 주마등처럼 스치면서 울컥해진다. 중학교 졸업 후 고향 공주에서 여름밤 친구들과 마을 앞 개울에서 미역 감고 자갈밭에 누워서 즐겨 부르던 애창곡이다.

"고향이 그리워도 못 가는 신세/ 저 하늘 저 산 아래 아득한 천 리/ 언제나 외로워라 타향에서 우는 몸/ 꿈에 본 내 고향이 마냥 그리워."

이 노래는 중학교 졸업 후 집을 나와 서울에서 고교와 대학을 마치기까지 어려운 역경이 닥칠 때마다 마음 흔들릴까 봐 의식적으로 멀리했던 것이 팔십 넘은 지금까지 까맣게 잊고 있던, 스스로 정한 내 마음속의 금지곡이다.

시골서 초등학교를 졸업하고 대전 H중학교에 입학해서, 졸업 무렵에 선친과 갈등을 빚었다. 아버지는 사범학교 진학을 원하셨고, 나는 교사가 싫다고 대전에서 일류라고 하는 D고에 응시했다가 낙방했다. 진학은 꿈도 꾸지 말라는 아버지의 엄명에 후기 시험을 볼 엄두조차 내지 못하고 낙향해서 농사일을 거들었다.

몇 개월 농사일을 거들다 보니 평생 농사꾼은 면해야 되겠다는 생각이 들기 시작했다. 서울에서 우리 동네 외가로 피난 와서 몇 년 같이 학교 다닌 친구에게 취직 부탁 편지를 썼다. 그 친구로부터 일단 상경하라는 답장이 왔다.

늦가을 벼 타작할 때였다. 품앗이로 부모님이 당숙네 일 나가시면서 곧 따라오라는 분부에 "예!" 대답하고선, 서울로 간다는 간단한 쪽지를 남기고 중학교 때 입던 교복과 중3 책 몇 권 넣은 책가방을 들고 나섰다. 1957년 11월 7일로 기억된다.

친구 도움으로 마장동에 위치한 모 주물공장에 입사했다. 당시엔 좁고 질퍽한 논밭 두렁을 지나야만 하는 먼 변두리 지역이었다. 고온 불가마에서 녹여낸 뜨거운 쇳물을 긴 쇠막대국자에 담아 밭둑처럼 몇 줄씩 길게 늘어선 금형에 옮겨 부어 삼발이 등의 농기구 주물을 제작하는 것이 주된 일로, 건장한 성인들과 보조를 맞춰야 하는 하루하루의 일이 여간 고된 것이 아니었다. 집에는 안심하시란 편지를 바로 드렸더니 싸락눈 흩날리는 초겨울 어느 날, 아버지가 찾아오셔서 눈물의 상봉을 했다. 이후로 어떠한 난관이 닥쳐도 눈물을 보이지 말자는 다짐을 했다.

이 공장에서는 고등학교 진학의 꿈이 어림없다고 생각되어 이듬해 초 지인의 주선으로 회현동에 있는 ○○특수부대에 사환으로 들어갔다. 선임 사환 두 명과 2개월쯤 근무하던 어느 날 모 과장이 희망을 묻기에, 야간 고등학교에 입학하고 싶다고 했더니 내 방(과장실)에 근무하면서 공부하라고 한다. 그해 4월 서대문 E고등학교에 입학했다. 호사다마라고 했던가. 1학년 말에 부대가 의정부로 이동하게 되어 망연자실해 있던 차에 모 부사관의 알선으로 그의 부친이 운영하는 조미료 제조회사에 입사했다. 낮에 일하고 밤에 학교 다니는 일이 오죽했으랴. 더구나 당시 회사라는 것이 영세하여 학비도 빠듯한 박봉으로 버스비 아끼느라 웬만한 거리는 걸어서 다녀야했고 끼니를 거를 때도 많았다.

1961년 고등학교를 졸업하고 K대학교 행정학과 2부(야간)에 합격은 되었으나 등록금이 문제였다. 사정을 안 회사 임직원의 도움 덕분으로 다행히 등록을 하였다. 그러나 몇 개월 뒤에 회사가 창동 지역으로 이전하게 되어 크게 낙담하던 차에, 회사 대표와 친분으로 몇 차례 방문한 바 있는 M구청 총무과장이 사회과에 임시직으로 발령 내주었다. 대학 4년을 무사히 마치고 1964년 2월에 영예의 학사모를 썼다.

졸업과 동시에 입영통지를 받고 논산훈련소 재검을 받는 과정에 체중미달로 입대 불가란다. 입영 의사의 간곡한 청이 받아들여져 육군 사병으로 신성한 국방의 의무를 다하였음을 아직까지 커다란 자긍심으로 여기고 있다.

1967년 9월에 만기 제대하고 공무원 시험 준비에 들어, 다음 해 3월에 총무처 시행 국가공무원 채용 시험에 천우신조, 치열한 경쟁을 뚫고 합격하여 공복의 길에 들었다.

주경야독! 의지와 달리 공부할 시간의 제약으로 깊은 학문 탐구가 부족했다. 더 배우고자 하는 욕심에 퇴근 후 동아문화센터에 나가서 여러 분야 공부하던 중에 오창익 교수님이 지도하는 창작수필반에 입문하여 2001년 계간 『창작수필』 가을호에 「이순명(耳順銘)」으로 등단하였다.

그 후 초등학교에서 배운 옛시조의 매력에 끌려 시조 공부를 시작, 2015년에 계간 『시조문학』 작가상 수상으로 등단했다. 그렇지만 수필과 시조 어느 것 하나 쓴 글이 마음에 차지 않아 아직도 배움의 끈을 놓지 못하고 있다. 또 하나의 이유는 고학 시절에 도와주신 많은 분들께 좋은 작품을 써서 보여드리는 것이 보답하는 길이 아닌가 싶어서다. 고대 그리스의 비극 시인 소포클레스가 『클로노스의 오이디푸스』를 쓴 것이 80세 때였고, 독일의 요한 볼프강 폰 괴테(1749~1832)가 세계 문학사상 최대 걸작 중 하나인 희곡 『파우스트』를 완성한 것이 80세가 넘어서였다고 하니 책가방 들고 배움을 찾아다니는 것이 무슨 흉이 되리오.

고향 공주에는 부모님이 오래전에 돌아가시고 일가친척 몇 분 안 남았을 뿐더러 학교 동기들마저 만남이 힘들어졌지만, 선산에 몇 대위 조상님들과 부모님 산소가 있기에 명절과 기제사, 벌초 등이 있을 때마다 찾는다. 그러기에 영원히 잊을 수 없는 고향이다.

이제 내 노래를 찾아서 고향을 그리는 나의 오랜 금지곡을 해제할 때가 되었다. 십 대에 고향을 떠나 일곱 번이나 강산이 변하였기에 낭랑했던 옛 목소리는 아니겠지만, 고향 생각이 나고 부모님이 그리워질 때면 '꿈에 본 내 고향'을 목청껏 불러 보리라.

새들처럼

조철형

해 뜰 무렵에 옥상에서 봄을 맞는다. 새벽이슬이 매화나무 꽃망울에 맺혀 영롱하다. 종달새가 매화나무 둥지로 '포로록' 날아와 고개를 끄덕이며 아침 인사를 한다. 나와 함께 봄을 반기는 종달새, 동창이 밝으면 잠꾸러기를 깨우던 노고지리, 그 종달새다.

지난가을에 종달새가 옥상 코너 산수유를 마주한 매화나무에 둥지를 텄다. 가느다란 나뭇가지와 마른 잎사귀로 지은 아담한 오막살이 집이다. 벽이 바람을 막아주고 햇볕도 잘 드는 명당자리다. 환풍구의 온기를 이용하여 겨울을 나니 열에너지를 활용하는 지혜로움도 엿보인다.

두 마리가 수직으로 오르내리며, 짝짓는 곡예로 나를 기쁘게 했는데, 어느새 태어난 새끼들이 혀를 날름거린다. 새끼들의 눈망울이 초롱초롱하다. 모이를 나무 아래에 갖다 놓았더니 조금씩 없어졌다. 욕심을 부리지 않고 필요한 만큼만 가져갔다. 알고 보니 종달새는 걸객(乞客)이 아니었다.

안개가 자욱하여 주위를 알아볼 수 없어도, 어디 부딪히지 않고 날아다니니 시력이 대단하다. 산수유가 노란 모자를 쓰자, 매화나무가 꽃봉오리를 터트려 가지마다 수많은 꽃등이 걸렸다. 새끼들이 봄바람에 꽃향기를 맡다 살포시 눈을 감고 달콤한 꿈을 꾼다. 아빠 새가 외출하여 아침 식사를 장만해 오자, 둥지 주위를 맴돌던 어미새가 반긴다. 새끼들을 깨워 모이를 먹여주느라 분주하다. 단란한 가정을 꾸려가는 새들이 대견스럽다. 어서 저 새끼들을 훈련시켜 향기 짙은 아카시아 꽃이 피는 곳으로 데려가야 할 텐데….

나는 어릴 적부터 새를 좋아했다. 새들이 지저귀는 소리, 조잘대는 소리에 정신이 팔렸다. 어떻게 저런 아름다운 소리를 내는 것일까? 그런데 사람들은 꾀꼬리의 노래를 듣고도 "운다."고 한다. 새가 눈물을 흘리며 우는 것을 본 적이 없는데, 운다고 하니 동의할 수 없었다. 새가 노래를 한다거나 웃는다고 해야 옳지 않겠는가.

냇가에서 앞집 용달이와 텀벙거리며 물고기를 잡다 보면, 청록색 물총새가 어느새 나타나 수면 위로 날아다녔다. 고기잡이 망을 피해 도망가는 고기를 보는 순간, 다이빙하여 낚아채 갔다. 물속의 고기를 사냥하는 새의 시력은 얼마일까. 하늘 높이 날다 급전직하하여 물고기 사냥을 하는 독수리나 매의 눈은 천리안인 듯싶었다.

물총새가 날아간 방향으로 가보았더니 산 절벽에 새집 구멍이 있었다. "옳지! 잘 되었다." 싶어, 대나무 사다리를 절벽에 설치했다. 물총새를 잡아 새장에서 키울 생각에 가슴이 뛰었다. 조심스레 사다리를 기어올라 아래를 내려다보니 천 길 낭떠러지다. 어지러워 호흡을 가다듬고, 맨손을 구멍에 디밀었다. 물총새가 가만히 있을 리가 없다. 날카로운 부리로 난입자 손바닥을 마구 쪼았다. 얼마나 아픈지 기겁을 하며 반사적으로 피한다는 것이 사다리를 부여안고 뒤로 자빠졌다.

날개가 있었다면 사뿐히 착지했을 터인데 허공에서 원을 그리며 추락하는 인간 새가 되었다. 의식을 잃었다 깨어나니 용달이는 울고 있었고, 뒷머리에 피가 낭자했다. 그때 생긴 흉터는 지워지지 않는 우정의 징표가 되었다.

새는 인간을 위해 태어난 듯싶다. 높이 날아야 멀리 볼 수 있는 지혜와 도전 정신을 인간에게 안겨주었다. 새벽에 닭이 시간을 알리니, 괘종시계가 발명되었고, 새들의 날갯짓은 중력의 자연법칙을 이겨내는 비행 수단인 비행기의 발명을 낳았다.

인간들은 높이 날지 못하니, 새를 숭상하였다. 임금의 자리나 휘장에는 상상조인 봉황의 문양으로 장식한다. 지도자가 혜안을 갖고 민족을 이끌도록 염원하기 때문이다. 고조선 영토를 회복하려는 고구려 다물(多勿) 깃발에는, 상상조인 '삼족오(三足烏)'가 그려져 있다. 상상의 날개로 태양을 향하는 동이족의 기상을 펼쳤다.

일찍이 락천 백거이(白居易)는 암수의 눈과 날개가 하나씩이어서 짝을 짓지 않으면 날지 못하는 상상조 비익조(比翼鳥)를 은유하여, 금실 좋은 사랑과 정을 구가한 불후의 명작 장한가(長恨歌)를 남겼다.

새들은 식구들이 살아갈 나뭇가지 집 한 칸이면 더 이상 부러울 것 없으며, 물욕이 없이 더불어 살아간다. 철새들은 항상 몸 관리를 하여 한 마리도 낙오 없이 수만 리 떨어진 지구 반대편을 날아다닐 꿈을 꾼다. 저녁노을을 배경으로 연출하는 철새들의 환상적인 군무(群舞)는 조화로움의 극치다.

새들 대부분 나무의 해충을 잡아먹는 익조이다. 자기만의 이익을 취하는 기생이 아니라 자연과 함께 공생한다. 까치는 기쁜 소식을 전해주는 길조이며, 까마귀는 늙은 부모를 봉양하는 효조로 귀감이 된다.

노력하면 대기만성을 이루 듯 "오래 엎드린 새는 반드시 높이 난다."라는 "伏久者 飛必高(복구자 비필고)" 노부의 희망을 안겨주는 좌우명이 되어, 신기 생동한 휘호를 이룰 때까지 오늘도 묵향을 맡는다.

나이 들면서 물욕을 떨쳐버리고, 부지런히 움직여 근육이 도태되지 않도록 하여, 가벼운 몸으로 자유롭게 다니고 싶다. 높게 날지는 못할 망정, 나지막한 산이라도 올라가 멀리 바라보며 상상의 날개를 펴고 싶다. 창공을 나는 새들처럼.

홀딱 벗었다

손광야

20년이란 긴 시간 혹독한 고통의 세월을 보냈다. 망망대해에 난파선이 되어 침몰 직전 구사일생으로 살아 돌아온 어부의 심정이라고나 할까. 죽을 만큼 괴로웠던 아픈 시간들이 이렇게 비 오고 바람 부는 날이면 또 다시 오버랩 되어 가슴을 후벼판다. 다 잊고 내려놓은 듯하다가도 무시로 그 암담했던 순간순간이 불면으로 도진다.

유복한 환경에서 세상 물정 모르고 성장한 남편은 귀가 얇아 허황한 꿈에 젖어 뜬구름을 쫓아다녔다. 그런 와중에 사기꾼들의 유혹에 헤어날 수 없는 늪으로 점점 빠져 들었다. 가족의 절대적인 만류에도 불구하고 오로지 남편은 그들을 신으로 믿는 맹신도가 되어갔다. 결국 우려했던 일이 현실로 다가왔다. 30여 년간 모은 전 재산과 문전옥답을 잃는 데는 많은 시간이 필요하지 않았다

이천이백 평 대지에 천 오백평의 대규모 건물 준공을 목전에 두고 자금난으로 공사가 중단되는 사태가 벌어진 것이다. 준공만 되면 우리에게 넉넉한 노후자금을 주고 완공된 건물은 그 업자가 인수한다는 조건이었는데 그게 마음대로 되질 않았다. 자기자본 없이 시작한 공사 결과는 불 보듯 뻔했다. 누대 내려오던 전답을 담보로 대출을 받

아 공사를 하다가 부도를 낸 것이다.

낙찰가격이 어느 정도 되면 공사대금을 도의적인 측면에서 조금씩이라도 나누어 주려 했는데 거기에 미치지 못했다. 각 분야 업자들은 한밤중 떼로 몰려와 돈 내놓으라고 악다구니를 하며 죽인다고 으름장을 놓기도 하고 어떤 이는 아예 안방까지 차지하고 며칠씩 묵기도 했다 하루하루가 지옥이었다.

대인 기피증까지 찾아왔다. 낮에도 커튼을 치고 정신병자처럼 멍하니 변해 갔다. 가세가 기우니 맨 먼저 떠나는 게 형제였다. 정말 피를 토하고 죽을 일이었다. 이런 환경에서 글을 쓴다는 것은 사치였다. 절필이다. 문학이 죽고 인생이 죽고 자존감이 무너졌는데 글은 써서 무엇 하나, 날마다 죽으려고 눈 덮인 오서산을 오르내렸다. 정상에서 만약 내가 여기서 투신을 하면 내년 봄 등산객들의 눈에나 뜨일 터인데…. 이런 생각을 수도 없이 하며 오르고 또 올랐다 그도 맘대로 안 되었다 내가 죽어서 해결될 일이 아니었다.

내 몸과 마음은 날로 망가져 갔다. 집에 있으면 심장이 멎을 것 같아 서울 아들집에 갔다. 손자와 한강변을 걷는데 지나던 어떤 남자가 "고녀석 귀엽게 생겼네."어디서 많이 듣던 낯익은 목소리였다. 방송국 친구였다. 내가 얼마나 초췌해 보였으면 못 알아 봤을까. 나 아무개라고 하니 왜 이렇게 변했냐면 깜짝 놀랐다. 점심 먹고 잠깐 산책 나왔단다. 집으로 오는 길 '파출부 급구'라는 간판이 눈에 들어왔다. 육체노동을 하면 불면증이 사라질까. 이 고통의 수렁에서 잠시라도 잊을 수 있을까? 잠시 생각해보았다. 비록 재산은 잃었지만 그동안 내 정신적 지주였던 글쓰기는 포기할 수 없음을 다시 한 번 음미하며 하루를 버틴다.

모심(慕心)

서숙자

유월, 갈치 맛이 좋을 때다. 노릇노릇하게 구운 갈치구이는 고소한 맛이 일품이라 입맛을 돋운다. 나는 구이보다 조림을 더 하는 편이다. 풀어야 할 숙제가 있다고나 할까. 오늘도 시장에 다녀오자마자 냄비에 탁구공만한 감자를 깔고 싱싱한 갈치를 얹는다. 그 위에 붉은 고추와 양념장을 넉넉하게 넣고 약한 불에 천천히 조린다. 보글보글 끓는 소리에 군침이 돈다. 하지만 어렸을 적 시골에서 먹던 그 맛이 아니다.

할아버지는 주로 논농사를 지셨다. 햇볕이 점점 강해지면 마른 논바닥에 물을 채우고 못자리판을 만든다. 나락이 싹을 틔워 어느 정도 자라면 모내기를 하는데 이앙기가 없던 때라 동네 사람들이 품앗이를 하며 모를 심는다. 모심는 날은 잔칫날이다. 긴 마루도 모자라 마당에 멍석을 깔고 밥상을 모두 꺼내놓는다. 흰 앞치마를 두른 어머니는 상을 차리시느라 마당과 부엌을 오가며 땀을 흘리신다. 주 메뉴는 갈치조림. 이윽고 발갛게 고추장 물이 밴 햇감자와 갈치 토막이 어우러진 냄비와 높이 퍼 올린 밥그릇이 상 위에 놓인다.

사립문 밖이 떠들썩하다. 모심다 말고 바짓가랑이 걷어 올린 채 들어오는 남자들과 아낙들의 함박꽃 웃음이 마당에 퍼진다. 맛있게 식사를 한다. 누군가 "갈치조림이 꿀맛이네요!"라고 말한다. 심부름하던 나도 상 모서리에 앉아 먹는다. 꿀맛 그 이상이라고 느끼면서. 세월이 흐른 지금도 그 맛을 찾는다. 생선가게에 가면 은빛 갈치가 먼저 눈에 띈다. 아파트 마당 장터에서 아저씨는 제주 먹갈치라며 맛에 대해선 두 말하면 잔소리라고 외친다. 인천・목포・구룡포 등 항구란 이름은 다 들먹이지만 맛은 그저 그렇다.

갈치의 어원은 문헌마다 다르다. 윤덕노 음식문화평론가는 "조선 후기 실학자 이규경(1788~1856)은 『오주연 문장 전산고(五洲衍文長箋散稿)』에서 갈치가 허리띠 같아 대어(帶魚), 칼 모양이어서 검어(劒魚) 또는 도어(刀魚)라 하고, 또 서유구는 그의 저서 『난호어목지(蘭湖漁牧志)』에 갈치의 긴 모습이 칡넝쿨 같아서 갈치(葛侈)라 부른다." 한다. 지금은 보통 경기 이남의 서해안에서는 갈치, 경북과 북한에서는 칼치라고 부른다고 한다.

어느 날 특별 주문을 했다. 밤 열두 시쯤 추자도 현지에서 직송된 갈치가 방금 도착했다는 연락이 왔다. 나무 상자 안에 누운 갈치는 날렵하면서도 살이 도톰하다. 물이 좋아 희다 못해 푸른빛이다. 이번엔 뭔가 다르다는 생각에 한 마리에 만 오천 원이라는 만만찮은 값을 치르고 흐뭇한 맘으로 집에 갖고 온다.

깊은 밤, 먹을 사람도 없는데 불을 밝히고 조리한다. 결론을 얻고자 진지하게 실험하는 연구원처럼…. 수돗물 소리, 도마질 소리가 밤의 고요를 깨뜨린다. 모두가 잠들어 휴식하는데 나만 신났다. 좀 흥분되어 맛을 보니 추자도 일등품 갈치의 독특한 감칠맛이 난다. 하지만 그토록 바라던 맛은 아니다.

비린내 나는 손을 씻고 잠자리에 누워 눈을 감는다. 눈부신 햇살 아래 모심는 날을 그려본다. 땅은 부드럽고 비옥하다. 진흙 얼룩진 사람들의 질펀한 사투리와 뱃속까지 시원한 웃음소리가 미루나무 울타리로 넘어간다. 한쪽 밥상에는 엄마 아빠 따라온 아이들이 입이 찢어져라 숟가락질한다. 방에는 할아버지와 할머니, 부엌에는 고운 모습의 어머니가 계신다. 새들이 오르락내리락 원을 그리며 장난질 친다.

갈치조림 맛은 정(情)이며 사랑이다. 음식 재료만이 아닌 마음에 스민 어린 시절 태생적인 손맛, 고향 맛이다. 아니 마음에 젖은 어머니에 대한 모심(慕心)이기도 하다. 해마다 유월이 오면 그리움으로 설레는 이유다.

논둑길을 걷는다. 어느 시인의 시처럼 "봄물 가둔 논에 들어있는 하늘이 너무 깊어" 눈물이 난다. 논물 속에 잠긴 구름이 어머니의 행주치마처럼 하얗다.

내 노래의 속도

오수지

지금 내 방에는 글렌굴드가 연주하는 바하의 골드베르크 변주곡이 흐르고 있다. 처음과 마지막의 아리아와 30개의 변주로 구성된 이 곡을 듣고 있으면 마치 굴드의 노래를 듣고 있는 듯하다. 실제로 그는 이 곡을 연주하는 중에 허밍으로 노래를 부른다. 처음 듣는 사람들은 무언가 녹음이 잘못되었는 줄 알고 놀라거나, 또는 유령 목소리를 들은 건 아닐까 하며 본인의 귀를 의심한다고 한다. 나도 그랬다. 그러나 그건 굴드의 오랜 연주 습관이고, 어릴 때부터 그를 가르친 어머니로부터 배운 것이기도 하다. 마음에서 흘러나오는 음을 치고 그 소리를 노래로 따라가는 것이 그의 연주인 것이다.

굴드는 골드베르크 변주곡을 두 번 녹음했다. 23세에 자신의 데뷔 앨범(1955, CBS-SONY)으로 한 번, 49세에 또 한 번(1981, SONY)이 그것이다. 안타깝게도 굴드는 자신의 두 번째 음반은 들어보지 못하고 1982년 사망했다. 23세의 천재가 뿜어내는 현란하고 빠른 테크닉의 독창적 연주로 세계를 놀라게 하며 골드베르크 변주곡으로 데뷔했던 굴드의 음악 인생은 또 한 번의 골드베르크 변주곡 녹음으로 끝을 맺는다. 골드베르크 변주곡은 그의 데뷔 음반이자 마지막 음반이 된 것이다. 26년을 사이에 두고 있는 그 두 연주는 많은 부분에 있어서 다르지만, 그중에서도 단연 놀라운 것은 연주 시간이다. 23세 때 연주한 시간은 38' 27"인 반면, 49세에 녹음한 연주시간은 51' 15"이다. 같은 곡의 연주 시간이 거의 13분이나 차이가 난다.

보통 한 연주자가 같은 곡을 두 번 녹음하는 것은 흔치 않은 일인데, 굴드가 이러한 일을 결심하게 된 이유는 '느림의 의미'를 발견했기 때문이다. 자신이 나이가 들어 23세에 연주한 것을 들어보니, 그것은 '안식을 취하기에는 너무 빠른 속도'로 연주되어 결코 사색적인 파장으로 이어질 수 없다고 느껴졌다. 자연스럽게 그의 두 번째 레코딩은 매우 숙고적이고 신중한 속도로 연주되었고, 그 템포는 지금의 나에게도 가을날의 안식과 같은 평안함을 준다.

2022년 내게 일어난 가장 큰 일 중 하나는 학교를 사직했다는 것인데, 가만히 생각해보면 나의 사직도 '속도'와 관계가 깊다. 나는 언젠가부터 '속도'에 집착했다.

디지털 원주민(Digital Native)인 젊은 교사들이 10분이면 할 수 있는 일도 디지털 이민자(Digital immigrant)인 내게 오면 두세 배의 시간이 걸렸고, 나의 온몸은 쉽게 긴장했다. 그걸 우아한 몸짓으로 천천히 움직이는 거라고 우겨봐야 별수 없는 일이었다. 나를 배려해주는 젊은 교사들에 대한 고마움도 종종 '이번엔 또 누구에게 맡겨볼까.' 하는 뻔뻔함으로 변질되곤 했고, 그런 마음을 알아채는 순간 스스로 초라해졌다. 퇴근해 집에 와 그 긴장과 초라함을 돌이켜볼 때면 무언가 억지스러움이 느껴졌다. 나의 긴장은 '겸손과 후회', 또는 '무한 긍정과 도전'의 함수로는 설명될 수 없는 그 무엇에 속했다.

오히려 그것은 '직관'의 능력이 작동되는 영역의 문제였다. 내가 본 Digital Native들은 수많은 새로운 정보를 '기억'한 내용으로 처리하지 않는다. 그들은 '직관적' 감각으로 정보를 처리하고 습득한다. 반면 나는 '학습'해서 '기억'한 내용이 아닌 정보에는 일단 '당황'한다. 그러나 생각해보면 내가 느끼는 그 당황스러움은 너무나 자연스러운 것이다. 각자의 직관이 잘 발휘되는 영역은 따로 있기 때문이다. 디지털기기가 자신 몸의 장기처럼 자연스러운 나의 아들은 무겁고 큰 곰솥을 꺼내달라는 나의 부탁에 싱크대의 맨 윗칸부터 이리저리 열어 본다. 그러고는 '여기도 없는데!'를 연발하며 어리둥절한 표정을 짓는다.

곰솥같이 무거운 것은 싱크대 맨 아래 칸에 있을 거라는 '생활 직관'이 우리 아들의 머리 속에는 존재하지 않는 것이다. 쉬운 솥 하나를 못 찾고 어찌할 바 모르는 나의 아들을 보며, 모니터에 떠있는 수많은 이미지들을 하릴없이 아무거나 눌러보다가 종국에는 절망으로 눈이 풀린 '디지털 직관'이 결여된 나를 받아들인다. 그리고 생각한다. 이런 상황에서 모든 일에 속도를 높이려고 스스로를 끊임없이 다그쳤던 나의 모습은 마치 49세의 굴드가 23세의 굴드의 속도로 연주하기 위해 이를 악물고 테크닉에 몰두하는 장면과 같았겠구나. 나는 나에게 맞는, 내가 좋아하는 템포로 나의 하루하루를 연주하고 싶었다.

그렇다면 내가 좋아하는 빠르기는 무엇인가? 나는 언젠가부터 기차를 타면 역방향 좌석을 선호한다. 그것은 나에게 방향 이상의 것을 의미한다. 그것은 나에게 맞는 속도이다. 순방향으로 앉았을 때는 순간순간 내 앞을 스치고 빠르게 사라지는 그 속도에 멀미가 난다. 반면 역방향 좌석에서 모든 풍경은 나와 같이 천천히 동행하며 새로운 장면을 더해주기도 하고, 아스라이 작아지다가 초연히 사라지기도 하고, 또한 잠시 시야에서 사라졌던 것을 슬며시 다시 데려오기도 하며 오랜 잔상으로 애틋하게 남아주기도 한다. 정겨운 동행과 아름다운 소멸을 가능케 하는 그 속도를 나는 사랑한다. 그 속도라면 삶의 복잡함과 모호함도 어느 정도 이해할 수 있을 것 같다.

'오래 보아야 사랑스럽다'고 말한 시인처럼 나의 지긋한 응시는 내가 뒤로 한 길에 상쾌한 향기를 입힌다. 그것은 다가올 날들의 두려움을 이겨내기 위하여 살아온 길을 되돌아보는 행위와 같다. 걸어왔던 순간순간의 작은 점들이 비로소 하나의 온전한 형태를 이루어 내게 일어났던 많은 일들의 진정한 의미를 이야기해주고, 그리하여 또다시 다가올 수많은 부조리와 불안들과도 화해할 용기를 준다.

또한 나는 글렌 굴드의 골드베르크 변주곡(1981년 녹음) 중 마지막 30번째 곡의 속도를 특히 사랑한다. 각각의 음이 튀어 오르지 않고 끝까지 같은 크기의 힘으로 유지되는 신중한 절제가 애절하다. 마치 나의 사랑하는 두 아들이 잘 성장하여 이 사회에 건강한 성인으로 당당하게 서 있는 모습에 가슴 벅차하면서도 내 인생에서 커다랗고 길었던 '양육의 시기'가 막을 내렸음에 허전해하는 나의 마음에 '충분히 아름다웠고' 그래서 '잘 보내줄 수 있다'는 다짐을 차곡차곡 쌓아놓는 듯하다. 그러면서 동시에 '다시는 돌아오지 못할 것'이라는 사실을 한 음 한 음 꼭꼭 누르며 인정하게 하는 그 모질만큼 침착한 속도에 신비한 평온함을 느낀다. 그것은 바로 꾸역꾸역 눌러 힘들게 진정시켰던 아쉬움이 이제는 제 자리를 찾아서 내 마음 어딘가에 편안히 자리잡고 있다는 것을 알려주는 부호이고, 이제는 그것에 대해 멀리서 고요한 마음으로 반추해볼 수 있다는 안도의 울림이다. 그것이 내가 부르고 싶은 노래의 속도이다.

가깝고도 먼 사람

김은성

인간의 수명이 길어지는 대신 질병에 대한 두려움이 크다. 전에는 암이 무서운 병이었다면 현재는 치매가 가장 심각하다.

치매 걸린 어머니한테 아들이 찾아가 손을 잡고 쓰다듬으니 "이 손은 분명 남자손인데…." 하는 것을 보고 웃음이 나왔지만, 남의 일 같지 않았다. 이런 일을 보고 가깝고도 먼 사람이다 하는지, 우리 집안 친척 중에도 치매 걸린 분이 있다. 집안 행사 때같이 식사를 하는데, 나는 알아봐도 옆에 앉아있는 남편은 누군지 모른다고 했다. 남편과 나를 중매 역할 했었던 일도 잊은 것이다. 그동안 치매가 더 진행되지 않도록 약물 복용을 하였지만 오래되어서 심해진 것 같다.

그분들은 농촌에 살다가 젊었을 때 서울로 와서 건축 자재를 자전거로 실어다 팔며 열심히 일하셨다. 나중에는 폐차한 버스를 구입하여 방을 만들고 사무실을 꾸며 모래자갈을 배달하며 근면 성실하게 살았다. 자녀들 공부시켜 다 출가시키고 먹고 살만큼 돈은 벌어 놓은 것 같다. 그렇지만, 남편이 집안 대소사 일도 못하고 대소변까지도 챙겨야 하니 가족들의 고통이 힘든 것은 사실이다. 안부 차 전화를 했더니 "촌년 데려다 키워 놓았더니 잘난체한다"라고 하더란다. 웃음이 나왔다. 농촌서 살다온 것은 사실이지만, 치매 때문에 가장 가까운 사람이 힘들어하는 것을 모르는 것이다.

젊어서 성실하게 살았으니, 부부가 여행도 다니고 여가생활도 하며 행복하게 노후를 보내면 좋았을 것을, 살만하니 치매가 왔다. 그래도 요양원에 보내지 않고 돌보는 가족들의 고통을 헤아릴 줄 모르는 것이다. 집에서 간호하며 모시고 있으니 감사한 일이다.

나도 요즈음 건망증이 심해 혹시나 하고 보건소 가서 치매 검사를 했다. 아직은 괜찮습니다. 하며 일주일에 세 번 정도는 숨 가쁘게 한 시간씩 걸으면 좋다고 했지만 허리와 다리 관절이 안 좋으니 움직이기 싫다. 많이 움직여야 뇌의 양쪽 해마가 치매 예방에 좋다고 했다. 현재는 너무나 복잡한 세상이 되어서 신경 쓰는 일들이 많아서 더 착각을 일으킨다.

몇 년 전에는 소송 문제가 있어서 피고가 살고 있는 주소지인 충남 대전 법원을 당일로 왔다 갔다 했었다. 그날도 대전 법원에 갔다가 서울 집으로 오는 중이었다. 오후였다. 고속버스 안은 승객이 다 차지 않았다. 휴게소에 쉬었다 버스에 올라와서 중간쯤 아주머니 옆 좌석에 앉았다.

차창 밖으론 높고 푸른 하늘에 솜털 같은 구름이 집을 짓고 드넓은 들녘엔 누런 벼이삭이 고개를 숙인 채 바람에 출렁이는 것을 보며 어릴 적 고향에서 친구와 메뚜기 잡으며 재잘거리던 추억에 잠겼다. 앞 좌석에 있는 사람이 고함을 지르며 버스를 못 출발하게 하는 것이다. 자기 옆자리 앉았던 여자가 안 왔다고 한다. 기사는 승객을 몇 번이나 세어보고 인원수는 맞는데 누가 안탔냐고 했다. 그러자 내 옆자리

있는 이가 하는 말 "아까 아주머니가 앞의 좌석에 앉았다가 지금 뒷좌석 내 옆에 탄 것 아니요?" 하는 것이다. 버스 안은 웃음바다가 되었다.

가깝고도 먼 사람이라는 게 맞는 것 같다. 옆에 사람이 여자인가 남자인지 옷은 어떻게 입었나! 살펴보았어도 이런 실수는 안 했을 것이다. 관심이 없었다. 오로지 부동산 소송 문제가 빨리 판결되어서 손해배상 받는 것만을 생각하며 골몰했기 때문이다.

그때는 젊으니까 착각이라 생각했지만, 현재 나이에 이런 일이 있었으면 치매라고 호들갑을 떨었을 것이다. 그 옛날에 가깝게 지내던 친척이나 지인을 생각하면 입고 있던 옷차림이나 웃는 모습이 생각나는데, 옆에 앉은 아주머니는 무슨 옷을 입었는지 말 한마디 주고받지도 안 했고 관심도 없었다.

속담에 부부가 한 이불 덮고 자도 꿈은 각각 꾼다는 말이 있다. 한 침대를 같이 써도 마음이 다르면 등 돌리고 가깝고도 먼 사람이 되어 버린다. 말도 안하고 벽이 쌓인다. 가까운 사이는 멀리 타국에 있어도 전화와 메일로 주고받는다. 또 미국에 가 있는 부인이 남편 식사걱정에 한국에 있는 남편에게 요리도 배달시켜 준다는 말을 들었다. 가깝고도 먼 사람이란 마음먹기에 달려 있다.

제일 가까운 부부나 자식도 무서운 치매가 덮치면 잊고 몰라보니 먼 사이가 된다. 이생에 연이 되어 생사고락을 같이 해온 이들을 몰라보면 한심한 일이다. 아들이 어머니 손을 만져도 외간 남자의 손으로 알고 뿌리친다면 서글픈 일이다. 인간의 수명이 길어져도, 의학이 더욱 발달해서 치매 없이 노후를 품위 있게 지내다 가면 얼마나 감사한 일인가.

천상병 시인의 시처럼 '나 하늘로 돌아가리라 이 세상 소풍 끝나는 날 아름다웠다고 말하리라' 하는 시가 좋다.

한 아름 기다린 시간

안태희

그날 얼떨결에 돌아와 사연을 띄운다. 강원도 정선 남창초등학교는 해내기 교장 첫 발령지는 변방이었다. 종일 참새 숲에서 서툰 몸짓으로 날개를 내밀어 보았다. 산 꼬리에 걸린 햇살이 기울 무렵 푸른 숲에 고요가 엄습했다. 수많은 발자국은 오고 간데없고 외톨이가 되어 새장에 갇힌 새처럼 숨을 고르려고 뜰을 서성인다. 멀리 가족을 떠나 홀로 사는 유배지 같은 생활에 생을 하나하나 다듬어가기로 했다. 강이 있다기에 작은 벌판길을 가로질러 강가로 나섰다. 모두가 낯설어 하늘을 몇 번이고 쳐다본다. 강가를 거닐며 마음을 하얗게 풀어 어디라도 떠내려 보내면 후련할 것 같아서다.

낮은 둑길에 올라서자 이게 웬일이야! 상상을 뒤엎는 엄청난 순간 이것은 수난이다. 예측할 사이도 없이 어디선가에서 새까만 검은 강물이 구물렁구물렁 세차게 내려 달린다. 마치 달리는 자전거 바퀴에 치맛자락이 걸려 끌려 들어갈 것 같은 두려움이다. 산허리를 으스러지듯 치며 끌어당기고 줄행랑을 친다. 여울물 소리가 지축을 흔들어 대듯 요란하다. 사방을 휘둘러본다. 사북 탄광지역에서 출하하는 물이라 직감이 들었다. 참말로 허허하다.

해질녘이면 불현듯 그리워지는 것들이 어디 하나뿐인가! 덜컹덜컹 초승달 가로지르고 산허리 잡고 끽끽 구슬픈 울음소리 끌고 지나간다. 노을 속 기차 소리는 한층 더 세상 외톨이 속으로 몰아넣었다. 그 소리에 난 수십 번 맥을 놓고 끌려가다 가다 큰 숨 내쉬고 축지법처럼 제자리로 옹골차게 돌아와 서 있다. 을씨년스럽게, 을씨년이 별 하나 둘 툭툭 던지던 곳이다.

그것 뿐만은 아니다. 새벽잠을 설치게 하고 기차는 예외 없이 또 한 날 한 날을 어김없이 실어다 놓고 떠나갔다. 무작정 저 기차를 탄다면? 수없는 물음표를 천장에 두덕두덕 덧칠해놓고 밤이 지나면 해를 먹은 산마루는 눈부시게 가슴을 찢고 둥근 운동장으로 내리쏘다 붓는다. 참새떼가 우르르 와르르 짹짹짹 재잘재잘 모여들어 해맑은 날갯짓이 요란했다. 그 모여드는 소리에 마음을 따스하게 데우며 지냈다.

그리고 영근 뙤약볕에 뛰노는 유성의 존재들에게 희망을 심어주고 싶었다. 운동장 귀퉁이에 소담하게 과학 공원을 만들어 놓고, 한 귀퉁이에 나무를 심어 그 그늘에 꿈을 걸게 하자! 불현듯 떠오르는 평창강 제방 둑에 몇 백 년 살아간다고 하는 느티나무 밑에 가마니 짝을 펴놓고 바람과 함께 숙제하던 날의 그 동심이 발동됐다. 그 동심을 여기에 옮겨놓자! 그리고 단옷날이면 그네를 뛰어 푸른 하늘을 향해 마음껏 오르고 싶었던 마음도 함께 매달아 놓자. 내가 오르지 못한 꿈을 산골 아이들에게 넘겨 놓자.

달력에 빨간 날을 택해 학교에 근무하는 두 기사와 함께 2, 3백 년 산다는 느티나무 군락지를 찾아 나섰다. 산골이라 몇 시간이면 되겠지 하고 아무런 준비 없이 나섰다. 서너 시간 되도록 헤매다 보니 생각은 예외에서 벗어났다. 허기가 져 허겁지겁 허깨비들이 눈 안에 번득였다. 그때 생각지도 않게 화전민 젊은 아낙이 방금 쪘다며 주먹만 한 감자 서너 개를 가지고 길가로 나왔다. 허기를 요기로 채우게 했다. 선생님으로 보았나 보다. 고마움과 그 감자 맛을 지금도 잊을 수가 없다.

그날, 느티나무는 제 살던 곳에서 떠나기에 얼마나 한스러웠을까? 울며불며 떠났을 것이다. 느티나무 어린 3형제 꿈나무를 과학 공원 쪽에 입주시켰다. 내 키보다 한발쯤 더 자란 키에, 몸통은 내 팔뚝만 굵기다. 저게 언제 커서 그늘 노릇을 하며, 아이들을 불러드릴까? 그렇게 어렵게 마련해놓고 1년 만에 아랑곳없이 그곳을 떠났다. 그리고 가끔 학교 기사들을 통해 나무의 안부를 몇 번 묻다가 까맣게 잊어버리고 떠돌아다녔다.

지난해다. 여름 배웅하고 가을 꽃구경 놀이 삼아 그곳을 지나던 길에 잠깐 들러 보자는 마음이었는데 이렇게 지난날을 애잔하게 쏟아부을 수가 없다. 어쩌면 나는 내 새끼들이 나를 불렀던 상징언어처럼 허겁지겁, 헐레벌떡, 얼렁뚱땅 그렇게 세월은 지났다. 그런데 또 그 짓거리로 애착으로 심었던 너와 헤어져 살아온 35년을 까맣게 잊어버리고 내 멋에 겨워 그렇게 살았다.

커버린 느티나무를 보자 "어마!" 외마디 소리치며 손으로 얼굴을 가리고 말았다. 주르르 쏟아지는 해후의 눈물을 막을 길이 없다. 환희인가! 환희인가! 뒤엉킨 순간 한아름 넘게 커버린 느티나무를 힘주어 꽉 안고 한참을 서 있었다. 그리고 가슴과 얼굴을 댔다. 무정하게 산 세월에 용서라도 빌고 싶어서다. 한아름 넘게 기다린 세월이 한 아름이 넘게 커버린 몸에 매미처럼 붙어 눈물로 그 세월을 당겨본다.

해 뜨는 쪽을 바라보고 얼마를 기다렸을까?

해 지는 쪽을 바라보며 얼마를 쓸쓸히 키워냈을까?

눈비 바람에 모진 세월을 또 얼마나 슬퍼하며 기다렸을까? 그 모든 것들이 흔적 없이 사라졌는데 너만 내가 그때 세워놓은 그 자리에 그대로 꿋꿋이 서서 컸구나! 지금 내가 느끼고 있는 지난날의 꿈이 이루어진 현실이다.

"잘 커 주어서 고맙다." 초록빛으로 둘둘 말고 한 아름드리로 키워낸 그 세월이 아쉽기만 한데 또 급히 떠나야 하니 너와 나는 전생에 우연이 아니고, 필연이기에 또 이별이 있어야 하나 보다.

흙내음

이동숙

하늘을 본다. 하얀 뭉게구름이 하늘 가득히 퍼진다. 수없이 피어나는 구름은 어린 날의 기억으로 데려다 주는 활짝 핀 목화밭이 되었다. 내 나이는 열한 살이었다. 목화밭에서 언니와 할머니와 목화를 따고 있었다.

"목화에는 텃검불이 들어가면 안 된다."

뒤에서 그치지 않는 할머니의 말씀이 연달아 들려 왔다. 나는 조심조심 목화를 땄다. 작은 손을 오므려 단번에 따야 했다. 목화를 천천히 따면 텃검불이 더 많이 묻는 것 같았기 때문이었다.

할머니는 손녀 다섯을 두셨다. 언니가 초등학교 입학 하면서부터 할머니는 목화를 심기 시작하셨다. 손녀딸들에게 따뜻한 목화 솜 이불을 지어 시집보낼 생각이셨다. 여름이면 목화대궁 밑에 다른 풀보다 쇠비름풀이 무성했다. 바닥을 기어 퍼지는 쇠비름의 생명력에 할머니는 목화밭을 떠날 수가 없었다. 호미는 할머니의 소중한 도구이며 귀중품이기도 했다. 8년을 내리 목화를 심으며 정성껏 가꾸셨다. 그래서 언제나 할머니의 품에서는 흙냄새가 났다. 그러나 나는 그 냄새가 싫지 않았다. 해마다 하얀 목화솜을 피우다가 언니가 중학교를 졸업하기도 전에 목화는 다시 피지 않았다. 할머니가 멀리 떠나셨기 때문이다.

엄마는 아버지와 동생들과 읍내에 사셨다. 언니와 나는 고향의 산골에서 할머니와 살고 있었다. 할머니는 우리를 정말 사랑하셨다. 할머니를 차지하려고 언니와 싸우기도 많이 했다. 밤이면 할머니를 가운데 두고 언니와 나는 양옆으로 누웠다. 할머니가 서로 자기를 쳐다봐야 된다고 우기며 다투었다. 그럴 때면 천장의 꽃무늬벽지 가운데를 가리켜 우리 둘은 정해 놓았다. 할머니의 얼굴과 시선은 꼭 그곳을 봐야 된다는 약속이었다. 할머니가 언니 쪽으로 고개를 돌려도 안 되고 나를 쳐다봐도 안 되었다.

여름밤이면 까만 하늘에 별들이 반짝였다. 모깃불 연기를 피해 멍석에 앉았다. 할머니의 흙내 나는 가슴에 둘이는 안겼다. 별들이 쏟아졌다. 여러 모양으로 흩어져 떨어지는 별똥별이 신비스럽기만 했다. 할머니의 옛날이야기는 금세 우리를 꿈길로 데려가 주었다.

미루나무 이파리가 팔락팔락 소리를 낸다. 바람이 지나는가 보다. 손수 목화솜 이불을 만들어 시집보낸다던 할머니셨다. 할머니가 그립다. 울타리의 나팔꽃을 따 손가락에 끼워 주셨던 우리 할머니. 나는 지금도 그처럼 예뻤던 나팔꽃은 어디에도 없다는 생각이 든다. 할머니와 손잡고 걷던 수수밭 옆 강물이 출렁댄다. 물결 따라 아늑한 할머니의 목소리가 들려온다.

할머니가 보고 싶다. 할머니 생각이 나면 하늘을 본다. 오늘따라 하늘에는 목화솜 같은 구름이 펼쳐지고 있다. 이런 날이면 구름 속에서 할머니를 찾는다. 장롱 문을 열었다. 나는 할머니가 남겨주신 이불을 꺼냈다. 무거웠지만 할머니를 만나는 이불이었다. 흙냄새다. 할머니의 냄새였다. 명주실처럼 보드라운 이불이 있어도 나는 할머니의 목화솜 이불이 좋다. 눈이 내리고 얼음바람이 부는 날이면 할머니의 솜이불을 덮었다. 그 속에는 할머니의 따뜻한 손결이 스며 있었다. 그리고 그때의 목화밭 흙내음은 달아나지 않는 할머니의 끝없는 향기가 되었다.

가을을 두드린 도리깨질

이혜전

가을은 모든 곡식들이 들녘에서 집으로 들어오는 시기이다.

가을바람에 누렇게 익은 콩밭이 어느덧 바스락 바스락 마른 소리가 난다. 토실토실 꽉 찬 콩꼬투리들이 뜨거운 햇살과 긴 장마를 이겨내고 가을을 부둥켜안았다. 콩대를 낫으로 베어서 단을 묶어 집으로 옮긴 다음 멍석을 펴고 콩 타작을 한다. 벼 등 다른 곡식은 홀태나 탈곡기 등을 이용하여 알곡을 거두지만 콩이나 팥은 도리깨질을 해서 알곡을 털어내어 포대나 가마니에 담는다.

도리깨는 질긴 대나무나 물푸레나무로 장대를 만들어 끝에 구멍을 내고 고들기를 만들어서 구멍에 넣은 다음 휘추리 네 개정도를 서로 부딪치지 않게 손가락처럼 벌어지게 묶어서 고들개에 매달아준다. 고들개는 도리깨를 한 바퀴씩 돌릴 때 마다 회전이 잘되도록 도와주는 역할을 한다. 도리깨는 주로 콩이나 팥을 탈곡하는데 쓰인다. 농촌에서 밭농사의 역사와 함께 오래전부터 사용해온 연장이다. 머리 좋은 우리 조상님 덕분에 훌륭한 농기구가 되어 알곡을 수확하는데 큰 도움을 주었다.

수북하게 싸여있던 콩대를 넓게 펼쳐 놓고 도리깨로 세게 내려치니

콩꼬투리가 딱딱 소리 내며 벌어진다. 콩알들은 이때다 싶어 콩콩 멀리멀리 튀느라 애쓴다. 그러자 아버지의 도리깨는 콩이 도망가지 못하게 강약으로 힘 조절을 하고 다시 도리깨를 돌려서 내리치면 굵은 콩알 하나가 낮잠 자던 강아지 등에 툭 떨어진다. 강아지는 깜짝 놀라며 '왜 건드려서 맛있게 자는 잠을 깨우지' 하는 표정으로 쳐다보다 옆으로 슬그머니 비킨다. 그러는 모습이 너무 귀엽다.

도리깨질에 콩대는 점점 바스러져 콩꼬투리는 거의 다 떨어지고 대궁이만 남아서 나중에 불쏘시개로 쓴다. 콩이나 팥이나 깨들이 도리깨로 완벽하게 타작이 되는 것은 아니다. 꼬투리들이 떨어져 콩깍지에 낀 콩들은 어머니와 내가 작은 막대로 타닥타닥 두들겨서 검불들을 걷어내고 알곡을 모은다. 타작이 많은 날에는 허리도 어깨도 아프지만 쌓이는 알곡을 바라보면 뿌듯한 마음 감출 수 없다.

팥은 처음부터 도리깨로 두들긴다. 알이 서너 개씩 들어있는 콩꼬투리보다 더 길게 생긴 팥꼬투리 속엔 팥알이 여러 개씩 들어있다. 도리깨는 때릴 때마다 장대 끝에 매어있는 휘추리를 한 바퀴씩 돌리면 휙 하고 바람 소리를 내며 돌아간다. 마당에는 빨간 팥알들이 쌓인다. 그중에는 겁이 나서 이리저리 도망가는 팥알들도 있다. 마당 멀찍이 멍석에 널어놓은 들깨 위에 튀어 앉아 붉은 점을 찍어놓은 듯 빨갛게 예쁘기까지 하다. 그 들깨도 도리깨로 털어서 말리는 것들이다.

도리깨질을 혼자 할 때도 있지만 아버지와 오빠가 같이 할 때는 장단 맞춰서 하기도 한다. 한 사람이 내려치면 다른 한 사람의 도리깨는 올라가고 툭탁 툭탁 음률이 느껴진다. 또한 도리깨가 한 바퀴씩 돌며 손 모양을 하고 파란 가을 하늘을 향해 손짓하는 듯하다. 나도 옆에서 보다 호기심에 한번 휘둘러 본 적이 있다. 마음은 잘할 수 있을 것 같아서 도리깨를 휙 돌려서 내리는데 콩마당에 툭탁하지 않고 뒤로 돌아가 내 등을 아프게 툭 치고 만다. 도리깨질을 잘 하는 사람은 팥 덩굴들을 손으로 뒤집지 않고 도리깨를 옆으로 비스듬히 치면서 뒤집어지게 하는 기술도 발휘한다. 그러며 일 능률도 올라간다.

도리깨를 생각하면서 아스라이 멀어져 있던 고향의 기억과 추억들이 새싹처럼 내 안에서 돋아난다. 고운 단풍과 함께 들녘 곡식들도 잘 영글어 우리의 마음을 풍성하게 만들었으며 일손들이 분주하게 움직였고 가을걷이에 필요한 농기구들도 바빴었다. 멍석이며 도리깨며 바람을 일으켜 쭉정이를 날려주는 풍구나 키도 가을이면 날갯죽지가 망가져 아파보였다.

지난해 시골집에 가보니 넓은 마당에 그 많던 농기구들은 구석구석 잠자고 있었다. 멍석과 도리깨 일부는 허리가 꺾어진 채 헛간에 버려져있어 안타까웠다. 녹슨 농기구에는 내 가족을 배불리 먹이려고 새벽부터 일어나 해질녘가지 농사일에 사용하시던 아버지의 체취가 남아있다. 어머니의 숨결이 남아있는 부엌이나 장독대엔 거미줄이 흘러간 시간을 얽어매고 있다. 세월을 돌이켜보며 상념을 도리깨질 해보지만 정겨운 식구들은 뿔뿔이 흩어져 없고, 넓은 집만 자리를 지키고 있다.

바라보는 마음 한쪽이 그리움으로 꽉 채워진다.

잃었던 친구

김영구

나는 돈 욕심에 친구를 잃었다. 친구를 통하여 돈을 벌려고 하다 보니 친구는 내 곁을 떠났다. 떠난 친구를 붙잡으려 하니 더 멀리 떠나갔다. 용서를 빌어도 돌아선 친구의 마음은 돌릴 수가 없었다. 후회해 본들 이미 엎어진 물을 주워 담을 수는 없었다. 친구에게 전화를 해도 받지를 않았다.

사건의 발단은 비행기 티켓 때문이었다. 친구 이 박사는 외과의사로서 돈도 잘 벌고 친구에게도 많은 도움을 주며 인물도 잘났다. 가끔 만나서 좋아하는 복국도 먹고 라테 커피를 마시며 병원 생활의 에피소드를 들으며 의사와 환자의 끈끈한 정을 느끼게 해주었다.

어느 날 친구한테 전화가 왔다. 미국에 있는 자녀를 만나러 가는데 비행기 티켓을 의뢰했다. 나는 대한항공에서 25년 근무하면서 해외여행도 많이 다녔고 여행이 좋아서 여행사를 운영해온 지도 25년이나 된 여행업무의 달인이었다. 친구에게 대한항공 티켓을 최저가 할인된 요금으로 예약을 해주었다. 친구도 고맙다고 맛있는 식사 한번 하자고 좋아했다.

일주일 지나서 친구한테 전화가 왔다. 내가 예약해준 티켓을 비즈니스 좌석으로 업그레이드해 달라는 주문이었다. 문제는 여기서부터 발단이 되었다. 내가 예약한 티켓은 할인된 항공권이라서 비즈니스 좌석으로 승급이 안 되는 티켓이다. 좌석 등급을 올리려면 예약한 티켓을 취소하고 요금이 비싼 일반 항공 티켓으로 발권해서 승급을 의뢰해야 한다. 요금은 일반요금의 2.5배는 비싸다. 비즈니스 좌석은 할인 요금이 없다. 일반요금이 200만 원이면 비즈니스 요금은 500만 원 정도 된다. 친구의 요구대로 일반티켓에서 비즈니스 좌석으로 변경해 주면서 은근히 욕심이 생겼다.

돈 많은 친구에게 비싼 티켓을 발권해주면서 항공 발권 수수료 4퍼센트를 붙여 요금을 알려주었다. 여행사에서 일반 손님한테 항공권을 발권해주면 발권 수수료를 보통 7퍼센트를 붙여서 수입을 챙긴다. 나도 친구 덕에 수입을 챙겨 보자는 마음이 들었다. 내 욕심 이었다. 친구에게는 수수료 붙였다는 말을 못했다.

일주일 정도 지나 친구를 만나 함께 점심을 먹고 커피숍에서 커피 한잔을 마시면서 얘기를 하는 도중 친구가 항공료에 대해서 얘기를 하였다. 대한항공에 물어볼 일이 있어서 전화를 했다가 항공사 직원이 항공료를 알려준 금액과 내가 발권해준 금액이 20만 원 차이가 난다고 어찌 된 거냐고 물었다. 나는 할 말이 없었다. 친구한테 수수료를 4퍼센트 붙였다고 이실직고를 하였다.

친구의 생각과 내 생각의 차이가 발생한 거다. 그 친구는 친구한테 수수료를 받으면 안 된다고 생각하고 있었고 나는 친구니까 친구한테 수수료를 받아서 수입을 벌자는 생각이었다. 수수료는 2퍼센트 10만 원만 받을 걸 하는 후회도 들었다. 그래서 친구한테 미안하다고 하면서 10만 원을 돌려주니 10만 원도 안 받고 그냥 커피숍을 나가 버렸다. 그 친구는 돈 받은 자체에 대해서 용서를 못 하는 것이었다. 어찌 친구한테 바가지를 씌울 수 있느냐고 생각해 친구에 대한 믿음과 배신을 당했다는 느낌을 강하게 받은 것 같았다. 친구한테 돈 욕심 부리다가 친구 하나를 잃어버리고 말았다.

그동안 여러 차례 전화도 해보고 문자도 보냈다. 친구 간에 잘못한 것이 있어도 용서하고 화해하는 것이 친구가 아니냐며 이제 화를 풀고 마음을 열어달라고 문자를 여러 번 보냈지만 전혀 회신도 없었다. 그래도 친구의 끈끈한 우정의 끈을 놓지 않으려고 카톡을 매일 보냈다.

친구를 잃은 지 5년이 된 어느 날 그 친구한테서 뜻밖의 전화를 받았다. 만나서 막걸리에 복국으로 저녁이나 먹자고 하니 너무도 반가웠다. 5년 만이었다. 잃었던 친구를 다시 찾은 이 기쁨을 어찌 다 말할 수가 있을까. 5년 만에 마음을 열어준 친구가 너무도 고맙고 기뻤다. 나이를 한 살씩 더 먹으니 어느 날 갑자기 내 생각이 나서, 보고 싶어져서 전화했단다. 몇 년의 세월을 지내다 보니 여기저기 몸도 몹시 아프고 외롭고 허전하며 인생사는 맛이 없어지며 쓸쓸한 마음이 들고 돈보다 친구가 좋아서 늦었지만, 고집을 버리고 전화했단다.

이런 것이 친구로구나. 반갑다. 친구야. 전화해 줘서 고맙다. '친구' 과연 친구란 인생을 살면서 어떤 존재일까. 절대 없어서는 안 되는 것이 친구이고, 친구에게 상처를 주어서도 안 되고, 함부로 대해서도 안 되고, 이용해서도 안 되고, 특히 돈 관계로 친구를 잃어버리는 일은 더욱 없어야겠기에 친구의 소중함을 항상 기억하고 가슴에 새겨 평생의 동반자로 섬기며 생활하는 우리의 삶이기를 바라면서 기쁨의 소식을 전해본다.

정이품 나무

조인숙

일생 중 감사해야 할 일들은 너무 많아 헤아릴 수 없다. 따져보자면, 내가 이 나이 이 시각까지 무사히 생존하는 데는 사방에서 받은 무수한 은혜로운 도움의 덕이 아닐까? 우선 생존할 수 있는 땅덩이와 햇빛, 공기 등등 주위의 모든 환경적 조건과 나를 우주에 던져준 이름 하여 '조물주'부터 육체적 탄생의 기회와 성장의 모든 일에 평생을 통해 도움을 주시는 부모님은 말할 것 없다. 사회에서 살아가는 순간순간이 무언가의, 누군가의 도움 없이는 이루어질 수가 없다는 것이 그 누구도 부정할 수 없는 진실이다.

하지만 그 많은 것들에 대한 감사는 가끔 마음으로 혹은 물질적 보답을 치룬다 하더라도 나머지 대부분은 바쁜 인간들의 삶 속에서 어찌 다 챙길 수 있으랴. 가끔 여행길에, 편히 달릴 수 있도록 길을 닦는데 공헌한 분들에게, 혹은 아플 때 간호해 준 분들에게 고마운 마음을 가진 적도 있다. 무더운 여름 땀 식혀주며 지나는 바람 자락에도 그늘을 만들어 주는 무성한 나뭇가지에도 고마운 마음 울컥 치솟기도 한다. 그중 진정 가슴 싸하도록 고마운 분들, 나를 위해 국가를 위해 싸우다 돌아가신 영웅들, 그들의 부모들을 생각하면 가슴이 구멍 난 듯 시리다. 하지만 내가 지금 편히 잘살고 있으니 마음에 떠올려 감사하는 일조차 시들해져 가는 것이 너무 뻔뻔스럽다는 생각이 들어 스스로 맥이 풀린다. 나만 잘살면 될 것 같은 이기의 물결에 휩쓸려 떠내려가는 듯한 느낌마저 들 때가 있어 서글프다.

그런데 사실 마음속에 잊지 못할 고마운 일이 한 가지 자리 잡고 있다. 여행을 많이 좋아하여 겁 없이 돌아다니던 시절이었다. 미국 오레곤 주에 살던 때였다. 언니네랑 친구네, 우리 식구 다해서 8명을 S.U.V차에 태우고 유명한 후드산을 지나 2시간 이상 달리면 관광지로 유명한 인디언 온천장에 도착한다. 많은 관광객이 사계절 와서 즐기는 곳이며 우리 식구들도 좋아하는 곳이다. 가끔 가서 온천을 즐기고 야외 바비큐 파티도 종종 하던 곳이다.

눈 내리는 온천물에 몸을 담그고 노는 재미를 느껴 본 사람만이 아는, 날아갈 것같이 좋은 기분이다. 불그레한 모래 언덕 같은 낮은 산을 배경으로 물든 노을이며, 눈 내리는 사방 분위기도 빼어난 절경이며 낭만이다. 오가는 길도 눈 좋아하는 나에겐 더할 나위 없는 멋진 풍경이었으니 신바람 나게 달려 집으로 향하고 있었다. 산을 지나 고속도로에 들기 전 4륜을 2륜(그 당시엔 자동이 아닌 수동 시스템)으로 바꾸고 속도를 올려 달리기 시작한 후 그리 오래지 않은 순간이었다. 비에 젖은 듯 약간 반짝거리는 도로는 이미 살얼음이 얼기 시작했던 것 같다.

앞, 옆 차들이 비틀거리는 모습에 놀라 비상운전법을 생각하기도 전에 내 차도 비틀거리기 시작했다. 몇 초가 지나기도 전 핸들은 아랑곳없이 제 마음대로 길 위를 미끄러져 가장자리로 고삐 풀린 망아지처럼 달려가더니 낭떠러지 쪽으로 곤두박질치는 것이었다. '어-어' 놀람의 말도 채 나오기 전 차는 서서히 가파른 언덕길로 떨어져 내림을 느꼈고 거의 절벽에 가까운 언덕은 모두가 사망 아니면 중상을 입을 수밖에 없는 높이였다. 그런데 운전대를 잡은 내 눈앞에는 먼 곳에서부터 오는 듯한 환히 밝은 빛이 눈부시게 비치면서 순간 마음속에 '우리 괜찮아, it is O.K'라는 단어가 떠올랐고 마음 떨림이나 흥분의 동요를 별로 느껴지질 않았다. 그 순간 차는 옆으로 누워서 무언가에 실려 바운싱 하듯 위아래로 약간씩 흔들거리고 있음을 느꼈다.

어떤 굉음도 아우성도 없었고 차 안은 믿을 수 없을 만큼 조용했다. 순간 나는 반사적으로 뒤를 돌아다보면서 "다들 괜찮아?" 하고 물었다, 소름 끼치게 기적적인 그 순간은 잊을 수 없다. 여덟 명 전원이 아무도 다친 사람 없이 멀쩡히 앉아서 고개를 끄떡이고 있지 않은가? 몇 분이 채 지나기도 전 아랫동네에 사는 주민들이 달려와 하늘로 향해 있는 창문을 통해 차에서 나올 수 있게 도와주었고 담요나 따뜻한 물로 친절히 돌봐주었다. 덕분에 다들 집으로 무사히 돌아올 수 있었다. 토잉카로 차를 올려보니 우리를 살려준 것은 다름 아닌 잔가지 나무, '부쉬'라는 부드러운 나뭇가지였다. 그 부드러운 가지들이 다 같이 힘을 모아 무거운 차를 떠받들어 낭떠러지로 향하는 여덟 생명을 구해준 것이었다. 진실로 기적 같은 일이었다.

그 일 후로 나는 '인명은 제천이다.'라는 옛말을 자주 떠올리게 되었고 그 잔가지에 대한 고마움, 동네 분들에 대한 감사의 마음이 항상 남아 맴돈다. 속리산 법주사에 있는 정이품 소나무처럼 벼슬이라도 내리고 싶은 마음, 인간이 아닌 다른 종의 생명체에 대한 남다른 연민도 가지게 되었다. 내가 일생을 사는 동안 입는 은혜와 도움을 어찌 다 인지하고 헤아릴 수 있으랴만, 내 주변의 모든 것에게 매 순간 감사하고 남을 배려하는 마음을 생이 다하는 날까지 잃지 않기를 마음으로 다짐해 본다.

내 나이 서른에

구추영

차창 밖으로 아름드리 배롱나무꽃들이 환하게 웃고 있다. 초록 잎과 진홍빛 꽃들의 조화가 뜨거운 여름을 잠시 잊게 해준다. 운전면허시험을 치는 딸을 자동차학원 시험장으로 태우고 가는 길이다. 운전대를 처음 잡으니 차는 지그재그로 가고 강사는 자꾸 못한다고 지적하니, 더 안 되더라고 볼멘소리를 한다. 더구나 비용이 부담되어 배짱좋게 연습을 두 번만 하고 시험을 쳤으니 합격할 리가 만무했다. 그런데 이번에는 친절한 강사를 만나 설명을 잘해주어 자신이 있다고 한다.

딸이 운전면허시험에 도전하는 모습을 보니, 나도 이맘때의 기억이 되살아난다. 내가 배운 것 중에서 제일 어렵고 힘들게 배웠지만 제일 자랑스럽게 자부하는 것이 바로 운전이다. '내가 운전 배우기를 참 잘했어.' 나는 살아오면서 수십 번 넘게 이 말을 되뇐 것 같다.

90년대 초반 '마이 카' 시대의 열풍이 불어 운전면허 따기가 유행이었다. 나도 여름방학에 맞춰 운전면허 따기에 도전장을 내고 본격적으로 운전학원에 등록하였다.

난생처음으로 운전대를 잡고 거대한 기계 덩어리를 끌며 신기했던 그날의 기분을 잊을 수 없다. 땡볕이 내리쬐는 한낮에 무뚝뚝한 강사의 눈치를 보며 마음대로 안 되어 진땀을 흘리던 안타까운 기억도 이제는 미소로 회상할 수 있는 추억이 되었다.

맨 처음에 차에 오르니 가속 페달과 브레이크 페달의 조작법을 가르쳐 주었다. 나름 어릴 때 자전거를 타서 그런지 핸들은 조작하기가 쉽고 편하게 느껴졌다. 그런데 S자 곡선은 무난하게 되는데 S자 굴절과 T자 방향 전환이 무척이나 어려웠다. 무서움과 두려움에 땀을 뻘뻘 흘리며 '죽기 아니면 까무러치기'라는 각오로 연습에 몰입하였다.

며칠 뒤 기능시험을 보러 운전면허시험장에 들어섰다. 앞서 시험을 보는 사람들을 바라보며 초조하게 대기를 하고 있는데 가슴이 콩닥콩닥 뛰었다. 그 당시 시험장에서 차종은 현대차 '엑셀'과 대우차 '르망'이었다. 내 차례가 되어 차에 오르는데 엑셀을 타게 되어 좋아했다. 정신을 가다듬고 배운 대로 코스를 왔다 갔다 하였다. 마지막 T코스에서 시간이 많이 소요되어 난감해하고 있는데 누군가 뒤에서 액셀러레이터를 밟고 어서 나가라고 소리 질렀다. 모두가 한마음으로 응원을 해주고 있었다. 우물쭈물 망설이고 있는데 불합격을 알리는 빨간색 벨이 '삐-' 하며 야속하게 울렸다.

차에서 내리는데 대기하는 사람들에게 부끄럽기도 하고 자존심이 상했다. 고입, 대입시험에도 재수를 안 했는데 이게 뭐라고 재수를 해야 하나? 나도 내 딸처럼 연습을 제대로 하지 않은 나를 돌아보지 않고 짜증만 내었던 것이었다.

하는 수 없이 재등록을 하여 연습을 단단히 하고, 결연한 의지로 코스 기능시험에 재도전하였다. 이번에는 부담되는 르망 차에 탑승하였는데 오히려 합격하였다.

드디어 마지막 관문인 장거리 시험에 도전할 차례이다. 남자도 한 두 번은 떨어진다고 들은 바가 있어 겁이 나기도 했다. 운전학원에서 강사의 도움으로 맹연습을 했지만, 코스와는 달리 복잡하고 어려웠다. 1차 시험에 도전했지만 떨어져 주는 것이 예의인 듯 예상대로 실패하였다. 재등록을 하고 이번에는 기필코 합격하리라 칼을 갈았다.

"장사 하루 이틀 하나? 내일 불합격!"

내일이 시험인데 얄미운 강사는 반말까지 하며 불안하게 한다.

시험장에 가는 날 아침이다. 저번에 방석을 들고 왔던 사람이 떠올라 나도 방석까지 준비하였다. 지하철을 한참 타고 다시 버스로 갈아타 면허시험장에 도착하였다. 대기실에 도착하니, 어느 중년 여자는 장거리 운전 매뉴얼을 빼곡하게 적은 종이를 보며 외우고 있었다. 그 전에 세 번 떨어졌다고 한다. 모두 철저히 준비해 왔구나 싶었다. 나도 연습을 충분히 하고 왔지만, 실기 시험이라 떨리기는 매한가지였다. 드디어 내 순서가 되어 시험대에 올랐다. 방향 지시등도 켜고 횡단보도 앞에서 잘 멈추며 순조롭게 진행이 되었다. 그런데 오르막에 이르자 뭐가 잘못되었는지 불합격 신호가 떨어졌다.

정신없이 사람들 틈을 비집고 나와 본관사무실로 재등록을 하러 갔다. 어떤 사람의 접수증을 얼핏 보니, 인지가 한 바닥 가득 붙여져 있는 것도 있었다. 모두가 칠전팔기의 정신으로 도전하는 것 같았다. 공중전화 부스로 가서 남편에게 울면서 또 말하던 기억이 난다. 그날 얼마나 상심을 했는지 시내버스가 원점으로 되돌아가는 줄도 모르고 앉아 있었다.

'재수 없는 그 강사를 또 만나겠구나!'

이런저런 생각으로 넋 놓고 있는 사이에 버스는 한 바퀴 돌고 있었던 것이었다.

다시 장거리 시험 세 번째에 도전하는 날이다. 이번에는 충분히 연습하여 눈을 감아도 할 수 있을 것 같았다. 장거리 시험장 코스를 한 바퀴 완주하고 차에서 내렸다. "합격입니다." 합격이라는 방송을 듣고 지켜보고 있던 사람들이 부러운 듯 박수를 쳐 주었다. '휴! 이제 끝났다.' 지하철에서 내려 출구 쪽 계단으로 올라가는데 남편이 작은 아이를 안고 역 입구에서 웃으며 내려다보고 있었다.

나는 결국 이렇게 힘들고 어렵게 운전면허증을 따게 되었다. 운전면허증을 받은 날은 내 인생 최고로 기쁜 날이었다. 딸아이가 기능과목 재시험에 만점을 받아 합격하였다고 전화가 왔다. '그래, 연습과 합격은 비례하는 거야.' 이제 세 번째 관문인 도로주행 시험만 통과하면 된다. 엄마처럼 어렵게 말고 수월하게 합격증을 받으면 좋겠다. '딸아, 운전면허증을 따면 엄마와 함께 입이 찢어지도록 기뻐하자. 우리 서로 같은 나이에 도전한 기념으로 말이야.'

어머니의 노래

공대천

그립다. 꿈속에서조차 쉬 나타나 주지 않으신다. 비 오는 밤이면 들려오는 어머니의 노랫소리, 이제는 일상 속의 그리움이 되었다. 나에게는 어머니를 위해 불러야만 하는 노래가 있다. 고등학교 3학년 때의 11월, 늦은 가을비가 축축하게 내렸다. 9개월 만에 어머니를 찾았다. 대학교를 가려고 어렵게 결정했기에 돈이 필요했다. 전화는 이틀 전에 해 두었다. 가게 문을 열자 진한 허스키의 노랫소리가 들려온다. 가수 현미의 '보고 싶은 얼굴'이다. 오늘로서 네 번째다.

주방 이모하고 막걸리를 마시고 있다. 이모 옆에 앉는다. 어머니가 "한 잔 받아라!" 한다. 숨 없이 들이킨다. 반가움이 묻어 있는 눈가에 서늘한 웃음을 띠며 또 한 잔을 따라 주며 조용한 목소리로 "자주 오너라." 하며 돈 봉투를 내민다. 이모가 또 한 잔을 따라 주자 바늘이 잘못 걸린 전축판의 소리처럼 어머니는 반복해 한을 토해낸다. "눈을 감고 걸어도, 눈을 뜨고 걸어도, 보이는 것은 초라한 모습 보고 싶은 얼굴!!"

나는 절제되지 않는 짜증으로 술 주전자를 통째로 벌컥 들이키며 애증을 삼킨다. 그토록 보고 싶은 얼굴은 파주 광탄에 묻힌 내 아버지도, 일찍이 마산에 묻힌 이부동생의 애비도 아니다. 어머니가 가슴에 담고 있는 남자를 나는 모른다. 그러나 남자 복이 지지리도 없던 여자의 가슴에 담고 있는 남자가 초라한 모습이어서 화를 억누를 수 없다. 일어서야 한다. 오늘도 나의 큰 목소리가 독설이 되어 어머니를 아프게 하고, 나 또한 술 깨어난 아침부터 독한 술을 마실지 모른다. 등 뒤로 이모의 목소리가 들린다.

"태진아! 이제 그만 집에 들어오나. 니 엄마 안쓰러워 못 보겠다."

고개를 돌리지도 않고 문을 닫는다. 어머니는 오늘도 가슴 밑바닥에 짓눌러둔 한을 토해내는 긴 새벽을 맞게 될 것임을 나는 안다.

어머니는 통영의 가난한 집에서 태어나 3·1운동 때 아버지를 잃었다. 나이든 어머니를 모시고 세상을 이겨내야 했다. 배움도 짧은 어린 여자가 식당을 거쳐 술집에 발을 디딘 것은 어쩔 수 없는 일이다. 결혼식도 없이 세 남자에게서 아이를 낳았고 나도 그중의 한 명이다. 어려운 환경에서의 거친 삶은 죄가 되지 않는다고, 그 시대의 고단한 삶이 빚은 결과일 뿐이라고 나 자신에게 위안을 주려했지만 쉽지 않았다.

어머니를 원망한 내가 모자란 놈이었다. 어머니의 가슴 속 조용한 사랑을 모르고 원망과 미움만 앞세운 못난 아들이었다. 아픔과 외로움을 감싸주지 못하고 고등학교 내내 대책 없는 반항으로 친구들 집을 전전하며 어머니를 아프게 했다. 곁에 있었던 남자들도 거친 세상을 살아가는 방법이었음을, 그 굴곡진 삶이 자식을 위한 그늘이었음을 너무나 뒤늦게 알았다.

어머니는 84세에 병을 얻어 요양병원에서 8년을 계시다가 92세에 한 많은 응어리를 푸시지도 못하고 세상을 떠나셨다. 마지막 3년은 힘들어 하셨다. 특히 세 남자에게서 자식을 낳은 당신을 자책하며 허망을 곱씹으셨다. 돌아가시기 일주일 전에 전화가 왔었다.

"니, 애미한테 정말로 미안하다고 전해라! 제발 좀 잘해주고!!"

느리고 어눌한 목소리에 다른 날보다 애절함이 묻어있다. 어머니와의 이별이 얼마 남지 않았구나 하는 직감이 왔다. 그러나 직장 일이 바쁘다는 이유로 부산에 내려가지 못한 불효자를 끝내 못 보시고 떠나셨다. 염을 할 때 눈에 들어온 앙상한 팔 다리와 습자지처럼 야윈 몸을 한 번도 주물러 주지 못한 후회가 눈을 흐리게 했다. 첫 기일 때, 어머니가 묻혀있는 벚나무 등허리에 희디 흰 꽃이 피었다. 죽어서도 생전의 남자 옆에 묻히지 못한 어머니의 한 그리고 내 후회가 매달린 눈물이었다. 어머니의 얼굴이 바람에 실려 하늘을 오른다. 나는 산을 내려간다. 어머니는 끊임없이 말을 하고 싶어 하는데 무심하기만한 내 발걸음, 등 뒤로 어머니의 목소리가 들려온다.

"내년에는 바쁘면 안와도 된다이!"

죽어서도 아들을 챙기는 어머니! 나는 내 가슴에 못을 박는다.

돌아가신 지 3년이 지났다. 이제는 성경 말씀에 위안을 얻고 평화를 찾아야 하겠다. "죽은 이는 이제 안식을 누리고 있으니, 그에 대한 추억을 남겨두고, 그의 영이 떠나갔으니 그에 대하여 편안한 마음을 가져라."

내 자신을 어둠 속에 가두지 말아야 하겠다. 지난날의 자책을 접고 어머니의 회색빛 노래를 사랑하기로 한다. 마음에 담아 두었던 남자를 이승에서 만날 수 있기를 빌어 준다. 어머니를 이해하고 나서 글을 쓰려하는 나에게 말씀하셨다.

"창피하다. 나 죽은 다음에 써라!"

그래서 나의 글에는 어머니의 이야기가 없다. 어머니가 힘을 실어 주신다.

"나 이제는 괜찮다."

어머니를 마음껏 노래하련다. 어머니의 멍들어 있었던 삶의 무게를 그리고 떨치고 싶으셨을 남자에 대한 편린들, 그 고단했던 세월을 가감 없이 노래하련다. 어머니와 함께한 모든 순간들이 우리 가족에게 값진 추억이 되도록 해야겠다.

매년 4월이면 부산 황령산 벚나무를 찾아가 어머니의 노래를 불러 드리리라.

"눈을 감고 걸어도, 눈을 뜨고 걸어도…. 보고 싶은 얼굴."

그 얼굴은 꿈속에서라도 만나고 싶은 어머니의 얼굴이다. 비 오는 밤이면 어머니의 품에 안겨 그리움을 노래하련다. 4월의 부산행 열차는 언제나 빨랐으면 좋겠다. 몸이 약했던 울 엄마, 날 기다리다 목이 길어지면, 내 가슴에서는 더 뜨거운 눈물이 흐를 테니까….

양심냉장고

황덕수

'냉장고'에 웬 양심(良心)? 언어 표현이 좀 이상하다. 하지만 'TV방송프로그램의 제목'이다. 양심 바른 사람을 찾아 냉장고를 공짜로 주며 교통질서의 모범성을 널리 알려 교통문화를 개선하자는 'MBC-TV'가 공익성으로 기획한 프로그램이다.

세계인의 스포츠 축제인 '월드컵 축구'는 매4년마다 열린다. 2002년도 경기는 대한민국과 일본에서 공동 열리기로 되어있었다. 그로 인해 많은 세계인이 한국과 일본을 찾을 것이다. 그들은 체류 기간 우리나라와 일본 문화를 체험하고 비교 평가할 텐데 괜히 일본 위상만 높여주는 들러리 경기 아니냐는 비판의 여론도 많았다.

98년 당시 우리나라의 자동차 대수는 740여만 대로 한 해 자동차 교통사고 사망자는 11,631명이었다. 그러니까 하루에 32명이 자동차로 목숨을 잃어가는 참으로 부끄러운 교통문화였다. 94년 10월 21일 아침 성수대교 붕괴 사고로 숨진 숫자와 같았다. 이러니 사고공화국이라는 불명예까지 얻고 있었기에 감히 문화라는 용어도 사용할 수 없는 후진국이다. 한국의 안전이 불안해서 방문을 꺼려한다는 분위기도 있었다. 그렇기에 이대로는 안 된다는 사회적 공감대가 일고 있었다. 이때 홍보성이 강한 방송을 통해 사회변화를 이끌려고 MBC-TV가 공익성 프로그램으로 선봉의 깃발을 든 것이다. 나는 그 프로그램 기획에 동참하여 아이디어를 공유하며 어떻게 진행해야 목적을 달성할 수 있겠는가를 토론하였다. 그래서 도로를 다니는 자동차 중에서 속도 준수와 정지선 지킴 등의 규칙을 잘 지키는 운전자를 찾아, 평소 운전 습관 등을 재미있게 인터뷰하며 '양심냉장고'를 주도록 했다. 이를 잘 구현하기 위해 개그맨 이경규를 매인 진행자로 하고 교통전문가인 황덕수를 공동진행자로 하면서 교통의 문제점을 파악 개선하여 질서 의식을 높이고자 했다. 생각지도 못한 TV방송 공동 진행을 맡게 된 것이다.

당시 '94월드컵'이 프랑스에서 열리고 있었기에 선진국 문화를 견학하며 밴치마킹하려는 의도로 프랑스 월드컵 현장을 찾아 취재하며 생생한 장면을 전달했다. 파리의 개선문 옥상에서 12지선으로 연결된 로터리를 교통신호도 없이 이용하는 자동차들의 행렬을 보며 예술적인 질서 정연함에 말문이 막힐 정도였다. 교통학을 전공했지만 해외 체험은 고작 일본이 전부였던 터라 많은 것이 새롭고 신기하고 부러움이었다. 보고 느낀 대로 코멘트를 하며 최선을 다하였으나 당시를 생각하면 부끄럽기도 하지만 뒤돌아보니 그땐 꽤 용기가 있었나 보다.

하루는 파리의 시내 변두리 도로에서 새벽 2시 이후 자동차들의 신호등과 정지선 지킴 실험을 하게 되었다. 새벽 인적이 뜸한 시간이었기에 적어도 20~30%정도는 잘 지키지 않을 것이란 생각을 하고 몰래카메라로 1시간 이상 100대를 실시했는데 자동차는 단 한대도 위법한 차가 없었다. 우리는 이구동성 한마디로 "얄밉다"고 했다. 부럽기도 하면서 의문이 생겼다. 보행자가 없어 아무도 지나지 않는 횡단 보도에서 차가 서있는 것은 한편으론 낭비라고 생각되었기에 질문을 던진 것이다. 대답 또한 걸작이다. "보는 사람은 없을지라도 한번 위반하면 그게 습관이 되고, 하늘의 하나님이 다 보고 있으니 양심이 허락하지 않는다."는 것이다. "아! 바로 이런 점이 선진국문화이구나." 느낌을 코멘트를 통해 즉시 전파를 탔다.

그로부터 4년 후 2002월드컵은 대한민국이 일본을 제치고 4강에 안착하며 기대 이상의 성공을 거두는 쾌거를 이뤘다. 이렇듯 오늘날 우리나라의 발전은 이런 과정을 수없이 겪으며 지금에 이르게 된 것이다. 대한민국의 국민정신은 한마디로 평가하기 힘들다고들 한다. 금방 쓰러질 듯한데 회생하고, 자원이 부족한데도 수출로 경제를 일으키는 대단히 특이한 민족으로 그 우수성을 인정받고 있다. 역사적으로 보면 수많은 외침에도 이를 물리치고 굳건하게 살아온 민족 아닌가. 그 어느 험한 환경에서도 살아남을 수 있는 DNA를 가진 민족임에 틀림없다. 그러나 요즘 많은 사회적 문제점이 쌓여가고 있다. 이를 어떻게 극복해야 할 것인지, 이 또한 오늘날 큰 숙제를 안고 산다. 이 사회의 지성인들이여! 오늘의 '양심냉장고'를 가슴속에 넣어 보시라. 무엇이 느껴지십니까?

나의 스승과 피아노

서희정

봄이 시작되었다. 햇살 좋은 날, 거실 한편의 유리 화병에 꽂아둔 프리지어가 내 동공을 맑게 씻어준다. 선생님은 같은 말을 하고 또 하신다. 얼굴에 미소를 가득 품고 허리를 꼿꼿이 펴고 영국의 여왕처럼 앉아서 차를 마시며 이것저것 물으신다. 한국 최초의 여류 피아니스트, 이분이 나의 피아노 선생님이다. 내가 열한 살 때 처음 뵈었으니 선생님과의 인연은 벌써 반백년이 지나간다. 검은 모자와 코트를 걸치고 하얀 장갑을 낀 젊은 여성, 두꺼운 안경테에 멋지게 차려입은 남편의 팔짱을 끼고 금문교를 뒤로하고 카메라를 쳐다본 흑백사진은 지금도 프리지어 화병 옆에 놓여 나의 옛 추억을 소환시키고 있다.

초등학교 5학년 단발머리의 여자아이, 엄마의 손을 잡고 선생님 댁으로 개인지도를 받으러 들어간다. 멋진 정원에 꽃나무들이 아름답게 조경되어있던 가회동 집, 향기 나는 꽃나무와 격조 있는 집안 풍경은 어린 나에게 얌전하게 행동하라는 무언의 눈짓을 준다. 피아노 방의 분위기는 고상함 그 자체였다. 멋진 사진들이 놓여있는 고풍스러운 가구, 학교 강당에나 있을 법한 그랜드피아노, 그 방에 들어가면 왕실의 여왕을 알현하기 위해 음악을 준비해야 하는 악사처럼 마음이 긴

장되었다.

어린 나이에 아버지를 따라 궁중에 들어가 천재의 연주를 선물해야 했던 모차르트처럼. 어렵기만 했던 선생님, 세월이 흘러 지난날을 돌아보니 선생님은 스승이었고 친구였으며 큰언니였고 또 친정어머니 같았다. 구순을 지나며 선생님의 아들이 사진집을 만들어 선물을 했다며, 그 책을 보여주며 이야기를 이어 가신다. 피아노와 함께한 구십 인생은 참 행복하였던 듯, 대화하는 내내 얼굴의 미소가 사라지질 않으신다. 며칠 전 친구가 너는 세상에서 제일 좋아하는 게 무엇이냐고 나에게 물었다. 망설임 없이 나의 입에선 피아노라는 대답이 나왔고 그게 너무 당연하다는 생각이 들었다. 나에게 피아노는 없어서는 안 될 가장 친한 친구이었고 형제 부모보다 더 살가운 존재였으며 때론 나를 가르치는 스승 같았다. 너무나 가까웠기에 싸우기도 많이 했고 함께 울고 웃으며 평생을 지나왔다. 처음 피아노를 배우기 시작했던 세 살 때로 기억이 되돌아간다. 여러 가지 색깔의 나의 피아노 인생이 영화처럼 펼쳐진다. 하얀 뭉게구름처럼 포슬거렸던 어린 시절, 무얼 알고 쳤을까 생각이 들기는 하지만 내가 최고인 것처럼 노란 병아리가 삐악거리듯이 풋내를 피우며 피아노를 쳤었다.

예원학교라는 특수학교에 진학하면서 시작된 긴장감, 활짝 피어난 작약처럼 붉었던 대학 시절, 뒤이어 찾아온 힘든 결혼생활, 성숙을 위해 필요했던 유학 시절, 귀국 후 맞은 연주자 생활, 나의 선생님처럼 모교인 서울대에서 학생을 가르쳤던 시간, 자연으로 돌아가야 했던 초록 병상의 암 투병…. 모두가 한데 어우러지는 무지갯빛 속에 내 인생의 음악은 나름대로 색깔을 찾아갔다. 피아노라는 스승이 없는 내 인생은 상상이 안 될 만큼. 여러 가지 목소리로 이야기를 다채롭게 표현할 수 있는 악기인 피아노는 누가 어떻게 연주하는지에 따라 소리의 색깔이 다르다. 나의 선생님은 그 음색을 아주 중요하게 다루시며 특별한 나만의 목소리를 내도록 가르치셨다. 그 깊고 청명한 소리를 찾아내기 위해 연습하며 배워나갔던 그 시간이 지금도 계속된다. 몸이 멀어지면 마음도 멀어지는 것처럼 피아노와 조금만 멀어지면 그 소리도 잃어버린다. 그 소리라는 친구는 늘 가까이에서 몸으로 만져주길 바라는 욕심쟁이다. 피아노를 친다는 것은 인생의 다양한 색깔을 캔버스에 그려내는 것과 같이 대상과의 교감이 그 소재가 된다. 작곡자는 작품에 자신의 이야기를 음표로 그려내고 연주자는 그 작품을 재해석하며 작곡자와의 대화를 표현하며 연주한다. 피아노와 내가 교감을 잘할 때 풍부한 이야기가 만들어지고 좋은 연주가 된다. 사랑하듯이 부드러운 대화로, 때론 격정적인 폭풍우 속의 이야기로, 또한 아이의 순진한 눈을 바라보며 조잘거릴 때로, 연주자가 이야기를 건네면 악기는 그 마음에 반응하며 함께 대화한다.

한 번, 두 번, 백 번, 천 번을 말을 걸 때마다 피아노는 모두 다른 소리를 낸다. 대화로 이루어지는 그 짜릿한 교감이라니! 연습이라는 놀이를 하다 보면 이 친구는 기가 막힌 소리와 공명으로 나를 소름끼치게 할 때가 있다. 아, 이 친구는 나와 정말 통하는 친구이구나! 삶은 연습할 수 없고, 보고 칠 수 있는 악보도 주어지지 않지만, 나의 친구 피아노는 시간을 많이 들여 놀아주면 놀이의 재미와 함께 멋진 내 모습을 뽐내게 하는 자신감도 선물해 준다. 나의 좋은 친구 피아노, 생이 다할 때까지 함께할 수 있으니 얼마나 고마운가.

초기치매 증상을 보이는 선생님이 물으신다. 같은 말을 반복해서 또 이야기하며 웃고 계신다. 행복한 기억이 많으신 우리 선생님, 순수한 어린아이의 모습으로 돌아가는 것 같다. 피아노 앞에 앉아 악보를 보며 피아노를 치신다. 어눌해진 손가락의 움직임이 조금 슬프긴 하지만 그래도 씩씩하게 피아노 앞에 앉는 그 모습만으로도 나에게 큰 안도와 희망을 주신다. 선생님의 제일 친한 친구도 역시 피아노다. 그 친구를 지금까지 사귈 수 있도록 지도해 주신 그분과 같은 삶을 나도 살아내고 있는 것이겠지? 내 나이 이제 철이 들기 시작했다는 환갑, 노력하면 구십까지는 성장할 수 있더라는 백 살이 넘으신 어느 철학가의 말처럼, 나도 노력해야겠다. 피아노와의 대화를 오래 할 수 있도록, 나를 위로하고 격려하는 스승이자 반려자인 피아노와 함께 더욱 잘 익어갈 수 있도록….

능소화와 나

우희정

한여름이면 그와 나의 전쟁이 시작된다. 불볕더위에도 나는 수시로 담장 아래를 기웃거리며 그가 넓히는 영역을 사정없이 차단한다. 한동안 잊고 지내다 보면 내 힘으로는 감당하기 어려워 절대로 방심해서는 안 된다.

올해는 유난한 찜통더위라 바깥으로 한 발만 내딛어도 숨이 막힐 것만 같았다. 차일피일하다 더 이상 미룰 수가 없는 지경이 되어 낫을 찾아들고 밖으로 나서니 훅 끼치는 열기가 불가마에 들어서는 기분이다.

아니나 다를까, 어느새 담장에까지 덩굴을 뻗쳐 뿌리를 박은 능소화의 모양새가 호락호락하지 않다. 죽기 살기로 벽을 거머쥔 덩굴손과의 실랑이에 온몸은 땀으로 흥건하고 얼굴은 벌겋게 달아올라 화끈거린다.

이 사달의 발단은 이랬다. 10여 년 전 가을 깊은 날, 노시인이 금등화(金藤花)라고도 하는 능소화 한 뿌리를 뒤꼍에 심으라고 가져오셨다. 이내 적당하다 싶은 곳에 묻었지만 그 여린 순이 곧이어 맞는 겨울 강추위에 제대로 뿌리를 내릴 것 같지 않았다.

다음해 봄, 역시 예상대로 능소화는 흔적도 없었다. 시인께서는 전화 연결만 되면 시집보낸 딸의 안부인 양 능소화의 생사를 묻고 물으셨다. 하도 지극정성으로 물으셔서 실망하실까봐 곧이곧대로 말을 못하고 어정쩡하게 대답하자니 매우 난처했다.

그 무렵 나는 시간만 나면 충신동 야생화 시장을 드나들 때였다. 하루는 두어 뼘 남짓의 능소화 모종이 내 시선을 사로잡았다.

생각해볼 겨를도 없이 5천 원짜리 모종을 냉큼 품에 안고 와서 담장에서 한 발짝 물러난 자리에 심었다. 봄볕을 담뿍 받은 모종은 하루가 다르게 커갔다.

그해 능소화는 죽은 뽕나무 몸통을 감고 올라 우듬지에서 승리의 나팔을 부는 듯 열정적인 꽃을 피웠다. 옛 돌담을 배경삼아 주홍색 등불을 밝힌 듯 화사하고 예뻤다. 햇빛 눈부신 여름날 나는 그 어여쁨을 여기저기 자랑하느라 입에 침이 마를 지경이었다.

그런데 몇 번의 여름을 맞이하는 동안 내가 생각했던 상황과는 아주 다르게 흘러갔다. 능소화가 처음 자리 잡아준 곳에서만 얌전히 자라주면 좋으련만 막무가내로 창경궁 담장에까지 손을 뻗치는 것이었다. 두려울 정도의 그 무성한 성장력이라니…. 나무젓가락만큼 하던 줄기는 뼘으로 가늠하지 못할 정도로 굵디굵게 자랐고 어디에 닿기만 하면 그 힘을 감당하기 버거울 정도가 되어버렸다.

창경궁 담장에 기대어 사는 우리 처지에 보존해야할 문화재를 망가트리면 안 될 일, 궁궐 돌담을 타고 올라가지 못하게 하는 게 마땅한 내 도리였다.

우리의 전쟁은 그렇게 시작되었다. 능소화 입장에서 보면 참 억울하기 짝이 없을 것 같다. 그가 품고 있는 전설은 또 얼마나 애절한가. 임금님을 그리워하며 구중궁궐 담장을 타고 오르는 게 그의 숙명(宿命)이다. 그는 온전히 자신에게 주어진 숙명에 순종할 뿐인데 그 길을 방해하는 나는 무언가? 그와 나는 전생에 어떤 업을 지었기에 이렇게 엮인 것일까.

뜨거워진 몸뚱어리 찬물 끼얹어 식히고 냉수 두어 컵 들이켜니 벌겋게 달아올랐던 얼굴은 조금 진정되고 몽롱하던 정신이 돌아온다. 가만히 생각해 보니 이 또한 우리네 인생사의 한 단면인 것만 같다.

살아오는 동안 이런저런 인연들이 참 많았다. 그중에는 능소화와 나처럼 처음에는 순전한 마음으로 인연을 맺었더라도 기쁜 일만 있지는 않았다. 좋은 일이 있기도, 그에 상응하는 고통이 따르기도 했다. 그럴 때면 업보인 양 여기고 들끓는 마음에 스스로 주문을 외었다. 그 와중에 더러는 인연이 끊어지기도 하고 또 새로운 인연을 만나기도 하면서 예까지 왔다.

완전히 쳐낼 수도, 그렇다고 포기할 수도 없는 관계, 질긴 인연일지언정 이 모든 일이 나로 인해, 내가 선택한 일이니 인연 다하는 날까지 내 책임을 다하는 수밖에 도리가 없을 것 같다.

창작수필문학상 심사 경위 및 편집 후기

2023년 제26회 창작수필문인회 동인지 원고는 80편에 가까운 회원님들께서 참여해주셨습니다. 작품 중 기 수상자를 제외한 52편의 작품을 선수필 편집위원회에 선정토록 위탁하였습니다. 선수필 편집위원회는 우리나라에서 발행하는 거의 모든 수필집을 선정하여 좋은 작품을 게재합니다. 15명이 넘는 편집위원들이 활동하고 있어 신뢰할 수 있습니다.

1차 심사에 추천을 받은 작가는 양금애, 이원환, 남복희, 오수지, 서혜경, 심봉구, 박정미, 신영숙, 공대천 씨 등 9명이었습니다. 조인숙, 윤연옥 씨의 작품도 이에 못지않게 좋았습니다. 이 중 탁월한 작품과 문인회에 대한 공로도 참작하여 규정에 따라 본상 2명, 우수상 4명을 선정하였습니다. 본상은 2회 이상 동인지에 게재해야 자격이 있는 규정이 있어 탈락한 분이 있어 아쉽습니다. 글을 읽다보니 최근에 가입한 회원님들의 우수한 작품이 많았습니다. 기존 회원님들께서 좀 더 분발하시고 고정관념에서 벗어나 새로운 소재로 형상화된 문장력을 고취해야 할 것 같습니다.

올해도 전년도와 같이 작품 접수 순서대로 편집하였음을 알려드리고 협조해 주신 여러 회원님들께 감사인사를 올립니다. 2년 동안 가입하신 신규 회원이 20명에 달해 주소록을 다시 편찬하여 함께 드립니다. 감사합니다.

2023년 12월 1일
창작수필문인회 회장 허열웅

2023년 창작수필문학상 심사평

수필은 작가가 보고 듣고 생각한 것을 꾸밈없이 쓰는 글입니다. 체험적, 고백적, 인격적인 글이므로 작가의 인생관이 드러날 수밖에 없습니다. 그러므로 독자는 작가의 삶에 대한 태도를 읽을 수 있으며 수필이 진실함을 갖추어야 할 이유입니다. 여기에 창의적이고 신선한 소재와 표현 기법이 가미된다면 훌륭한 수필문학이 될 수 있을 것입니다.

창작수필문학회에서 보내온 52편의 글은 모두 수작이었습니다. 자신의 체험이 바탕이 되었기에 소중하지 않은 글은 하나도 없었습니다. 문학상 선정을 위해 선수필편집원의 1차 선정으로 각자 8편의 작품을 올려 취합한 뒤, 한자리에 모여 다시 8편을 선정하였습니다.

〈고마운 오작동〉은 서로 표현하지 못하고 사는 부부간의 삶에 애정을 확인하도록 다리가 되어준 계기는 화재경보였습니다. 서로 간에 불편했던 심기로 눈치를 보던 부부에게 생사가 달린 시간이 오자 상대방을 위해 자신을 희생하겠다는 각오를 내보입니다. 절박함 앞에서 사랑하는 애정 표현을 저절로 고백합니다. 60여 년 넘게 부려온 고집 센 부부의 마음이 오작동 때문에 통하게 됐습니다.

〈당신의 새벽〉은 새벽의 찬가입니다.

"새벽 창가에서 바라본 작은 불빛은 미지의 신호다. 어제보다 많은 불빛에 안도한다. 많은 집 중에 희미하게, 환하게 신호를 보내는 새벽은 약속한 친구처럼 반갑다. 멀리 교회당 붉은 십자가도 보이고 멋진 하늘은 숨어있다."로 시작하여 새벽에 맞는 작가의 심정을 노래했습니다. 새벽은 꿈의 발견이며 햇살 무늬로 오고 호박색 그리움으로, 푸른 빛으로 온다고 했습니다.

〈점과 점선〉은 설계 일을 하는 작가가 주목한 점과 점선에 관한 작품입니다. 점은 간결한 시작이자 끝을 나타내는 단호한 존재감을 품고 있고, 점선은 상상력과 관용의 단초를 알려주기에 작가의 마음에 들어섰다고 했습니다.

"인간(人間)이란 사람과 사람의 사이(間)라는 의미이다. 점선처럼 적당한 거리를 유지하며 타인과 더불어 잘 어우러져야 좋은 사이이다. 점선은 여백의 미가 있어서 바람도 잘 통하고 상대방의 접근을 너그러이 허용한다. 사람 관계가 늘 실선처럼 손을 맞잡고 있어야 하는 것은 아니다. 때로 손을 놓고 각자의 삶을 갈 수 있어야 서로 독립적이고 성숙한 존재가 된다."

점과 점선의 관계를 살펴보며 작가는 인간의 관계를 들여다봅니다. 그리고 점과 점선에서 깨우친 지혜로 중년을 살아가길 소망합니다. 생은 점과 점선을 넘나들며 사는 것만은 아닐 것입니다. 앞으로 살아갈 인생에서 그것을 초월한 세계가 보이기를 바랍니다.

〈내 노래의 속도〉는 음악을 들으며 인생의 의미를 깨닫는 작품입니다. 바하의 골드베르크 변주곡을 글렌 굴드가 23세와 49세에 녹음한 연주 시간은 13분이나 차이가 난다고 합니다. 젊은 나이에 연주한 것을 나이가 들어 들어보니, '안식을 취하기에는 너무 빠른 속도'로 연주되어 결코 사색적인 파장으로 이어질 수 없다고 느꼈기 때문에 다시 녹음했다는 것입니다. 작가는 글렌 굴드의 골드베르크 변주곡 중 마지막 30번째 곡의 속도가 자신의 생에서 지나간 인생과 현재의 인생을 노래하는 속도라서 특히 사랑한다고 했습니다. 인생의 의미를 노래의 속도에 견주어 잘 전개한 작품입니다.

〈정이품 나무〉는 감사하며 살겠다는 작가의 의지를 표현한 작품입니다. 생은 물질적 정신적인 도움 없이 혼자 살 수 없습니다. 낭떠러지로 떨어지는 차를 부드러운 나뭇가지가 받쳐주어 여덟 생명을 구할 수 있었다는 기적 같은 이야기를 쓰면서 작가는 인명은 재천이라 생각하고 아주 작은 것에도 감사한 마음을 전합니다. 매 순간 감사하고 남을 배려하는 마음을 가지겠다고 다짐하는 작가의 마음이 변하지 않기를 기대합니다.

〈긴 세월 동반자〉는 시누이에게서 받은 생일선물인 철쭉 화분이 소재가 된 작품입니다. 식물도 사람도 살다 보면 시들게 되고 늙게 마련입니다. 사랑으로 보살피면 다시 소생할 수 있고 오래도록 살 수 있습니다. 소생한 철쭉과 재스민 화분을 보며 노쇠해지는 자기 삶에 생기를 얻게 되고 희망을 품습니다.

〈삭정이〉는 8살에 민며느리로 들어와 갖은 고생을 하신 어머니를 소재로 한 작품입니다. 삭정이를 고달픈 인생에서 늙고 볼품없는 어머니에게 비유하여 전개해 나갔습니다.

"어머니는 끌어안아야 했던 짐을 삭정이와 함께 아궁이에 밀어 넣고 불을 댕긴다. 작은 불씨를 품은 삭정이는 장작불을 일으키는 생명력을 발휘한다. 아궁이 속이 환해지며 푸른 불꽃이 일렁인다. 생을 마무리한 삭정이도 서러움을 하소연하듯 후드득후드득 소리를 낸다.

응어리진 아픔을 태우며 검은 가마솥 궁둥이를 어루만진다. 가마솥이 '푸우' 긴 숨을 내쉰다. 일찍 허무를 안아야 했던 고심을 한 불꽃으로 승화시킨다. 가마솥에 보리밥이 부글부글 끓어오르며 소시랑 게처럼 거품을 내뱉는다."

어머니도 여자였음을 뒤늦게 깨달은 작가는 늦은 후회를 합니다. 수필이 인간의 마음을 정화시키고 인격을 높이는 것임을 알 수 있습니다.

〈오줌 목욕〉은 작가의 가난한 어린 시절의 이야기가 마치 동화처럼, 소설처럼 펼쳐지는 이야기입니다. 공납금을 내지 못해 쫓겨난 아이가 숨어 있다가 배가 고파서 뽑아 먹은 무가 사달을 냈습니다. 똥 독에 빠진 아이를 치료하는 과정이 현대인들에게는 무척 생소하지만 없어서 못 살던 시대를 그대로 반영한 서사적 수필입니다. 폭력적인 선생과 제자 사이에도 무조건적이었던 시대상을 드러내며 요즘 세태를 생각하게 합니다.

〈에단 헌트(톰 트루즈)를 넘어선 그 사람〉은 영화 〈미션 임파서블 7〉에 나오는 영화배우 톰 크루즈에게서 소재를 얻어 낸 글입니다. 세상을 위해 움직이는 해결사 '에단 헌트'처럼 남편은 작가의 주변에서 일어나는 모든 일에 대한 해결사입니다. 작가는 미션을 주어 남편의 창의적인 아이디어를 자극할 수도 있다는 생각을 합니다. 자신의 덜렁대는 성격에 대비된 남편의 꼼꼼하고 세심한 성격이 잘 드러난 작품입니다.

〈어머니의 노래〉는 세 명의 남자에게서 세 명의 자식을 낳은 어머니의 슬픈 노래가 주제가 된 글입니다. 평소 이해하지 못해 살갑게 대하지 못한 어머니를 돌아가신 후에야 이해하고 노래하는 작가의 슬픔이 묻어나 있습니다. 이젠 자신의 노래가 된 〈보고 싶은 얼굴〉, 4월이면 기차를 타고 부산으로 달려가 어머니의 노래를 부르는 장면이 눈에 선합니다.

다양한 소재의 수상 작품들은 자기 고백을 통해 자신을 치유하고 더 나은 삶을 꿈꿉니다. 결코 자만하지 않는 자신의 내면을 들여다보고 완성된 미래를 향해 나아갑니다. 수필 쓰기가 중요한 이유입니다.

끝으로 창작수필문학상을 수상하신 분들에게 축하를 드리며, 수상하지 못한 분들에게는 심심한 위로를 보냅니다.

2023년 11월 3

선수필 편집주간 정하정

역대 문학상 수상자 현황

	년도	회장	수상자	작품명	심사자
1대	1992~1993	이일헌			
2대	1993~1994	김순자			
3대	1995~1996	장돈식	장돈식	휴	회원
			정영숙	각시놀이	
			이일헌	한 잔의 술, 한모금의 차	
4대	1997~1998	오경자	강춘삼	2칸 누옥에 뜰은 수만 평	회원
			김아정	참빛 고르는 여인	
5대	1999~2000	김대수	정수현	흑백사진 속의 나라	조완호
			강대식	애처로운 인생	이유식
6대	2001~2002	조한금	이명지	중년으로 살아내기	유경환
			김지수	곁의 여자	정진권
			문부자	거시기	장백일
			신현우	방언 세 마디	정목일
7대	2003~2004	김병관	윤희경	나눗셈하는 콩밭	유경환
			강희준	어머니와 핸드폰	반숙자
			심성구	잔잔한 정감의 땅	안성수
			서숙자	아름다운 춤	박양근
8대	2005~2006	정철화	오기환	2월 같은 인생	고임순
			이금희	내 고향 봉평	정혜옥
			오경자	돌아간다	
			이봉길	다락방 창	
9대	2007~2008	조동렬	정정근	문	정목일
			김충환	3가지 보물	한동희
			박덕희	단풍예찬	

10대	2009~2010	전병훈	김희구자	칼 가는 노인	반숙자
			최오균	경계인으로 살아가기	문부자
			조한금	땅의 사람 바람의 사람	임헌영
			정영기	장미는 비에 젖고	유영숙
11대	2011~2011	서병태	신지호	지리산의 선인들	안성수
			류상훈	흐르는 물을 바라보며	
12대	2012~2013	이명지	정영숙	검정고무신	유안진
			권예자	수필이 나를 쓴다	반숙자
			김형도	돈황의 신비를 찾아서	
13대	2014~2015	이명지	김정의	스무 개의 눈으로도	신길우
			이진표	대물린 소쿠리	
14대	2016~2017	이봉길	허열웅	다듬이 소리	위원회
			이근순	내 짝궁	〃
			유영숙	바람의 무게	〃
			한정순	향기로운 사람	〃
15대	2018~2019	남복희	황덕중	하루	박양근
			신윤선	늙어가는 주전자	〃
			임익홍	덕(德)의 향기	〃
			박춘민	모과 향기	오경자
			장병선	묵은 갈대	〃
			이경애	아버지의 자전거	〃
16대	2020~2021	황덕수	손수자	꽃지게도 버거울 때	권남희
			한정희	나를 방생하던 날	
			정상복	여름의 끝에 서서	
			이문자	귀동냥 중	
			안태희	쑥부쟁이 꽃다발	
			김미자	눈, 아버지의 싸리비 소리	

17대	2022~	허열웅	양혜원	다정함은 힘이 세다	이재무
			조철형	뚝배기 사랑	
			임병미	그분, 뾰족가시를 둥글게 해	
			양금애	고마운 오작동	정하정
			남복희	당신의 새벽	

회원 동정(2023년)

***등단**
손수자 - 시인 등단(계간 시현실 2023 가을호)

***수상**
손수자 - 강원문학작가상
박연숙 - 헤밍웨이, 사임당상(2023. 11. 4)
이명지 - 조연현문학상(수필분야)

***공연**
서희정 -사랑과 아름다움의 울림(2023, 5, 6)
이정희 -인문학 콘서트(2023, 6, 23)
남복희 - 에띠 시 낭송회(2023, 7, 6)

***수필집 및 시집 출간**
1, 임양자 - 그리움 한 줌 거머쥐면(시집)
2, 황덕중 - 무한산 무한목(無限山,無限木), 기타(수필집)
3, 이진영 - 꽃에게 안부를 묻다(수필집) - 비꽃 피다(시집)
4, 양금애 - 봄을 캐요(수필집)
5, 박연화 - 가을에 묻어나는 아취(수필집)
6, 이정희 -새벽이 아름다운 까닭(시집)
7, 조한금 -보랏빛 함성(수필집)
8, 공대천 - 등 뒤에서 부는 바람(여행기)
9, 서희정 와-쓰다 달다(전혜경, 이수진, 손병미, 이원환, 최석호)
10, 안태희 -길이의 슬픔(시집 - 공저)
11, 남복희 -당신의 새벽(수필집)

*2023년 신규가입 회원- 복진수, 김은진 조성예, 조동란, 최석호

2023년 창작수필문인회 이모저모

▲ 총회

▼ 문학기행

남복희 수필집

당신의 새벽

- 전남 강진 출생
- 중등교사 정년퇴임
- 홍조근정훈장
- 창작수필, 시조문학, 문학시대(시) 등단 및 문단활동
- 수수문학회장 역임
- (사)창작수필문인회 회장 역임
- 한국문인협회, 관악문협 회원
- 계간문예작가회 이사
- 시조문학작품상, 수수문학 작가상 수상
- 수필집: 『꿈은 기다림이다』, 『꿈, 연두로 그리다』, 『당신의 새벽』
- 시조집: 『푸른 꿈은 익어가고』
- 시 집: 『우리 집에 영화관 있어요』

꿈은 발견이다. 햇살 무늬로 오고 호박색 그리움으로, 푸른빛으로 온다. 눈 오는 날 맑은 공기로 오고 검은빛과 흰빛이 어울리는 입 다문 동상 등으로 이루고 싶은 작품을 보여준다.

그리움의 원형을 찾고 있는 나에게 내일 새벽은 무슨 빛으로 나타날까. 잡힐 듯 보여주는 다채로움이 기다려지는 초가을이다. 새벽은 나를 응원한다.

03073 서울 · 종로구 성균관로 5길 39-16
☎ 02-765-5663, 010-4265-5663

값 1,3000

수수문학에는

꾸밈없고 뽐내지 않는 수수한
척박한 땅에서도 잘 자라는 수수처럼 사는
끈끈한 정을 주고받기(수수授受)를 원하는
빼어나고 빼어난(수수秀秀) 창작을 원하는
물, 물(수수 水水) 물 흐르듯 순리에 사는,
이런 사람들이 모입니다.

봄을 캐요

양금애 수필집

인삼이 좋다한들 봄보다 좋을까. 이른 봄 활짝 핀 노루귀 꽃잎에 코도 얼굴도 가까이 대어 보며 흙냄새, 봄냄새, 새싹냄새를 맡았다. 아직도 내 기억에 남아 있는 고향의 향기, 밭 언저리에서 피어나는 삘기의 하얀 속살을 씹는 부드럽고 달착지근한 향기를 여기서도 맡게 되다니. 어릴 적 고향 생각에 젖어 한참을 그대로 있었다.

- 본문 중에서

양금애 지음 | 값 14,000원

양금애

- 전남 고흥 출생
- 『창작수필』로 등단
- (사)창작수필문인회 회원
- 광명시 여성솜씨 자랑대회 수필부문 장려상
- 창작수필문인회 동인 작품상
- 경기문창 제5회 문학상 수상
- 수필집: 『봄을 캐요』

- 이메일 : yka5004@daum.net

이진영 시집 · 수필집

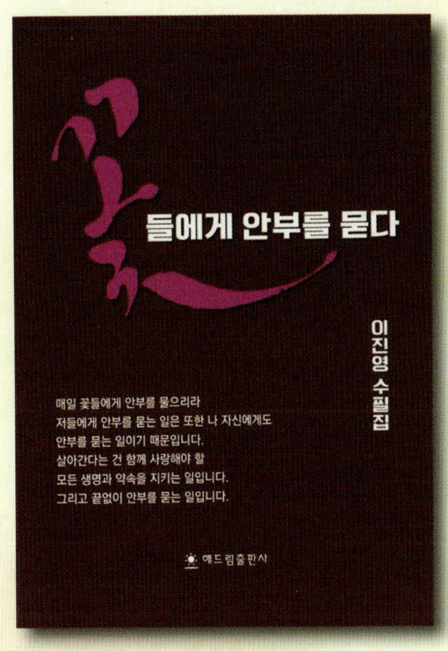

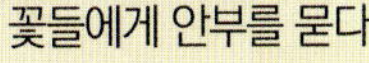

꽃들에게 안부를 묻다

비꽃피다

· 호: 雪里/ 한국문인협회, 군포문인협회 회원

· 서울에서 태어나 『창작수필』 수필, 『문학시대』 시 등단/ 계간 『열린지평』 객원기자로 활동했으며 국민일보 칼럼 「여의도 에세이」 집필 연재/ 군포시 주최 2009년 전국전통문화 작품전 대상, '대한민국전국장애인 문학상' 동화부문 최우수상, 시부문 우수상 수상/ 수필집: 「내 안의 용연향」 「나도 춤추고 싶다」 「하늘에 걸린 발자국」 「종이 피아노」 「10초」 「그땐 그랬지」/ 시집: 「우주정거장 별다방」 「내 슬픔도 먼지였다」/ 동화집: 「초록 우산의 비밀」 수필과 동화, 시, 시를 춤추게 하는 낭송을 하면서 그리고 그림을 그리면서 힘든 세상 여행길 아름답게 가고 있다.

임양자 시집

그리움 한 줌 거머쥐면

· 경북 안동 출생
· 『창작수필』 수필 등단
· 『문학시대』 시 등단
· 한국문인협회 회원
· 관악문인협회 회원
· 창작수필문인회 이사
· 수수문학회 감사

▸임양자 시인의 시는 사계절의 변화에 따라 변해가는 자연에 관한 소재가 많다. 이러한 변해가는 자연의 풍광과 이에 대한 삶의 다양한 양태와 자세에 대한 기술은 시를 쓰는 데 있어서는 가장 기본이고 자연스런 행태라 할 것이다. 인간도 자연의 한 부분이고 자연은 우리의 스승이자 향도자이기도 하기 때문이다.

- 노유섭(시인)

소소리
03068 서울 종로구 성균관5길 39-16
☎ 02-765-5663, 010-4265-5663

값 13,000

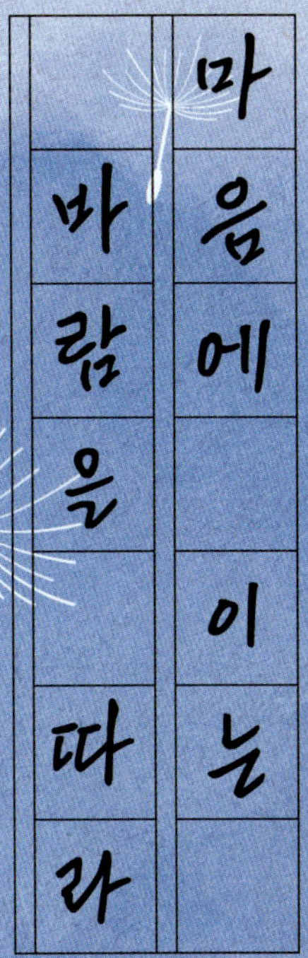

김미자 수필집

수필가 김미자는 세상을 보는 창이 온통 꽃이다. 고고한 자세로 서 있는 나무에 피어나는 목련에서부터 땅에 붙어 보일까 말까 하는 채송화에 이르기까지 모두 그의 창이다. 꽃말이 애처로운 수선화, 만인의 가슴에 연민의 정으로 살아 있는 민들레, 당당한 군자란, 이루 다 헤아리기 어려울 정도로 온통 꽃이 그의 창이다.

꽃을 통해 그에게 비친 세상은 사랑과 긍정으로 넘쳐나는 살아볼 만한 공간이요 축복이다. 깊은 신앙심이 그 창을 더 아름답고 풍요롭게 해준다.

- 오경자(수필가 · 문학평론가)

김미자 지음 | 228쪽 | 13,000원

김미자

- 강원도 삼척 출생
- 『창작수필』(수필), 『문학시대』(시) 등단
- 창작수필 작품상, 창작수필 문학상 수상
- 창작수필문인회 재무국장, 이사 역임
- 강릉사랑문인회, 수수문학 부회장
- 한국문협, 창작수필문인회, 관악문협 회원
- 이메일 : marianna55@hanmail.net

허열웅 수필집

바람의 선시(禪詩)

· KT&G 퇴직
· 중앙일보시조백일장 장원
· 시조시학 등단
· 창작수필문인회 회장
· 목우수필문학회 회장
· 저서: 『눈물꽃길』 『한 쉼표 머물다가는』 『무소유조차 소유 하려는가?』 『빈 뜰에 떨어진 사유』 『그리움이 건너는』 『바람의 선시』 『기억의 집을 짓는 악보』

▸나를 찾아 떠나는 길을 삶의 원초적인 질문에서 시작해야 하겠지요. 나는 누구이며 어디서 와 어디로 가는가? 나의 존재 이유와 가치는 무엇인가. 하이데거는 인간만이 유일하게 묻는 질문이라 했습니다.

▸말과 글은 머리에만 남겨지는 게 아니라 가슴에도 새겨진다고 했습니다. 열정의 서류가방도 점점 얄팍해져 가고 석양이 일출보다 더 아름답게 보일 때 서둘러 묻혀있던 이야기를 꺼내놓아야 하겠습니다.

-「책을 내며」 중에서

나무향
서울시 광진구 자양로 28길 34, 드림스페이스 501호
☎ 02-458-2815
값 13,000